부자들은 우리들에게 충고한다.

부 / 자 / 의 / 습 / 관 / 부 / 터 / 배 / 워 / 라

'부자가 되고 싶다'는 확고한 신념을 당신이 갖고 있다면,
당신은 부자가 될 수 있을 것이다.

먼저 이 책에 실린 부자들의 독특한 습관부터 빠짐없이 실천해보라.
그러면 반드시 성실한 돈의 청지기가 되어
당신의 곳간을 지킬 수 있게 될 것이다.

글 · **이일화**

• 나의 아이들에게

누가 무엇을 하자고 하거든 쉬이 따라가지 말아라.

그러나 그것이 돈이 되는 일이거든 신중에 신중을 더하거라.

투자에는 반드시 위험 부담이 따른다는 사실을 잊지 말아라.

누가 그냥 주겠다고 하거든

거기에 어떤 위험이 도사리고 있는지

반드시 살펴보아라.

누군가가 이 글을 읽고,

적어도 삶에 있어서,

투자에 있어서 신중하여,

내가 가진 돈을 함부로 남용하는 습관을 버려,

돈을 잃어버리지 않게 되었다는 이야기를 한다면,

이보다 더 큰 기쁨이 없을 것입니다.

추천사

"여러분 부자 되세요"라는 CF가 거부감 없이 받아들여질 만큼 지금 우리 사회는 부자 열풍에 휩싸여 있다. 우리 회사의 작은 도서실에도 '부자 아빠, 가난한 아빠', '열두 살에 부자가 된 키라', '부자가 되려면 은행을 떠나라', '부자도 모르는 부자학개론' 등 부자와 관련된 서적이 10여 권 비치되어 있을 정도이다.

그런데 아이러니하게도 우리 사회는 많은 사람들이 부자가 되고 싶어하면서도, 부의 축적 과정에서 의혹을 받고 있는 소수의 부자로 인하여 부자인 사람들을 부정하고 질시하는 이중성과 가치관의 혼돈이 만연되어 있다. 우리 사회가 좀 더 건강해지기 위해서는 이제 부자가 되는 방법과 아울러 부 자체에 대한 올곧은 가치관을 제시함으로써 부富가 삶의 진지함과 미래에 대한 열정 등과 함께할 수 있음을 확인해야 한다.

그런 의미에서 이 시대를 살아가는 평범한 소시민의 눈으로 바라본 "부자의 습관부터 배워라", 이 책이야말로 우리 사회가 숨 쉬고 느껴야 할 건강한 청량제가 아닌가 생각한다.

이 사회의 여러 분야에서 살아온 저자의 경험과 식견이 이 저서의 풍성함을 더해주고 있으며, 성실한 모습으로 오랫동안 관료사회에 몸담아 오면서도, 전혀 관료주의의 느낌을 볼 수 없는 그의 소박함이 이 저서에 멋을 더해 주리라고 믿는다.

  자신의 역할과 일상에 대한 진지함, 무엇인가 끊임없이 관찰하며 사색하며 남기는 그의 성찰을 눈여겨보면서, 저자의 깊은 뜻과 노력이 이 저서를 접하는 독자 여러분에게도 힘과 용기와 미래의 확신이 되어 주리라 믿는다.
  바쁜 일상에도 불구하고 항상 소리 없이 뜻을 세우고, 떨치고, 이렇게 결실을 맺는 저자의 열정에 다시 한 번 큰 박수를 보내며, 이 책을 읽는 이들에게 진취적이고 긍정적인 삶의 모습과 늘 근검절약하는 생활의 지렛대가 굳건히 서기를 기대해 본다.

2008년
굿모닝신한증권 대표이사
사장 이동걸

부/자/의/습/관/부/터/배/워/라

이 책을 펴 내는 이유에 대하여
(이 글을 쓰는 이유에 대하여)

개정판 서문에 부쳐

　　　　이야기를 시작하려 합니다. 이는 부를 쌓는 삶의 가치관과 부를 축적하기 위한 구체적인 행동 양상을 배우고자 하는 것입니다. 세상을 출발하며, 세상을 시작하는 이들에게, 또한 조금이라도 부를 저축하고자 하는 사람들에게, 적어도 이 이야기는 사실에 기초하였으며, 실질적이며 구체적인 이야기들이 될 것입니다.

　과학적이거나, 이론적이며, 지식적이며, 고차원적인 가치철학, 그리고 고급 지식들은 이미 고등교육 과정을 통해서 배워왔습니다. 이 고급 기술(skill)들은 지식이라는 학문에 섞여서 우리에게는 실질적인 삶의 행동으로 보이지 않고, 거대한 지식의 보고에 들어가 고상하고도 고급스럽게 포장이 되어 보입니다.

　자본주의의 삶의 현장은 치열한 돈의 소유에 대한 각축장입니다. 얼마나 많은 돈을 소유하느냐에 따라 인생이 달라지고, 거들먹거리는 거취가 달라지기 때문입니다. 이 모습은 사회적 명예나 지위, 지식, 그리고 각양의 활동에 포장이 되어 나타납니다. 그러나 실질적으로 돈이라는 행동을 통제할 수 있는 권력을 쥐고 있는 사람 앞에선 무기력해집니다. 이것이 바로 부패와 부정입니다. 그러나 우리는 부패와 부정을 가르치지 않습니다.

돈의 힘은 '부'라는 사회적 권력과 함께 고급스런 활동을 합니다. 자신의 힘을 비밀스럽게 나타냅니다. 그렇기 때문에 사람들은 돈을 벌려고 애씁니다. 그럼에도 사람들은 돈을 버는 일에 실패하고, 더 이상 무기력하게 절망의 늪을 헤맵니다. 왜 그럴까요?

우리의 교과서는 어린 자녀들에게 '돈'을 아껴 쓰라고 말은 하면서도 학교 교과 시간에 '돈'을 버는 것에 대하여 구체적으로 이야기하는 것은 터부시합니다. 사회라는 강물에 뛰어들자마자 당장 '돈'이라는 소품이 우리의 발목을 잡습니다. 누구에게서도 실제적인 이야기를 들어보지 않았고, 부딪혀보지 않았기 때문입니다. 그래서 이야기를 시작하는 것입니다. 경험이 있는 사람들의 일례를 들면서, 그들과 같이 부자가 되지 못하더라도, 좀 더 나은 생활을 영위하고, 그들과 같이 실패해보지 않았더라도, 나 자신은 실패하지 않아야 하기 때문입니다. 그래서 이 글은 기록되었습니다.

이 글이 너무나 당연하여, 다 아는 이야기이기 때문에, 그렇게 피부에 깊이 다가오지 않을 수 있습니다. 다 아는 이야기를, 별거 아닌 이야기를 기록해 놓았다고 힐난하는 이도 있을 것입니다. 그렇습니다. 여기에 기록한 이 글이 모든 사람에게 삶의 완전한 지평이 되리라곤 보지 않습니다. 그러나 누군가가 이 글을 읽고 적어도 삶에 있어서, 투자에 있어서 신중하여, 내가 가진 돈을 함부로 남용하여 잃어버리지 않았다는 이야기를 하는 것을 듣는다면 저자는 이보다 더 큰 기쁨이 없을 것입니다.

가난했던 분들이 차곡차곡 돈을 쌓아 넉넉하므로 사업이 안정되며, 사회적 덕망을 쌓아가는 모습을 봅니다. 돈을 아끼며, 겸손하게 세상을 바라보는 이에게 돈은 찾아가 머물며, 자신의 거취를 제공하는 것입니다.

돈이 있어야 한다는 것은 알지만, 돈을 아주 사랑하거나, 돈의 예찬론자는 아닙니다. 다만, 어려운 가계 살림이나, 사업상의 실패 때문에 눈물을 흘리는 이들이나, 지금 당장 돈 때문에 상담이 필요한 이들에게, 그리고 삶의 지평을 새로이 시작하는 이들에게 이 글이 조그마한 도움이 되기를 바라는 것입니다.

개정판을 내면서 세금이 우리의 생활에 어떤 영향을 미치는 것인지를 아는 것도 중요할 듯하다고 여겼습니다. 조세전문 잡지에 매월 세금에 대하여 알아야 할 이야기들을 기고하던 글들 가운데, 세금에 대하여 상식적으로 꼭 알고 있어야 할 내용들을 우선 몇 가지들만 간추려 실었습니다. 세금 때문에 우는 사람들을 너무나 많이 보아왔기 때문입니다.

독자 제위께서는 이 책이 나온 지 십여 년이 지났기 때문에 일부 수치들을 수정하기는 하였지만, 지금의 현실과 맞지 않게 느껴지는 부분도 있을 것입니다. 이 점 널리 양해하여 주시기 바랍니다.

이 책이 처음 간행되었을 때, 메일을 보내며, 꼭 만나고 싶어 하던 한 고등학생에게 시간과 짬을 내어드리지 못한 점, 지면을 빌어서 죄송하다는 말씀을 드리며, 그리고 이 책의 재간을 위하여 성원을 아끼지 않으신 독자 여러분과 다시 출간을 허락하신 다밋의 김소양 사장님과 이 책의 재간을 맡아 주신 비전북 박종태 대표님께 감사를 드립니다. 또한 어느 기도원에 꽂혀있는 초판을 원장님이 줄을 빽빽이 친 것을 보고 이 책을 꼭 한 번 읽고 싶어 하시던 목사님께, 그리고 저를 따라 곧게 자라온 저의 딸과 아들, 그리고 지금까지 묵묵히 어려운 살림을 맡아 온 저의 아내에게 이 책을 삼가 바칩니다.

2019. 8 저자 올림

부/자/의/습/관/부/터/배/워/라

책을 펴내며

초판 서문

'나는 과연 부자인가?', '그렇지 않다.', '그렇다면 나는 왜 부자가 되지 못했는가?', '지금 나는 과연 부자가 될 개연성이 있는가?', '그렇지 못하다면 나는 어떻게 해야 하는가?' 이 책의 집필을 시작하면서 끊임없이 던지는 물음이었습니다.

서울의 빌딩 사이를 오가다 보면 수많은 건물들 속에 서 있게 됩니다. 잠시 고개를 돌리면, 저 빌딩의 주인은 누구일까, 혹은 저 빌딩 안의 기업을 움직이는 이는 누구일까, 골똘히 생각을 하지 않을 수 없게 됩니다. 분명히 이 가운데서 누군가 돈을 벌고 있고 의욕적으로 돈을 번 사람들이 이 수많은 빌딩 중의 하나를 소유하고 있을 테니, 부자는 셀 수 없이 많을 것이라는 사실을 금세 깨닫게 됩니다. 이 사실은 한 번쯤, '왜 나는 부자가 못 되는가?'하는 질문 속에 빠지게 합니다.

다양한 삶의 경험과 여러 사람들과의 만남이 이런 질문에 대한 해답의 결론을 얻게 해줍니다. 기업의 최고 경영자, 성공한 벤처 기업가, 전문 경영인, 몇 분의 대학교 총장, 다수의 정부기관의 국장, 교수, 국책연구기관의 연구원, 대기업의 이사, 학자, 연예인, 전문 경영컨설턴트, 언론사의 국장과 부장, 기자, 사회단체장, 체육 감독, 자영업자, 부동산업자, 중개인, 의사, 변호사, 영화인, 성우, 전문 건설업자, 성공적인 삶을 사는 장애인 사업가뿐만 아니라, 실패한 사람들, 노점상인, 그 많은 재산을 날리고 목욕탕에서 하루를 보내는 사람들 등 여러 부류의 사람들이 이 이야기와 함께했습니다. 이분들과의 만남은 실패와 성공을 비교하여 이해할 수 있도록 지평을 열어주었습니다.

사업을 실패하는 이웃들을 보며 안타까운 심정으로 돈에 대한 가치기준과 부富에 대한 철학을 가진 삶의 지침서를 꼭 마련하여 제시하고 싶었습니다. 실패한 사람이든 장애인이든 누구나 '하면 된다'라는 신념과 확고한 의지만 있다면, 돈은 벌 수 있고, 부자의 반열에 들 수 있습니다. 돈을 벌고자 하는 사람들은 돈의 성실한 청지기, 즉 성실한 관리자로서 돈이 언제든 자신 곁을 떠나지 않고, 주머니 안에 머물러 있도록 하여야 합니다.

이 책은 딱딱한 경제학적 통계나 이론적 주제보다는, 경험을 토대로 한 사실에 기초하고 있습니다. 사업을 처음 시작하는 이들에게 재미있는 읽을거리와 함께 경험 있는 부의 지침서로 다가가게 될 것입니다. 새로운 도전에 머뭇거리거나 망설이게 되는 이들에게 미래를 설계하고 인생을 결정하는데 큰 도움이 되리라고 확신합니다. 또한 이 책의 교훈이 젊은 세대들에게 인생의 설계의 초석이 되어, 진정한 마음의 변화를 얻을 수 있는 기회가 되기를 기대합니다.

이 책을 집필하는데 많은 도움이 되도록 자신의 체험과 삶의 경험을 말씀해 주신 여러분들께 지면을 빌려 심심한 감사의 말씀을 드리며, 밤새워 책상 앞에 매달린 부족한 남편에게 격려와 지원을 아끼지 않는 아내 희순 씨와 은혜, 대일이, 그리고 흔쾌히 원고를 맡아주신 출판사 사장님, 그리고 항상 격려를 아끼지 않으신 여러분께 고마움의 말씀을 전합니다.

2008년 저자 올림

부/자/의/습/관/부/터/배/워/라

목차

목차

목차

부/자/의/습/관/부/터/배/워/라

부자 이야기

부자와 가난한 사람에겐 분명히 차이가 있다

부자와 가난한 사람들에게는 분명 각양의 독특한 삶의 방식과 의식의 차이가 있다. 좀 잘 산다고 하는 사람들을 만나면 놀랍도록 현실 감각이 뛰어나고, 좀 어렵게 사는 사람들을 만나면 '부자들이니까 그렇지 뭐'라고 하며, 희망을 포기하는 소리를 하는 걸 쉽게 듣게 된다. 이에 비하여 가난하지만 성공의 가능성이 있는 사람들은 어렵더라도 미래에 대한 확연한 목표, 즉 진취적인 희망을 가지고 산다. 절대로 나약하지 않다. 안이하고 나약한 사고思考로는 목표한 바를 이룰 수 없다는 사실을 알기 때문이다.

돈을 버는 일상적인 태도 역시 마찬가지이다. 부자들은 과거에 집착하지 않는다. 절망에 빠져, '안 돼, 나는 안 돼', '나는 할 수 없어'라고 하는 이런 부정적인 의식과 사고도 갖지 않는다. 미래지향적이며 긍정적인 생각을 하는 사람만이 성공적인 삶을 누릴 수 있음을 알기 때문이다. 부자가 되기 위해서는 부에 대한 열망을 가져야 하고, 부자가 되겠다는 확고한 의지를 가져야만 한다. 긍정적인 생각은 매사에 자신의 목표를 설정하게 만들고 이 목표를 달성하기 위한 기쁨을 누리는 생활을 얻게 한다. 또한 부정적이고 절망적이던 생활에서 희망을 꿈꾸고 미래를 개척해 나가는 생활로 변화한다.

부자가 되기 위해서는 부자들의 삶의 태도를 체득할 필요가 있다. 잘 산다고 하는 사람들의 가정을 방문해 보라. 놀랍도록 화목하고 가정이 안정되어 있음을 발견하게 될 것이다. 가정에 애정이 넘쳐나며, 합리적이고 실용적인 사고가 가득하다. 적어도 여유가 있고 나름대로 교양도 갖추고 있다. 어떤 사안事案이라도 내용을 파악하고, 어떤 방향으로 결론을 도출하여야 하는지 쉽게 이해할 준비가 되어 있는 것이다. 부자와 가난한 사람들 사이에서 확연하게 보이는 의식의 차이는 바로 이런 것들이다.

영업 부서에 오랫동안 종사한 경험이 있는 사람들은 고객의 얼굴만 보더라도 이 사람이 물건을 사러 온 사람인지, 아니면 구경하러 온 사람인지 금방 알게 되는 것과 같이 많은 사람들을 만나다 보면, 자연히 얼굴만 보아도 그 사람의 성품을 대충은 알게 된다. 이처럼 우리는 주변에 있는 부자들의 이야기를 하며, 부자의 삶의 특징과 패턴을 찾고 자연스럽게 체득하게 될 것이다.

부자들의 삶의 방식이 우리와 많은 차이가 있다는 것을 깨닫는다면, 우리는 그 방식을 모델 삼아 행동의 변화를 줄 수 있다. 부자들의 삶의 태도와 합리적이고도 진취적인 사고를 받아들여 우리의 행동과 생활 패턴을 변화시키는 것이다. 부자가 되기 위한 삶을 실천함으로써 현재보다 조금 더 나은 생활을 영위할 수 있게 된다면, 우리는 소기의 목적을 달성했다고 볼 수 있다.

부자는 부자가 될 수밖에 없는 환경과 여건, 성격을 가지고 태어났거나, 그 환경에서 양육된 것이 아니다. 적어도 이들의 생활 태도, 행동, 투자에 따른 의사결정과정을 분석해 보면, 이들은 부자가 되고 싶다는 기본적인 욕구가 있다는 것을 알 수 있다. 이들은 부자가 되고 싶어 하는 강한 의지를 가졌고 그 속에서 끊임없이 자신을 단련해 부자가 된 것이다. 태어나면서부터 부자인 사람은 몇 안 된다. 부모로부터 재산을 상속받은 몇 사람을 제외하고는 대부분의 사람들이 고생과 함께, 자수성가한 사람들이다. 부자가 되기 위한 성격 형성의 요인들도 선천적으로 타고난 것이 아니라 대부분 피땀 어린 고생 후에 얻어진 것이다. 이것은 다양한 부류의 여러 사람들에게서 얻어진 결론이다.

우리가 알아야할 부의 이야기

우리에게 돈은 과연 어떤 의미이며 어떻게 벌어야 하는 것일까? 성경에서 부자는 천국에 들어가기 어렵다고 했는데, 이 말이 현대인에게 시사하는 의미는 무엇일까? 간결하고도 구체적으로 돈을 버는 방법이 표준으로 제시되어 있다면 얼마나 좋을까? 물론 우리는 지혜를 발하는 여러 가지 고전들을 가까이에서 만날 수 있다. 탈무드나 성경과 같은 고전들은 우리에게 삶의 지혜를 줄 뿐 아니라 당시의 부에 대한 교훈들도 설명해 준다.

우리가 알고 싶은 것은 바로 지금 이 시간에 현실성 있게 피부에 와닿는 이야기들이다. 누가 어떻게 돈을 벌고, 어떻게 부자가 되었으며, 어떻게 유지하게 되는가 하는 실용적인 설명과 방법을 듣기 원한다. 물론 단번에 10억 원을 만든다거나, 부동산 투기로 돈을 벌게 하는 사기성 짙은 책을 만들어 읽히게 하고 싶은 생각은 없다. 많은 사람들에게서 얻은 돈에 대한 진솔한 이야기들이 너무나도 소중하여 지금 많은 이들에게 나누어주고 싶을 뿐이다.

동시대를 살아가는 부자들을 이해하고, 돈의 중요성을 인식하는 것은 무척 중요하다. 부자들 그들만의 독특한 행동과 사고, 그리고 투자의 기법을 배우면 궁극적으로는 우리 자신이 부자가 될 수 있기 때문이다. 또 부자들의 가치관과 사회 통념상의 부에 대한 윤리를 짚어보고자 한다. 이 윤리는 최종적으로 부가 사회적 기여로 환원될 뿐만 아니라 자신에게 또다시 부를 돌려주는 기쁨을 얻게 한다.

결론적으로 이 책에서 깨우치고자 하는 부에 대한 가치 개념들은 이런 것들이다. 부의 중요성을 인식하고, 부의 필요성, 부에 대한 가치철학, 그리고 부의 개념, 부자들의 마인드와 행동, 그리고 투자의 기법과 부의 유지 방법 등이다. 이 방법들을 알게 되고 체득하게 되면 우리는 하루하루를 기쁜 마음으로 최선을 다하며 살 수 있게 될 것이다.

부/자/의/습/관/부/터/배/워/라

부 / 자 / 의 / 습 / 관 / 부 / 터 / 배 / 워 / 라

서론

. . .

1. 왜 돈이 문제인가?

2. 돈은 얼마나 벌어야 하는가?

3. 돈은 벌기 어렵다

정당한 방법으로 많은 돈을 벌어 풍요를 누리며 사는 것,
이것은 행복한 일생을 보내는 하나의 방법이다.

1. 왜
돈이 문제인가?

인생을 풍요롭게 사는 가장 좋은 방법은 부자가 되는 것이다. 정당한 방법으로 많은 돈을 벌어 풍요를 누리며 사는 것, 이것은 행복한 일생을 보내는 하나의 방법이다.

국가의 흥망성쇠興亡盛衰와 함께 기업 역시 역사의 틈바구니 속에서 흥하거나 망하였다. 이 흥망의 역사 가운데 개인 또한 부자富者로 살다가 가거나, 혹은 가난하게 살다가 사라지곤 한다. 이것은 자연의 순리다.

조선시대 거상 한 사람이 드라마의 주제로 회자되는 것을 보면, 오늘날의 재벌기업과 당시의 거상巨商이 별반 차이가 없어 보인다. 중국의 춘추전국시대나 삼국시대, 우리나라의 고려, 조선, 그리고 일제 합방기를 거친 후, 광복을 지난 오늘이 있기까지 거상들에게 대한 이야기를 들어보면 별반 차이가 없다. 당시나 지금이나 부에 대한 욕구를 가진 삶의 방식은 비슷하고, 사람들 역시 그때나 지금이나 냉혹한 현실 속에서 살고 있다.

어떤 사고思考나, 생활도구, 그리고 가치관은 시대에 따라 다르게 나타날 수가 있다. 그러나 동시대를 살아가는 수단인 '돈'은 변하지 않는다. 아무리 소유의 욕구를 억제한다고 해도 철의 옹벽 같은 북한 내에도 자갈마당처럼 시장이 형성되는 것을 보면 '돈'에 대한 소유 본능은 꺾을 수가 없는 것이다. 남보다 잘 먹고 잘 입고 좋은 것을 갖고 싶은 것, 그리고 아름답게 가꾸고 싶은 것, 이것은 누구나 인간이라면 가진 기본 욕구이기 때문이다.

바빌론 시대의 점토판에 기록된 '바빌론의 부자이야기'에서 나타나듯 바빌론의 가장 큰 부자가 가난한 사람들을 대상으로 부를 축적하는 방법을 가르치는 부자 학교를 운영하도록 한 기록을 보면, 예나 지금이나 '가난과 부'의 문제는 시대를 벗어나 모든 사람의 관심의 대상이었던 셈이다.

인생을 풍요롭게 사는 가장 좋은 방법은 부자가 되는 것이다. 정당한 방법으로 많은 돈을 벌어 풍요를 누리며 사는 것, 이것은 행복한 일생을 보내는 하나의 방법이다. 소유한 돈으로 어렵고 가난한 이웃에게 선행을 베풀며 산다면, 이보다 더 큰 행복은 없을 것이다. 만약 정당하지 못한 방법으로 돈을 소유하게 되면, 스스로 도덕적 갈등과 고통을 겪으며 사회의 지탄을 받겠지만 정당하게 벌어들인 돈은 마음에 풍요와 기쁨을 허락한다.

돈은 먹을 것을 사고, 아이들을 학교에 보내고, 가족들의 옷을 살 수 있게 한다. 아무리 사회가 살기 좋다고 해도, 돈을 소유하지 못한 이상 풍요로움이란 주어질 수 없다.

남편의 실직으로 먹을 것이 없어 아이가 굶주림에 울자 미친 듯이 우유를 훔치다가 잡힌 이십 대 여인의 이야기가 신문기사에 실렸다. 생활비 때문에 일가족이 생을 달리한 언론의 보도도 있었다. 최근 들어 생계형 범죄가 부쩍 늘어나는 모습을 보인다. 현재의 경제 상황의 기류를 알려주는 지표가 아니겠는가?

돈은 무엇보다도 생계를 위해 꼭 있어야 하고 인간의 존엄을 유지해 주는 수단이기에 반드시 가지고 있어야만 한다. 특히 사회보장이 많지 않고 벌지 않으면 생활 자체가 어려운 자본주의 국가에서는 더욱더 악착같이 돈을 벌어 모아야 하는 상황을 만들어 내고 있는지 모른다. 엄연한 현실이다.

어떤 사고思考나, 생활도구, 그리고 가치관은 시대에 따라 다르게 나타날 수가 있다.
그러나 동시대를 살아가는 수단인 '돈'은 변하지 않는다.

2. 돈은
얼마나 벌어야 하는가?

지금 이 책을 읽는 독자 여러분도 늦지 않았다. 그동안 목표와 기준이 문제였는데 이제는 어느 정도 그 목표를 설정할 수 있게 되었기 때문이다. 지금까지 계획성 없이 살았다면 이제부터 근검과 절약으로 재산을 축적해 가는 기쁨을 맛보며 살면 된다.

이 세상을 편안히 살기 위해서 얼마만큼의 돈을 벌어야 하는 것일까? 사업 실패 없이 꾸준히 돈을 번다면 우리가 일평생 벌 수 있는 돈은 얼마나 될까? 이 질문에 대하여 곰곰이 생각해 보면 '다다익선多多益善'이라는 말을 머리 속에 떠올리게 된다.

그러나 돈은 쉽게 벌 수 있는 것이 아니며 살다 보면 돈을 버는 것이 이렇게 어렵구나 하는 것을 실감하곤 한다.

수년 전 모 생명보험 회사가 부부가 60세에 은퇴하고 80세까지 함께 살 때를 가정해서 여유로운 노후생활 자금을 산출해 냈다. 상류층과 중산층을 나누어 계산했는데, 상류층은 연간 8억9천3백6십만 원, 중산층은 연간

4억7천5백6십만 원 정도가 필요하다고 한다. 중산층 기준인 4천4백6십8만 원이 20년간 소요된다고 계산하면 물가상승률을 감안하지 않았다 하더라도, 순수하게 필요한 자금이 8억9천3백60만 원이 된다. 우리가 남에게 아쉬운 소리를 하지 않고 노후를 보내려면, 최소한 10억 원은 족히 손에 쥐고 있어야만 한다는 이야기이기다. 이 정도의 돈을 가진 사람이 얼마나 될까? 10억 원 현금을 가지려면, 아마 상당한 자산을 포트폴리오를 구성하여 성공적으로 투자하여야만 하는 얻어지는 소득이다.

시중에 나와 있는 10억 만들기라는 각종 책들도 따지고 보면, 그 계산 근거를 제시하지 않아도 노후를 위해서 10억 원 정도는 있어야 한다는 걸 바탕에 깔고 출간한 것 같다. 그렇다고 10억 원을 만들기 위해서 투기 발상을 가져서는 안 된다. 근검과 노력으로 부를 축적하는 방법을 배우고, 즐거운 삶을 살기 위해 노력하여야만 한다. 그렇지 못할 경우 무리한 욕심으로 파산을 맞는 상황도 초래할 수 있기 때문이다.

지금 이 책을 읽는 독자 여러분도 늦지 않았다. 그동안 목표와 기준이 문제였는데, 이제는 어느 정도 그 목표를 설정할 수 있게 되었기 때문이다. 지금까지 계획성 없이 살았다면, 이제부터 근검과 절약으로 재산을 축적해 가는 기쁨을 맛보며 살면 된다. 일평생을 살며 얼마만큼의 자산을 확보할 것인지 구체적인 목표를 설정하는 것은 뜻깊은 일이다.

3. 돈은
벌기 어렵다

거리를 나서면 주변에는 온통 주머니에 있는 돈을 조금이라도 축내려는 사람들로 붐빈다. 광고물 역시 내게서 어떻게든 조금이라도 돈을 꺼내어가고 싶어 한다. 주위에는 온통 돈을 달라는 이야기들뿐이다.

샐러리맨들은 매월 봉급 때만 되면 회사에서 월급이 자동적으로 입금된다. 이 봉급 안에서만 생활하면 돈을 많이 벌어야 한다는 사실에 대하여 무관심해질 수 있다. 그리고 오로지 일만 열심히 하면 돈을 벌 수 있다고 생각하기 쉽다. 그러나 막상 봉급을 받던 생활에서 벗어나 다른 직업을 찾아 돈을 벌고자 하면, 막상 돈이란 게 그렇게 쉽게 벌어지지 않는다. 어느새 내 주머니에 있는 돈은 알게 모르게 빠져나가 간 곳이 없다.

직원을 거느리고 있는 사장은 돈을 버는 어려움을 절실히 실감한다. 매월 급여일이 되거나, 월말 대금 결제일 혹은 어음 결제일 때면, 사장은 피를 말리며 고민한다. 혹 아는 사람에게 사채私債라도 빌려 쓴 경우에는 갚은 자존심을 구기는 말을 듣게 된다. 심지어 목숨을 담보로 하는 사건이 발생하기도 한다.[1] 그만큼 돈은 벌기 어렵다.

오랫동안 공직에서 생활하던 사람들은 더더욱 돈의 중요성을 실감하지 못한다. 매일 학교에 다니듯이 사무실에 출근하면, 급여가 자동으로 통장에 입금이 되기 때문이다. 이 급여 범위 안에서만 생활하다 보면 돈이 어떤 것이라는 것을 크게 생각해 볼 필요성조차 느끼지 못한다. 업무상 필요한 경비라면 영수증을 첨부하여 지급 요구서를 경리 부서로 넘기면 끝이다.

이 돈의 중요성을 발견하게 되는 때는 가족 중의 누가 입원을 하거나, 유흥지에서 위락시설을 이용할 때이다. 이때서야 돈의 중요성을 발견하고 돈이 많아야겠구나 하는 생각을 하게 된다. 바로 이것이 돈이구나 하고 말이다.

요즘 시대에 돈을 버는 것이 얼마나 어려운지는 사업체를 운영하는 사장들에게 물어보면 된다. 자영업을 하는 사람들마다 아우성이다. 외환위기 때보다도 더 어렵다고 한다. 매출이 50%에서 60%이상 떨어졌다고 난리들이다. 출판사에서는 몇 개월째 책을 내지 못한다. 매출이 80%이상 격감하였기 때문이다. 제조업체도 아우성이다. 물건을 만들어봐야 팔리지 않는다. 인건비의 상승으로 중국 제품에 밀려 가격 경쟁이 되지 않기 때문이다. 의류업체도 중국 업체에 시장을 잠식 당한지 오래다. 가만히 있는 게 최고라고 한다.

거리를 나서면 주변에는 온통 주머니에 있는 돈을 조금이라도 축내려는 사람들로 붐빈다. 광고물 역시 내게서 어떻게든 조금이라도 돈을 꺼내어 가고 싶어 한다. 주위에는 온통 돈을 달라는 이야기들뿐이다. 전철이 그렇고, 택시가 그렇다. 마을 버스조차도 돈을 내라고 한다. 어디 그뿐인가? 무엇이든 물건을 사라고 아우성을 친다. 돈을 주겠다는 곳은 한 군데도 없다.

지금 내 주머니에 있는 돈을 **빼앗고** 싶어 안달들이다. 고속도로 역시 톨게이트 피fee를 기다리고, 교통경찰관은 딱지를 끊으려고 기다리고 있다. 거리에 있는 광고판의 아름다운 여인은 고혹의 눈빛으로 조금이라도 내 주머니의 돈을 나누어주기를 바라고 있다. 어디 주위 한 곳을 둘러보아도 돈을 내놓으라는 곳은 많아도 나눠준다는 곳은 한 곳도 없다. 그만큼 돈은 주머니 속에 남겨두기 어렵고 벌기 어렵기 때문이다.

돈의 소중함을 깨닫는 순간, 지출을 억제하므로 돈을 버는 일이 시작되고 있음을 깨달아야 한다. 그만큼 돈을 허튼 데 쓰지 않게 되기 때문이다. 돈을 벌기 어렵다는 것을 깨달을 때가 바로 돈의 소중함을 인식하는 첫 단계가 된다.

돈의 소중함을 깨닫는 순간, 지출을 억제하므로 돈을 버는 일이 시작되고 있음을 깨달아야 한다.

돈의 소중함을 깨닫는 순간,
지출을 억제하므로 돈을 버는 일이 시작되고 있음을 깨달아야 한다.
그만큼 돈을 허튼 데 쓰지 않게 되기 때문이다.
돈을 벌기 어렵다는 것을 깨달을 때가 바로
돈의 소중함을 인식하는 첫 단계가 된다.

부/자/의/습/관/부/터/배/워/라

제1장
부자들은 어떤 사람들일까?
(부자를 아는 방법, 부자들에 대한 이해)

:

1. 어떤 사람을
부자라고 할까?

서울 시내에 빌딩과 건물이 얼마나 많은가 세어 보라. 그안에 들어 있는 사업가는 또 얼마나 많은가? 이렇게 세어본다면 부자라고 하는 사람들이 얼마나 많은지, 그리고 이들이 왜 부자라고 하는지 알 수 있을 것이다.

우리는 어떤 사람을 부자라고 말할까? 또 얼마만큼의 돈이 있어야 부자라는 소리를 들을 수 있을까?

중국에서 부자는 지폐를 일평생을 두고 한 장씩 한 장씩 뿌릴 수 있는 사람을 가리킨다고 한다. 중국인들은 거대한 대륙의 규모 때문이겠지만, 부자에 대한 개념을 매우 크게 잡는 것 같다. 적어도 이렇게 현금을 뿌릴 수 있는 정도의 능력을 가진 사람을 부자라고 인정한다고 하니, 부자란 얼마나 많은 돈을 소유한 사람인지 알 수 있을 듯도 하다. 물론 이런 부자가 우리나라에 없는 것도 아니다. 재벌 회장이나 혹은 그룹의 중역들, 사업가라면 이런 돈을 보유하고 있지 않을까?

우리나라에서 부자의 기준을 찾는 것은 KB금융지주 경영연구소에서 발표하는 최근의 연차보고서에서 확인할 수 있다. 평균 재산 50억으로, 금융재산 22억 원, 연 소득 3억 원, 비근로소득 연 1억 원, 퇴직후 적정생활비 8천만 원, 금융자산이 10억 원 이상, 이것이 한국의 백만장자 재산과 소득의 평균치이다. 최근의 보고에 따르면 금융재산 10억 원 이상을 보유하고 있는 부자들은 18만 명으로 추산한다. 소위 최상위 부자라고 일컫는 사람들이다.

우리가 알고 싶은 것은 저 멀리 있는 최상층의 부자들의 삶이 아니다. 바로 지금 우리가 쉽게 만날 수 있는 부자들을 찾고 있는 것이다. 그렇다면 우리가 찾는 부자라고 하는 사람들은 어떤 사람들이며, 얼마나 벌어들이는 사람을 부자라고 일컬으면 될까?

신한은행 프라이빗 뱅킹(PB) 전문가들이 금융자산 10억 원 이상을 소유한 강남과 강북 부자들의 분석 자료를 내놓았다. 강남 부자는 40대에서 50대인 의사, 변호사, 벤처 사업가 등 신흥부자가 주류를 이룬 반면, 강북 부자는 평균 연령 65세에 중소기업 소유주나 퇴직한 고위 공직자 등 전통적인 부자가 압도적으로 많았다. 투자성향도 강남 부자는 은행 금리에 민감하고 주식투자에도 적극적인 반면, 전통적인 방법으로 부를 축적한 강북 부자는 한 번 이용했던 은행을 계속 이용하고, 주식투자를 꺼리는 보수적인 성향을 갖고 있었다.

강북 부자들은 자산 운용의 주도권을 거의 100%가 남자가 쥐고 있는 반면, 강남 부자는 여자들도 자산 운용에 직접적으로 관여하는 편이었다. 강남 부자들은 주변에서 어느 정도 대접받기를 원하는 반면, 강북 부자들은 은행에서 지인들과 인사조차 꺼릴 정도로 자신을 드러내는데 극도의 거부감을 가진다. 강남과 강북 부자 모두 평균 금융자산 30억 원 정도를 소유하고 있고, 부동산에 관심이 있다는 분석이다.

부자들 몇몇을 만나보면 대부분 이 은행의 분석 자료와 일치한다는 것을 쉽게 알 수 있다. 강북의 전통적인 부자들은 옛날 보릿고개를 겪으며, 먹을 것과 입을 것을 아끼고 절약하며 부를 축적한 사람들이다. 이분들을 만나면 지금도 그때 이야기를 간간이 한다.

부호들이 좋아하는 투자대상이 있다면 부동산이다. 당시 금리가 많이 떨어진 상태이기 때문에 선호하는 것은 바로 임대료 수입이었다. 이들은 최소한 7%이상이 보장되는 임대료 수입을 요구하고 있으며 그 이하가 되면 부동산 매물을 거들떠보지도 않았다. 건물의 면적이나 규모 등에 따라 달라지겠지만, 기존에 임대료를 적게 받고 있던 경우 매매는 어렵다. 2002년 11월 1일부터 상가임대차보호법이 발효된 후, 임대료의 인상이 여의치 않기 때문이다. 당시 선호하는 부동산은 10억 원에서 20억 원 이내의 규모였다. 어떤 사람은 마흔을 갓 넘은 나이에 빌딩만 서른 채를 가진 사람도 있다. 이 사람은 임대료 수입에 대하여 정확하게 세무신고를 할 뿐만 아니라, 빌딩을 관리하는 전담 변호사와 세무사를 별도로 둘 정도라고 한다.

서울 시내에 빌딩과 건물이 얼마나 많은가 세어 보라. 그안에 들어 있는 사업가는 또 얼마나 많은가? 이렇게 세어본다면 부자라고 하는 사람들이 얼마나 많은지, 그리고 이들이 왜 부자라고 하는지 알 수 있을 것이다. 또한 이들이 어떻게 돈을 벌었는지도 알아볼 수도 있을 것이다.

2. 부자에 대한
인식기준

부자들은 적어도 자신이 느끼기에 풍요로우며, 넉넉하고도 편안한 생활로 채워진 사람들이다. 한 마디로 돈과 능력, 그리고 여유가 있는 사람들이다.

부자라고 하면 적어도 지갑 안에 지폐가 다발로 들어있어야 한다고 생각하기 쉽다. 하지만 현실은 전혀 그렇지 않다. 부자들이라고 주머니 속에 많은 돈을 가지고 다닌다는 것은 오산이다. 지갑 안에 들어 있는 돈만으로는 그 사람을 제대로 평가할 수 없다.

수년 전에 지인이 이런 이야기를 한 적이 있다. 차림새가 허름한 노인이 사무실을 방문해서 어떤 건물이 있는 땅을 꼭 사고 싶다고 했다. 그리고 매매를 하게 해 준다면 평생 잘 살 수 있도록 해준다고 하면서 현금 1백억 원이 들어있는 통장을 보여주었다. 이 이야기를 들으며 진짜 부자는 도대체 누구일까 하는 생각을 하게 되었다. 아마도 겉 차림으로 드러나기 보다는 눈에 보이지 않더라도 돈과 능력으로 꽉 찬 사람만이 부자란 소리를 들으리라.

우리는 부자라고 하면 주로 캐딜락, 아우디, 벤츠, 포르쉐와 같은 고급 승용차를 타고 기사를 부리며, 호텔 레스토랑에서 식사를 하는 사람들을 연상하지만, 이런 사람들만 있는 것은 아니다. 티셔츠를 수수하게 입고 핸드폰 하나만 들고 바쁘게 돌아다니는 사람들도 있다. 어떤 젊은 사람들은 하루 종일 컴퓨터에 빠져들어 돈을 쓰기보다는 그저 일하는 맛을 즐기기도 한다. 이들이 보유한 실제 현금은 얼마 되지 않을는지 모른다. 보유한 주식의 평가가치가 높을 뿐이다. 그러나 우리는 이들을 부자라고 부른다.

　나름대로 부자라고 생각하는 후배는 섬유업을 하고 있다. 섬유업을 호황일 때는 연 매출이 이삼백억 원 대에 이르렀다고 하니, 정말 많은 자산을 운용하였을 것이다. 지금 그의 자금 내역서는 플러스 마이너스 제로이다. 우리는 이를 부자라고 부를 수 있을까?

　또 어떤 사람 둘이 있다고 하자. 한 사람은 22평 아파트에 살지만, 그의 집에는 부채가 하나도 없고, 매월 고정적인 일정 수입이 있어 부족함 없이 살고 있다. 그런데 한 사람은 60평에 살고, 그 부인은 항상 짙은 화장을 하고 움직일 때는 기사를 대동하며 항상 고급 레스토랑과 맛있는 집을 찾아다닌다. 이 사람의 남편은 사업을 하고 있다. 그런데 매일 당좌예금과 어음의 부도를 막느라 정신이 없다. 집을 담보로 이미 많은 돈을 은행으로부터 차입했으며, 이미 몇 개 은행의 돈을 빌려 써서 더 이상 돈을 차입할 능력도 없다. 이 남편의 마음은 항상 좌불안석이며 집이 언제 경매로 넘어갈지 모른다. 과연 이 사람은 부자일까? 가난뱅이일까?

　부자들은 적어도 자신이 느끼기에 풍요로우며, 넉넉하고도 편안한 생활로 채워진 사람들이다. 한 마디로 돈과 능력, 그리고 여유가 있는 사람들이다.

3. 돈을
어떻게 써야 할지를 안다

부자는 자신이 일생을 통해서 모았던 소중한 자산의 일부가 어떻게 어떤 곳에 쓰여져야 하는 지를 잘 안다. 빈민을 돕는 행사나, 교사를 위한 회의, 어려운 교회의 지원, 장학 재단을 위한 시설 등에 성의껏 기부하기도 한다.

내가 만난 부자들 중에는 어려운 이웃들과 나누기를 좋아하는 사람들이 많았다. 쓸데없는 곳의 지출은 아끼지만, 출신학교에 장학금을 지급하고, 로터리 클럽과 같은 봉사 단체에서 활동하기를 좋아한다.

어느 치과 의사 같은 경우에는 의료선교회 등을 통하여 중국과 몽골, 아프리카 등에 선교여행을 떠난다. 그것도 자비를 들여 수 주간씩 의료지원 활동을 하고 돌아온다. 부동산 건물 하나와 자신의 아파트를 소유하고 있지만, 그분의 병원을 방문하면 자신의 연구실조차 없고 환자를 위한 진료 시설을 확장하는 데 돈을 들인다. 점심시간에도 병원 문을 나서면서 주위의 일하시는 분들에게 항상 밝은 미소와 웃음을 선사한다.

부자는 자신이 일생을 통해서 모았던 소중한 자산의 일부가 어떻게 어떤 곳에 쓰여져야 하는지를 잘 안다. 빈민을 돕는 행사나, 교사를 위한 회의, 어려운 교회의 지원, 장학 재단을 위한 시설 등에 성의껏 기부하기도 한다. 바로 이 점들이 진짜 부자들의 사는 모습이다. 그들은 돈을 바로 쓸 줄 안다. 돈을 쓸 줄 안다는 것은 돈을 함부로 쓴다는 것이 아니다. 돈을 낭비하지 않고, 그들이 필요한 곳에 적정하게 사용할 줄 안다고 하는 말이 된다.

강남의 젊은 층들이 나이트클럽에서 돈을 물 쓰듯이 한다는 언론 보도가 사실이라면, 결코 자신이 땀 흘리며 번 돈으로 쓴 것이 아닐 것이다. 스스로 돈을 벌어 자수성가한 사람이라면, 돈을 쉽게 낭비할 수 없기 때문이다. 물론 부자들도 은근히 물어보면, 젊은 시절 술집을 많이 가 보았단다. 가게 된 동기는 주로 사업상 접대라는 것이 일반적인 대답이다.

나이 지긋한 부유한 사람들과 만나면 주로 함께 가는 곳이 싸고 맛깔나는 식당이나, 고향 안방과 같은 분위기가 감도는 아늑한 식당이다. 그들은 반주를 들이키며, 살아가는 이야기를 나누는 것을 즐기며 만족해한다.

물론 개중에는 돈만 아는 사람도 있다. 친구조차 돌아보지 않는 사람도 있다. 그렇지만 대부분이 우리와 별다른 차이가 없다. 쓸데없이 고급스런 일식집을 찾지도 않는다. 물론 접대할 일이 있는 경우는 다르다. 이유 없이 동정을 베풀지도 않지만, 여건이 된다면, 자신의 부를 후배 양성을 위하여 쓰기도 한다. 부자들은 보다 가치가 있다고 하는 곳에, 그리고 어려운 사람들을 위해 자신의 돈을 기부하며 즐거움을 갖고 사는 것이다. 이들은 돈을 어떻게 써야 할지를 아는 사람들이다.

4. 돈의
가치를 생각하는 사람들이다

부자들은 어떤 일이 더 가치 있고, 자신의 부를 증대시켜줄 것인가에 대하여 관심을 가지며, 자신의 자산 가치의 하락과 상승에 대하여 매우 민감하게 반응하며, 발빠르게 대응한다. 마치 동물적인 본능처럼 말이다.

사람들은 부자하면 부패와 정경유착, 노동착취, 탈세, 부동산 투기와 같은 부정적인 면을 먼저 떠올린다. 이는 사업가들이 법적 테두리 안에서 정상적인 방법으로는 막대한 부를 축적하기 어려웠을 거라는 추측이나 오해 때문이기도 하다.

과거에 대기업이 정부의 개발논리와 힘을 빌어 돈을 벌었다는 사실은 기업의 부정적인 이미지를 떨쳐버리지 못하게 한다. ㅅ그룹의 모태가 된 기업이 사카린 밀수에서 시작되었다는 것은 기업의 도덕성 문제를 제기하고, 부자들에 대한 거부감을 갖게 하는 것이다. 정경유착이라는 과정을 통해 대기업이 성장했다는 것도 부유층에 대한 부정적인 이미지를 씻어내지 못하게 하는 이유이다. 그러니 우리의 관심은 재벌과 같은 거대한 기업보다도 우리의 주위에서 부자라고 일컬어지는 사람들을 이해하는데 그 초점을 맞출 수밖에 없다.

주변에 있는 사람들이 대화를 나눌 때, 포장되어 있지 않은 확실한 사실하나는 나나 이 책을 읽는 독자나 모두 부자가 되고 싶어 한다는 점이다. 이들은 먼저 부자가 되었고, 현재 우리가 닮고 싶어 하는 사람들이다.

부자들의 이야기를 들으면 부자가 되는 방법은 간단하다. 다른 사람보다 먼저 더 독특한 사고와 능력으로 돈을 벌면 된다. 부를 획득하기 위해서 나름대로 투자를 계획하고, 몇 번인가 확신이 올 때까지 돌다리를 밟고 두드리며, 한 발자국씩 건너가야 하는 것이지만 간단하게 말하면 돈은 벌면 되는 것이다.

그렇다면 부자들은 나라 경제가 휘청하는 위기가 올 때 어떠한 대책을 세울까? 씁쓰레한 이야기 하나 하자면, 외환위기 상황에서 IMF 구제금융을 지원받게 되었을 때, 오히려 부자들은 더 좋아했다고 한다. 차량 통행량이 줄어 시내를 다니기 쉬워지고, 물가는 내리니 돈 쓰기에는 더 좋아지고, 금리는 급박하게 오르니, 쌓인 돈이 더 쌓였다는 후문이다. 현재의 어려운 경제 상황에서 부자들이 과연 어떤 가치관과 삶의 태도를 가지고 있을까 하는 의문을 가지게 되는 것도 바로 이런 이유 때문이다.

경제적 여유가 있는 사람들이 걱정하는 위기의식은 한결같다. 이들이 평범한 서민들과 달리 금리와 경기변동에 대하여 지극히 민감하다. 어떤 분야가 물가가 내리고 오르느냐, 혹은 정부의 대책 발표에 따른 부동산 경기가 어떻고, 금융시장이 어떻고, 아파트의 변동폭이 어떻고, 통화정책이 어쨌다는 등 실물 경제에 대해 어떤 샐러리맨보다도 더 민감하다. 심지어 상가임대차보호법이 발효되면서 임차인들의 세입을 관리해 주는 신종 업종이 어떻게 생겨나고 있다는 사실까지 훤히 꿰뚫고 있다.

부자들은 어떤 일이 더 가치 있고, 자신의 부를 증대시켜줄 것인가에 대하여 관심을 가지며, 자신의 자산 가치의 하락과 상승에 대하여 매우 민감하게 반응하며, 발 빠르게 대응한다. 마치 동물적인 본능처럼 말이다.

강남의 수백 억대의 재산가들은 비교적 안전한 지금地金에다가 투자한다는 설이 있다. 부동산 투자도 불안하고, 달러를 보유해도 점점 자산이 줄어드니 국제시세에 연동되어 크게 손해가 나지 않는 금에 대한 투자분위기가 고조되고 있다는 이야기이다.[2]

이때 서민들은 이렇게 뇌까린다.

"지금 어려운데 앞으로 무얼 해먹고 살지. 앞으로 경제가 어디로 가려고 그러지?"

서민들과 가난한 사람들이 미래에 대한 대비책을 세우지 못하고 자포자기하는 때에도 부자들은 다르다. 이런 위기 상황에서도 나름대로 대비책을 준비하여 대응한다. 부가 적정히 관리되고, 자신이 소유한 돈의 가치가 하락하지 않도록 적정한 투자처를 찾고, 또 찾는다. 이것이 부자와 서민들과의 차이점이다.

5. 그들도
똑같이 평범한 사람들이다

부자들은 먹고 입는 것들이 보기에 값비싼 것들로 채워져 있지만, 그들의 일상에서 고민하는 문제들은 별다른 차이가 없다. 다만 부자가 되면 생활이 편리해지고, 사회적 영향력이 강해지고, 지명도가 높아지며 사회에 진출의 폭이 보다 넓어진다. 이 때문에 여느 사람들이 부자가 되고 싶어 하는 것이다.

나름대로 부자라고 자부하는 친구들과 함께할 때면 평범한 사실 한 가지를 발견한다. 시간을 보낼 때 골프를 친다는 것 빼고는 다른 친구들과 만났을 때와 별반 다르지 않다는 것 말이다.

이 친구는 서울에서 사업장을 여러 개 운영하고 있다. 사업장 하나만 매각한다 해도 2백억 원 이상은 받을 수 있으니, 충분히 부자의 반열에 끼워도 될 듯하다. 매일 연이은 회의에, 여의도에 사람 만나러, 토요일 일요일은 골프장에 가는 등 너무 바빠서 얼굴을 보기 힘들뿐더러 통화하기조차도 힘들 때가 있다.

지금 중년이 되기 전인 사십대 이전, 이 친구를 통해서 몇 사람의 사업가를 만난 적이 있다. 모 부서 국장 출신 사업가, 금융기관 출신의 지역 언론사와 계열사를 운영하는 회장, 엔터테인먼트 사장 등이다. 사업을 크게 하는 분들이라 어떻게 시간을 보낼까 살펴보았는데, 여느 사람들과 똑같았다. 소박한 안주에 소주 한 잔을 곁들이거나, 허름한 음식점에서 광어회나 삼겹살에 복분자 몇 잔을 나누는 모습을 보았다.

예나 지금이나 부자들의 저녁 모임 경험은 똑같다. 젊은 시절 모 연맹에서 주최한 부부 동반 모임에 업저버로 참석한 적이 있다. 사업으로 성공을 하였거나, 나름대로 한몫한다는 사업장을 가지고 있는 유력 인사들의 모임이었다. 횟집에서 식사를 하고 바Bar에서 파티를 하는데, 회식과 별다를 것이 없다. 맥주를 들고 건배를 하고, 이 사람 저 사람 어울려 자신들의 무용담을 쏟아낸다. 했던 이야기를 하고 또 하고, 노래를 부르는 사람은 연신 노래를 부른다. 부유한 사람들의 생활 역시 서민들과 똑같이 평범할 뿐이다. 때론 서민들이 자주 이용하지 못하는 호텔이나, 고급 헬스클럽, 사우나, 별장, 해외여행 등 좀 사치스러운 면은 있다. 하지만 근심 걱정이 없는 것도 아니다.

부자라고 하는 사람들도 고급 음식점에서 모임을 갖는 사치 외에는 별다른 차이점이 없다. 하지만 고급 음식이야 우리도 가끔 먹지 않는가? 하루 세끼 끼니를 그르지 않는 것은 서민들과 똑같다.

꽤 부유하게 사는 한 분이 있다. 전혀 경제적으로는 절대 초라하지 않을 것 같은데, 만나면 나와 똑같이 자녀들 걱정을 한다. '다른 친구들은 유명 메이커의 운동화를 다 신었는데, 왜 나는 사주지 않느냐?'고 아이가 불평을 한다는 것이다. '운동화 하나 사주지 뭘 그러느냐?'라고 말하면, 오히려 '운동화 한 켤레에 얼마 하는지 아느냐?'고 반문한다. 운동화 가격이 십오만 원이 넘는다는 것이다. 부모의 마음은 아이가 너무 고생을 몰라 사치스러워질까 염려해서 근검과 절약을 가르치는 것이라고 한다. 여섯 개의 사업장을 운영하고 있는 나름대로 부자라고 하는 친구의 경우에는 동대문 시장에 나가 아이들의 옷을 골라주는데, 이제야 그의 아내도 이런 친구의 행동을 조금씩 이해를 한다고 한다.

부자들의 고민 역시 여느 사람과 똑같다. 다만 그 걱정하고 고민하는 액수가 좀 차이가 날 뿐이다. 현재 5천 원짜리 신발을 사 신기는 서민들에게는 부자들이 사 신기고 입히는 명품이 엄청난 고가이며, 꿈같은 이야기일 수 있다. 물론 부담이 가는 금액이다. 하지만 이 금액의 차이 외에는 부자들의 일상과 사정은 서민층과 거의 비슷하다. 다른 점이 있다면, 돈이 있으니 의료비를 아끼지 않을 수 있고 얼마든지 치장할 수 있는 여유이다. 고급 승용차를 몰고, 자신이 원하며 즐기는 일을 마음대로 선택할 수 있는 이런 여유가 부자들에게는 있다. 그래서 우리 모두 부자가 되고 싶어 하는 것이 아닐까?

부자들은 먹고 입는 것들이 보기에 값비싼 것들로 채워져 있지만, 그들의 일상에서 고민하는 문제들은 별다른 차이가 없다. 다만 부자가 되면 생활이 편리해지고, 사회적 영향력이 강해지고, 지명도가 높아지며 사회에 진출의 폭이 보다 넓어진다. 이 때문에 여느 사람들이 부자가 되고 싶어 하는 것이다. 베풀 수 있는 것 이외에는 걱정도 근심도 많은 게 부자인데 말이다.

부자라고 하는 사람들도
고급 음식점에서 모임을 갖는 사치 외에는 별다른 차이점이 없다.
하지만 고급 음식이야 우리도 가끔 먹지 않는가?
하루 세끼 끼니를 그르지 않는 것은 서민들과 똑같다.

부/자/의/습/관/부/터/배/워/라

제2장
왜 부자가 되어야 하는가?
(부자들 그들만이 가진 여유)

∙
∙
∙

1. 인간의 본능적 장식이기 때문이다

2. 넉넉한 생활로 채울 수 있기 때문이다

3. 자신의 덕망을 얻게 하기 때문이다

4. 세월의 여유를 즐길 수 있기 때문이다

5. 안정된 삶을 준비할 수 있기 때문이다

6. 부자에게 정보와 사람이 모이기 때문이다

1. 인간의
본능적 장식이기 때문이다

동물에 비하여 사람의 치장의 방식은 훨씬 정교하고 복잡하며 다양하다. 이 치장의 가장 대표적인 것은 좋은 직장을 선택함으로써 자신이 유능한 존재를 나타내는 것이며, 여유를 누리는 부자임을 과시하여 아내를 여유롭게 만들 수 있다고 하는 것이다.

동물의 세계는 수컷이 암컷보다 화려하게 가꾸고 스스로를 치장하여 암컷에게 잘 보이려고 노력한다. 이는 동물의 생존 본능과 강한 자손을 얻고자 하는 번식 본능 탓이다. 특히 닭이나 공작, 꿩 같은 새들은 수컷이 암컷보다 훨씬 멋있어 보인다. 사자와 같은 동물 역시 수컷이 강하고 우람하여 암컷에게 늠름함을 과시한다.

사람은 동물과 달리 여자들이 화장을 한다. 예쁜 몸매와 아름답고 하얀 피부를 가꿔 남자들에게 잘 보이고자 한다. 멋있는 남자를 신랑감으로 맞이하고 싶어 하기 때문이다. 그러나 조금만 깊게 들어가면 상황은 다르다는 것을 알 수 있다. 동물의 수컷이 자신을 치장하는 것처럼, 사람도 남성이 여성보다 훨씬 더 많은 치장을 한다.

동물에 비하여 사람의 치장의 방식은 훨씬 정교하고 복잡하며 다양하다. 이 치장의 가장 대표적인 것은 좋은 직장을 선택함으로써 자신이 유능한 존재임을 나타내는 것이며, 여유를 누리는 부자임을 과시하여 아내를 여유롭게 만들 수 있다고 하는 것이다. 대학을 졸업하고 나면 자신의 능력을 배가로 증가시키기 위하여 고시를 보거나, 대기업에 취직한다. 특정한 언어를 배우기도 하고 살 집을 장만하며, 멋있는 차를 운전하고 다닌다. 남자에게 있어 자신을 과시하는 방법은 비단 이것뿐만이 아니다.

자신의 다양한 능력을 계발함으로써 사회적 영향력을 강화시킬 수 있는 힘을 기르려고 노력하기도 한다. 국회의원이 되거나, 고급관료가 되기 위해 힘쓴다. 이 장식은 동물적 치장보다 훨씬 강한 사회적 영향력으로 나타난다. 이 힘으로 가족을 거느리고 사회적 활동을 하게 되는 것이다. 바다코끼리가 강한 힘을 과시하여 하렘의 군주로 군림하는 것과 비슷하다.

인간은 본질적으로 사회에 자신의 영향력을 얼마나 크게 미칠 수 있는가에 관심을 가진다. 민주주의 국가에서 대통령과 국회의원이 되는 것, 혹은 공산주의 국가에서 당 서기가 되는 것, 이 모든 것이 자신의 사회적 영향을 강화시킴으로써 힘을 과시하는 하나의 방법이다. 더 나아가 힘을 가지려는 가장 고도의 정교한 방법은 숭고한 정신세계의 추구이다. 달라이 라마와 같은 수도자의 글은 많은 사람들에게 심금을 울리며 다가간다. 이 힘은 보이지 않고 당사자는 부인하겠지만, 인간의 자기 자신을 치장하기 위한 본성과 무관하지 않다고 본다.

우리가 살펴보고자 하는 부자가 되는 것 역시 자기 자신을 화려하게 치장하기 위한 하나의 수단이다. 자본주의 사회에서 가장 영향력 있는 힘을 얻게 하는 것이 바로 돈이기 때문이다. 부자들이 서민들과 다른 점은, 바로 이러한 자본을 움직일 수 있는 돈을 벌 수 있는 재능이 남다르다는 것이며, 이 돈의 위력을 알고 있다는 것이다.

혹자는 지위를 우선에 둘 수도 있겠지만 국가가 안정되고 투명해진다면, 자본주의 사회에서 돈은 더욱더 그 능력과 힘을 발하게 될 것이다. 국가를 운영할 수 있는 이웃들을 길러내는 재력가의 힘을 당하기란 쉽지 않다. 정치가들의 생명은 유한하지만, 자선을 실천하는 부자들은 국가가 안정만 된다면, 자손대대 그 부가 세습될 것이기 때문이다. 경주 최 부잣집의 전설처럼 말이다. 부자들은 자신을 치장하는 돈의 위력을 알고 있는 사람들이다. 이 점이 그들의 부를 일구도록 만든 원동력이었던 셈이다.

인간은 본질적으로 사회에 자신의 영향력을 얼마나 크게 미칠 수 있는가에 관심을 가진다.

2. 넉넉한 생활로
채울 수 있기 때문이다

부자들은 여유를 누릴 권리가 있다. 법과 제도 안에서 정당하게 노력하고, 정당하게 얻은 부의 대가로 자신만의 넉넉한 여유를 누릴 권리가 있는 것이다. 이것은 부자들만의 특권이다.

　　　　　아름답고 화려하며 더 귀중한 것을 갖고 싶어 하는 것은 인간의 근본적인 욕구이다. 핸드폰이나 텔레비전 등은 가정이나 개인 호주머니에 속에서 감추어진 부의 척도인 듯한 착각에 빠지게 한다. 크게 사치스러운 것을 누리지 못하는 탓에 비록 작지만 다른 사람보다 더 값비싼 것을 소유했다는 기쁨을 주기에 더욱 그렇다. 길거리를 다니는 사람들에게서 외형으로 금방 나타나는 것은 바로 고급 옷과 승용차이다. 최근 소비 수준이 높아진 지표 가운데 하나가 비싼 차종들이 판매되고 있다는 점일 것이다. 고급화된 소비 수준은 차별화와 일류를 지향하는 마케팅 전략과 맞물리게 된다.

　　승용차의 구입 선호도를 예로 든다면 적어도, 어떤 차종을 타고 다니느냐에 따라 그 사람을 보는 척도가 달라진다. 이 때문에 돈이 좀 있다고 하는 사람들은 자신의 능력에 상응하는 차종을 구입하려고 노력한다. 요즘 조금 잘 나간다고 하는 사람들이 타고 다니는 차를 보면 거의 고급 승용차이다. 부유한 사업가나 의사, 연예인들은 주로 벤츠와 같은 비싼 외제차를 운전하며 나타난다.

좋은 차를 끌고 다녀야만 돈이 있어 보이기 때문일까? 최근의 서울 시내에 다니는 차들을 보면 외국에서 수입된 이름도 모를 차종이 많이 늘어나 있다. 도로변에는 놀랍게도 외제 승용차 판매점이 그 고급스런 맵시를 자랑하고 있다. 예전 같으면 생각지도 못했을 고급 승용차들이 길거리에서 버젓이 시판되고 있는 것이다. 1990년대 초반 장관들이나 탔던 그랜저2.4가 고급이라 했는데, 최근에는 이보다 훨씬 좋은 호화 차종들이 출시되어 치열한 판매 경쟁을 벌인다. 부자들은 기름 한 방울 안 나는 나라에서 그렇게 비싼 차를 타고 다니면 어떻게 하느냐는 이야기에도 아랑곳하지 않는다. 이들은 승용차를 구입하려면 이왕이면 안전하고 편안한 차를 타야 한다고 생각한다. 이것이 훨씬 경제적이기 때문이다. 일전에 교통사고를 경험했던 후배 ㅈ씨가 이런 이야기를 한 적이 있다.

"트럭과 충돌하였는데, 이 차가 좋기는 좋아요. 아마 조그만 승용차를 타고 충돌했으면 크게 다쳤을 텐데, 전혀 다치지 않았거든요."

돈이 조금 있다는 사람들은 기사가 있든 없든 고급 승용차를 몰고 다닌다. 마치 애마 부인처럼 차를 사랑한다. 이름도 모르는 값비싼 차들이 많다. 더 많은 여유가 있는 사람이라면 캐딜락이나 벤츠, 아우디, 포르쉐와 같은 승용차를 이용하는 것을 보게 된다. 부자들은 이러한 고급 차종의 구입이 국세청 세무조사로 번지는 것이 아닌가 우려하면서도 외제차를 선호

한다.

　우리가 알고 있는 것은, 이런 승용차가 부의 척도로 사용되고 있다는 점이다. 자신의 부의 수준에서 이 정도의 차는 타고 다녀야 한다는 인식이 팽배한 것이다. 어느 건설회사 사장의 이야기를 빌리면, 이런 고급승용차를 타고 거래처에 가지 않으면 여직원이 커피 한 잔 먹으란 말조차 하지 않는다고 한다. 그래서 빚을 내서라도 차를 바꾼다고 한다. 리스를 하게 되면 세금 혜택과 같은 비용 절감이 되리라고 예상하여, 외제 차의 리스를 서두르는 사람도 볼 수 있다.

　고급 승용차를 타고 다니는 것은 부자들, 그들만의 여유이며 넉넉함이다. 그들은 여유를 누릴 권리가 있다. 법과 제도 안에서 정당하게 노력하고, 정당하게 얻은 부의 대가로 자신만의 넉넉한 여유를 누릴 권리가 있는 것이다. 이것은 부자들만의 특권이다. 그래서 우리 모두 돈을 벌며 부자가 되고자 노력하는 것이 아닌가?

　가난하다고 생각하는 자여! 노력하라. 인내하며 돈을 벌지어다. 올바른 방법으로 돈을 버는 것은 자본주의 사회의 기본적인 경제활동 행위이다. 여러분도 도전해 보라! 그곳에 길이 있음을 알게 될 것이다. 넉넉한 여유와 여유로운 생활, 이것은 부를 획득한 자들만이 가질 수 있다. 그렇게 하려면 자신이 가진 의식과 삶의 방식부터 바꾸어야 한다.

3. 자신의
덕망을 얻게 하기 때문이다

부자들은 이유 없이 돈을 내지는 않는다. 돈을 쓸 자리에서는 쓰며, 스스럼없이 자신 있게 쓴다. 자신이 비용을 부담하면서도 특별히 얻을 것이 없다면 절대로 돈을 내지 않을 뿐 아니라 교제를 지속하지도 않는다.

　　　　　　남산에 올라가 보면 사방으로 촘촘히 자리한 집들 위로 커다란 빌딩들이 우뚝 서 있는 것이 확연히 들어온다. '10층 이상의 건물이 몇 개나 될까? 그리고 월 임대료 수입이 얼마나 될까? 이 사람들은 부자라는 소리를 듣고 차도 마음대로 굴리며 하고 싶은 일을 마음대로 하고 살겠지? 그러면 이런 사람들이 서울에 몇 명이나 될까?'

　사실 강남에 2백 평짜리 10층 빌딩만 있다면, 평생 아무런 수입 없이도 자가용 승용차를 운행하며 넉넉하게 살 수 있다. 바닥 면적이 2백 평 남짓한 강북의 3층 건물 임대료 수입이 월 칠팔백만 원이 넘는다. 이 건물만 있으면, 아무 일을 하지 않는다고 해도 밥을 굶을 일은 없다. 고급 승용차 한 대를 넉넉히 끌며, 살 수 있을 정도는 된다. 부자의 반열에 있다는 것은 이런 류의 사람들을 일컫는 것이 아닌가? 서울에 도대체 이런 사람들이 얼마나 될까? 정말 셀 수 없을 만큼 많을 것이다. 빌딩 하나만 소유하고 있다고 해도 큰일을 하지 않아도 골프를 치며 인생을 즐기며 사는 데는 별지장이 없는 사람들이 아닌가? 물론 건물에 연관된 금융비용의 지출이 거의 없어야 하겠지만 말이다. 적어도 부자들이란 돈을 쓰기에 부족함을 느끼지 않을 수 있는 사람, 이런 류의 사람들임에는 틀림이 없다.

회사에 부장과 차장으로 있는 친구들이 여럿 있다. 은행에서 외환을 담당하는 간부로 있는 친구도 한둘 있다. 어울려 식사를 하다 보면, 서로 돈을 누가 낼까 눈치를 보는 경우가 생긴다. 친한 친구들 여럿이 만나는 거니 서로 나누어 내면 될 테지만 부담이 되는 것이다. 샐러리맨들의 생활이란 이런 것이다.

동네에서 정기적으로 모이는 약간 명의 모임이 하나 있다. 이들은 회비 때문에 걱정하는 경우가 거의 없다. 회칙을 만들고 모임을 좀 더 깊게 구성하자는 의견이 제시되었으나, 그냥 자연스런 만남을 갖자는 데 의견이 좁혀졌다. 회식을 하고 나면, 번갈아가면서 비용을 부담한다. 어떤 경우에는 동문 기수별로 지출하기도 하고, 경제적 여유가 있는 한 사람이 모두 부담하기도 한다. 몇 번이나 회비를 걷자는 주장이 제기되었지만, 그냥 자연스럽게 비용에 부담 없이 모이는 것이 친목에 도움이 된다고 여겨 그냥 번갈아가며 낸다. 부자들은 이유 없이 돈을 내지는 않는다. 돈을 쓸 자리에서는 쓰며, 스스럼없이 자신 있게 쓴다. 자신이 비용을 부담하면서도 특별히 얻을 것이 없다면 절대로 돈을 내지 않을 뿐 아니라 교제를 지속하지도 않는다.

자주 만나는 지인 중에 회갑이 갓 넘으신 분이 한 분 계시다. 큰 음식점을 운영하다가 매각하고, 지방에 부동산 몇 필지와 약간의 빌딩을 소유하고 있다. 지금은 소일거리로 공인중개사 사무실을 운영하는데, 이분에게서 얻는 느낌은 소박하다는 말이 맞을 것이다. 항상 함께 저녁 식사를 하게 되는 곳은 서민들이 많이 가는 소금구이 집이나 호프집이었다. 자신의 집 앞에서 호프 500CC만 하고 가자며, 팔을 끄는 경우도 있다. 그리고 그 시간을 통하여 의문을 가졌던 사항들에 대하여 조목조목 물어보신다. 어떤 날은 지방에 좋은 땅이 있다고 구경하러 가자고 해서 차를 끌고 나왔다. 돌아올 때는 저렴하면서도 맛있다며 자주 가는 집이라고 안내하셔서 길가의 허름한 조개구이 집에서 식사를 했다. 대체로 나이가 지긋한 부자들에게서 발견하는 중요한 한 가지 단면이 이런 모습이다. 절대로 돈을 과다하게 지출하지 않는다.

부자라고 하는 사람들의 경우에 – 부자라고 이야기하면 부인도 하지 않으면서 웃지만 – 이들에게서 얻는 느낌은 모든 사람들이 보편적으로 느끼는 구두쇠라는 점과 별반 차이가 없다. 그러나 불요불급한 경우에는 아낌없이 돈을 지출한다. 부자가 된다는 것은 자신이 하고 싶은 일을 하면서도, 웬만한 돈을 쓰기에 큰 부담을 느끼지 않는 것이다. 부자가 이 세상을 살아가기 편리하다는 사실은 예나 지금이나 틀림이 없다.

몇 개의 상설학원을 운영하는 어느 학원가의 이사장은 가난한 아이들을 위하여 장학회를 운영해 지역에서 존경받는 인물로 성장했다. 지역 상공인회와 지역의 모 단체장으로도 피선이 되었다. 그분은 돈을 벌어서 허튼 데 쓰는 것이 아니다. 후진을 위해서 쓴다. 그래서 항상 그분의 주위에는 사람이 따른다. 그분이 능력 있는 부자이며 마음이 넉넉한 자선가임을 아는 탓이기 때문이다.

돈이 있는 사람들은 불요불급한 곳에만 지출한다. 그리고 자신의 넉넉한 여유를 활용함으로써 덕망을 받으며 살 수 있다. 자신을 필요로 하는 곳에 지출을 아끼지 않을 수 있기 때문이다. 이것은 부자들만이 가진 여유이며 특권이다. 그래서 우리는 부자가 되고 싶어 하는 것이다.

4. 세월의
여유를 즐길 수 있기 때문이다

그들은 시간과 생활의 여유가 있다면 많지는 않아도 앞으로 충분히 가격이 올라갈
수 있는 땅을 매입하여 전원에서 자연을 벗 삼아 보내는 것도 노후에는 좋은 일임
을 안다. 부자들은 그들의 생활 자체를 즐기며, 노후를 준비하는 것이다.

얼마 전에 회갑을 바라보는 지인을 만났다. 원래 맏아들을 독립시키려고 주류 도매업 면허를 받기 위하여 상담차 찾아왔던 분이다. 몇 가지 공감대를 형성하다 보니 지금은 자주 만나게 되는 입장에 있다. 동행하는 길목에서 느끼게 되는 풍채는 비록 왜소하지만, 자애로운 인상 때문에 좋아한다. 이제 회갑을 앞둔 만큼 편안한 여생을 보내고 싶어 하는 그분은 전혀 술을 입에 대지 않는다.

이분은 1990년대 초 한창 개발 붐이 일어날 때, 부동산으로 하루에 3천만 원까지도 벌어봤다고 한다. 현재는 두 아들과 함께 조금 큰 슈퍼마켓을 운영하고 있다.

비가 많이 내리는 일요일 오후, 남양주 광릉수목원 뒤편의 어느 레스토랑을 함께 찾았다. 아늑한 시골의 향취를 느끼며 서로 차도 비키지 못하는 시골길을 이십여 분 올라와 숲속에 싸인 음식점에서 커피 한 잔을 나눴다. 그곳은 그림을 그리는 대학교수들, 또 돈 많은 다른 외지인들이 라이브 카페 형태로 음식점을 운영을 하고 있었는데, 메밀이 뿌려진 고운 마당과 나무 담장이 주변 경관과 어우러져 마치 아름다운 추억의 마을 같았다.

바로 위편의 땅이 매물로 나와 두 달 전에 와 보고 사려다가 너무 외진 것 같아서 포기했다고 한다. 이제 나이도 있는데 여생을 편안히 보내실 일이지 얼마나 돈을 더 벌려고 땅에 관심을 갖느냐고 물었다. 그랬더니 이렇게 이야기한다.

"내가 뭐 특별히 돈 벌려고 하는가 뭐, 이렇게 하면서 놀러 다니는 거지."

내일은 삼척 바닷가에 전원주택 자리가 나와서 한 번 가볼 예정이란다. 십억 원짜리는 너무 커서 부담이 되는데 오륙백 평 되는 대지가 매물로 나왔기 때문이다. 금전적 여유가 있으니 여기저기 다니면서 마음에 드는 땅을 고를 수가 있고, 확실한 이익이 예상되면, 사 두었다가 더 많은 돈을 주는 사람에게 판다. 약간의 눈을 돌리면 몇 개월 사이에 몇 천만 원 버는 것은 어렵지 않다고 했다.

돈만 있다면 돈을 벌기가 더욱 쉬워진다. 그들은 시간과 생활의 여유가 있다면 많지는 않아도 앞으로 충분히 가격이 올라갈 수 있는 땅을 매입하여 전원에서 자연을 벗 삼아 보내는 것도 노후에는 좋은 일임을 안다. 부자들은 그들의 생활 자체를 즐기며, 노후를 준비하는 것이다.

부자들에게서 느낄 수 있는 것은 노후를 준비하며 즐거운 마음으로 산다고 하는 점이다. 차분히 자녀들을 위해서 무엇을 남길까 생각하면서도 나머지 여생을 후회하지 않도록 준비한다. 가난한 우리와 같은 사람들이 감히 엄두를 내지 못하는 여유를 부자들은 누리며 살고 있는 것이다.

돈만 있다면 돈을 벌기가 더욱 쉬워진다.

5. 안정된 삶을
준비할 수 있기 때문이다

부자들의 삶은 단순한 취미활동 뿐만 아니라, 가족을 위해서 모든 것을 성취할 수 있다는 데서 그 가치의 진가가 나타난다. 가족과 자신을 위하여 미래를 준비하며 안정을 도모할 수 있게 되는 것이다.

부자들의 삶의 이야기를 한다고 해서 극단적인 부자 예찬론자나 혹은 부자들의 호화로운 생활을 동경하자는 것은 아니다. 그러나 분명한 사실은 우리 모두 다른 사람에 비하여 빠지지 않게 넉넉하게 살고 싶다는 사실이다. 이런 생활을 하려면 매월 적정한 수입이 요구된다.

우리가 특히 돈의 필요성을 절감하는 경우가 있다. 자녀의 교육비가 부족하거나 혹은 가족 중의 한 사람이 병원에 입원했을 경우이다. 부모의 입장에서는 자녀를 우수한 대학을 보내기를 원하고 충분히 가르치고 싶어 한다. 가난한 살림으로는 우선 한 달의 생활비도 급급하기 때문에 아이들 과외를 제대로 시킬 수 없다. 병원 치료비나 입원비 문제가 다가 올 때에는 특히 돈의 필요성을 더욱 절감하게 된다.

가정의 아이들을 두서너 가지 과외는 기본이고, 아이들에게 혹독하리만치 훈련을 시켜 일류 대학을 갈 수 있도록 지원을 아끼지 않는다. 혹은 해외 유학을 보낼 수도 있다. 부자가 된다는 것은 자녀들의 교육을 위하여 아낌없이 지원을 할 수 있다는 말을 뜻한다. 그렇다면 장성한 자녀의 미래에 대한 태도는 어떨까?

이미 진갑을 넘는 어떤 분께 물어보았다.

"아니 왜 건물이 많으시면 자제 분 앞으로 나누어주시지 그러세요. 자제분은 전세 얻어 주셨다면서, 그렇게 혼자 다 가지고 뭐하시려고 그러세요?"

이분은 이렇게 이야기를 들려준다.

"애들 공부시켜 놓았으면 됐지. 이건 내 거야."

이분의 아들은 국내 유명 대기업의 직원으로 근무하다가 그만두고 처가에서 운영하는 기업의 대표이사로 취임했다. 그런데 회사를 경영해보니 아직 큰 회사를 운영하기에는 너무 국제적인 감각이 부족하다고 느껴 외국으로 유학을 가겠다고 했다. 그때 이분이 아들에게 한 말을 전해주었다.

"아들 보고 그랬지. 유학을 가겠다면 그건 내가 다 지원해 준다고."

다른 한 분은 두 아들을 20여 년 전 초등학교 때부터 과외를 시켰고, 중·고등학교 때는 월 60만 원씩 들여 영어와 수학 과목 과외를 시켰다고 한다. 이분의 맏아들은 현재 한의학 박사로 한의원을 개원하고 있고, 둘째는 외국 유학을 중단하고 집에 와서 아버지 곁에 있다.

첫째는 성공을 했는데, 둘째는 학교를 마치고 사업에 실패한 후, 현재는 조그마한 가게를 경영하고 있다. 이분은 둘째 아들 앞으로 수억 원어치의 땅을 아들도, 부인도 모르게 구입하여 아들의 장래를 준비하여 놓았다.

어떤 분은 상가빌딩을 매매하면서, 그 지분의 2분의 1을 고시 공부를 하고 있는 아들 앞으로, 그리고 절반은 아내 앞으로 매입해 가족들의 미래를 준비했다. 비록 이 건물이 경매 물건으로 분쟁관계에 있어 이십억 원이 채 나가지 않지만, 영업이 정상화될 경우 앞으로 칠팔십억 원은 족히 나갈 물건物件으로 보고 구입했다고 한다. 부자들은 자식들이 사회에 완전히 진출하여, 정착하기까지 철저히 준비하며 지원하는 것이다. 부자가 된다는 것은 가족의 인생 모두가 평안해지고 여유 있게 됨을 의미한다.

부자들의 삶은 단순한 취미활동 뿐만 아니라, 가족을 위해서 모든 것을 성취할 수 있다는 데서 그 가치의 진가가 나타난다. 가족과 자신을 위하여 미래를 준비하며 안정을 도모할 수 있게 되는 것이다.

부자들의 삶은 단순한 취미활동 뿐만 아니라, 가족을 위해서 모든 것을 성취할 수 있다는 데서
그 가치의 진가가 나타난다. 가족과 자신을 위하여 미래를 준비하며 안정을 도모할 수 있게 되는 것이다.

6. 부자에게
정보와 사람이 모이기 때문이다

부자들은 정보를 취득하기 위한 돈을 아끼지 않는다. 이것은 자본주의의 기본적인 속성이다. 부자에게는 누구보다도 빨리 정보가 쌓이게 되고, 대인관계에서 얻어진 정보에 대해서도 가치를 감별할 능력이 생겨난다. 부를 늘여갈 수 있는 더욱더 많은 고급 정보가 쌓이므로 더 부자가 될 수밖에 없는 것이다.

　　　　　　우리나라의 각종 정부 정책을 수립하는 실무자로서 일할 때 느꼈던 중요한 한 가지가 있다. 모든 정부의 정책 추진 정보를 소수의 몇 사람들이 가장 먼저 공유하게 된다는 사실이었다. 정부의 정책 수립 과정은 먼저 과제를 선정하고, 예산이 편성되게 되면 기본 방침에 따라 관련 국책연구기관에 용역을 발주하게 된다. 이 대표적인 연구기관들이 KDI와 국토연구원, 교통연구원, 서울시정개발연구원, 경기개발연구원과 같은 국책 연구기관과 혹은 국립대학교의 각종 연구소들이다. 물론 민간연구소와 사립대학 연구소에 발주되는 경우도 있다.

　대체로 정부기관의 발주된 연구 용역은 연구책임자의 선정과 아울러 연구원들의 보조를 받아 연구 과제를 수행하게 된다. 연구보고서가 나오기 전, 먼저 관련 학자들과 정책 실무자들이 참여하는 연구심의회가 있게 되는데, 이때 통상 중간보고서가 제출된다. 중요한 점은 연구를 수행한 관계자나 연구 토론회에 참석한 주요 인사들이 먼저 정보를 습득하게 된다는 사실이다.

정부에서는 지가 동향이나 국가의 정책에 중요하게 영향을 미치는 연구 분야의 최종 보고서가 나오면, 비밀 문건으로 처리하여 최소한의 인원에게만 열람이 가능하도록 통제를 한다. 도시기본계획과 같이 사안이 최종 확정되면 일반인이 열람할 수 있도록, 인터넷에 정보를 공개하는 경우도 있지만, 대부분의 민감한 정책들은 대외주의 또는 대외비로 분류하여 정책 자료에 보안을 유지하게 된다. 또 정부의 주요 정책은 결정과정에서 일어나는 오류와 문제점을 제거하고, 정책 추진에 따른 충격을 최소화하기 위하여 대응 방안을 마련한다. 관련 전문가 협의와 공청회 등과 같은 토론회 절차이다. 전문가의 자문과 이해관계자의 견해를 청취하기 위한 방법인데, 최근에는 행정절차법에서 행정의 투명성을 강화하기 위하여 세부적인 처리 절차를 명시하고 있다.

행정처리 실무에서는 주요 정책결정 문서의 처리를 다음과 같은 방법을 취한다. 정부의 종합적인 정책이 발표되기 전까지 중요하지 않은 문건에 대하여는 대외주의[3]라는 명칭을 붙여 내부적인 검토 문서로 보안 조치를 하지만, 결재를 거치고 확정이 되면서 대외비로 분류하여 보안 처리를 한다. 추진 안을 최종 확정하는 단계에서 의견 수렴을 거치고 관련 학자들의 의견과 중요한 이해관계자, 관련 업계 등의 인사들과 정책 검토 절차를 거치게 되는 것이다. 일부 기업은 이때 이미 정보를 습득하고, 이 정보에 따라 장기적인 마스터플랜을 먼저 짜고 대비한다.

아직까지 이러한 문건을 접해 보지 못한 기업의 입장에서는 미리 정보를 입수한 기업보다 대책 마련이 늦어지게 될 수밖에 없다. 기업의 입장에서는 정부의 정책 변화에 따른 기업의 입지 변화를 고민하지 않을 수 없는 것이다. 정보의 순환 과정은 고급 정보를 가진 자에게 더욱 정보가 모이게 되는 필연적인 결과를 초래하게 된다. 능력있는 부자에게 더 많은 정보가 집중되는 것과 같다. 이 예는 다음과 같은 상황에서 알 수 있다.

경제적으로 넉넉한 여유를 가진 사람이 모임 때마다 모든 경비를 부담한다고 생각해 보라. 주변 사람들은 그에 대하여 고마움을 느끼고, 그와 돈독한 관계를 유지하고 싶어 하게 될 수밖에 없다. 아무래도 부자와 있는 것이 여러모로 편리하기 때문이다. 부자가 되면 약간의 비용으로 여러 사람의 환심을 살 수 있게 된다. 많은 사람이 그를 찾게 되며 교제하고 싶어 하는 것이다. 부자들은 정보를 취득하기 위한 돈을 아끼지 않는다. 이것은 자본주의의 기본적인 속성이다. 부자에게는 누구보다도 빨리 정보가 쌓이게 되고, 대인관계에서 얻어진 정보에 대해서도 가치를 감별할 능력이 생겨난다. 부를 늘여갈 수 있는 더욱더 많은 고급 정보가 쌓이므로 더 부자가 될 수밖에 없는 것이다. 국가정책을 한 예로 들었지만, 부자들에게는 단순한 정책정보 뿐만이 아니다. 건설업을 하는 ㄹ씨는 '우리나라의 개발될 수 있는 땅은 거의 모두가 자신에게 한 번씩 거쳐 갔다고 보면 된다'라고 말한다. 그만큼 공사의뢰가 많아 토지에 대한 투자분석을 해 보았다는 말일 것이다.

자본주의 사회에서 가진 부자에게 정보와 돈이 모인다고 하는 것은 필연적인 결과이다. 이들은 사회를 움직이는 힘을 가지고 있을 뿐만 아니라 돈을 관리하는 방법을 알고 있기 때문이다. 정부에서 경기 안정과 서민들의 가계 안정을 위한 막대한 자금을 들지만, 결국 돈은 부자들의 주머니를 채우고 있다. 이것은 부자들의 주머니 속에 흘러 들어가는 돈 흐름의 현상 때문이라는 것을 알 필요가 있다.

부 / 자 / 의 / 습 / 관 / 부 / 터 / 배 / 워 / 라

제3장
부자가 될 수밖에 없는 이유
(부자들 그들만이 가진 노하우)

∶

1. 그들은 자신의 가치를 아는 사람들이다

2. 그들은 돈의 소중함을 아는 사람들이다

3. 그들은 부를 관리할 능력을 함께 물려받은 사람들이다

4. 그들은 지출을 아끼는 사람들이다

5. 그들은 부지런하고 근면한 사람들이다

6. 그들은 도전 의식을 가진 사람들이다

1. 그들은
자신의 가치를 아는 사람들이다

적어도 성공의 반열에 든 사람들은 현재의 자신의 직업에 충실한 사람들이며, 자신이 근무하는 직장에서 주어진 직무를 매우 소중히 여기는 사람들이다. 이들에게는 스스로 희망하지 않아도 새로운 일거리가 주어지고 사람이 와 붙는다.

적어도 성공의 반열에 든 사람들은 현재의 자신의 직업에 충실한 사람들이며, 자신이 근무하는 직장에서 주어진 직무를 매우 소중히 여기는 사람들이다. 이들에게는 스스로 희망하지 않아도 새로운 일거리가 주어지고 사람이 와 붙는다. 열심히 최선을 다하여 일하는 사람들은 자신의 업무에 대한 노하우와 자신감이 있다. 누구를 만나도 주눅이 들지 않는다. 새로운 일이 주어져도 분명히 완성할 수 있다는 확증을 갖고 살기 때문이다.

어떤 이들은 물품 구매를 담당하면서 약간의 선물에 혹하기도 한다. 또한 현재의 자신이 있는 위치가 영원한 자리인 줄 안다. 전혀 그렇지 않다. 작은 것을 취하다가 후에 큰 것을 잃어버린다는 사실을 심각하게 받아들여야 한다. 적어도 자신의 자리와 현재의 직업의 위치를 소중히 여긴다면, 자신에게 주어진 능력으로 사람을 사라. 이 고객을 내 사람으로 만들라. 누가 보아도 보잘 것 없는 위치에서 열심히 일하는 사람들은 다른 사람의 눈에 띄게 마련이다. 내부의 사람들이 아니라 외부에서 보는 사람들의 시각이 오히려 정확할 때도 있다. 그들은 잠시 고객으로 와서 만나고 돌아가지만, 그 가운데 눈여겨 당신을 지켜보는 사람들이 있다는 사실을 잊어서는 안 된다. 성공의 반열에 오르려고 하는 사람들에게 하고 싶은 말이 있다. 현재의 자리의 소중함을 알고, 최선을 다하라는 말이다.

지금은 미국으로 이민을 간 어느 분의 이야기를 하고자 한다. 이분은 20년 전에 철강과 부동산, 주유소 운영으로 많은 돈을 벌었다. 이때 이미 재산이 수백억 원을 훨씬 넘어서 있었다. 이분이 부를 축적한 과정은 이렇다. 유명한 건설회사의 자금 담당 직원으로 있을 때, 지인知人들을 많이 얻게 되었다. 이때 거래처 사장들을 도와주고, 얻은 조금의 여유로 부동산을 모아 두었다. 그리고 부모님이 물려주신 재산과 함께 현재의 부를 축적하였다고 한다.

이분의 부의 축적은 자신의 자리를 잘 이용한 경우라고 할 수 있다. 좋지 않은 표현을 빌린다면 요직에 앉아 치부를 한 경우라고 할 수 있다. 철강회사와 주유소를 운영하고 있던 당시 처음 이분을 소개한 분은 여행업을 하는 ㅇ형이었다. ㅇ형은 이 철강회사 사장에게서 조그마한 도움은 받지 않는다고 했다. 작은 도움을 받게 되면, 나중에 부탁을 제대로 못하게 된다는 이유 때문이라고 했다.

얼마나 돈이 많았는지, 당시 나는 잘 알지 못했다. 그저 티셔츠 차림이라 뭐 그렇게 대수로운 사람이었겠느냐고 생각했다. 나중에 초대를 받고 집을 방문했을 때, 그제야 아주 부유하다는 사실을 알 수 있었다. 외국에서 들여온 수돗물 3단 정수기를 사용하고 있을 정도였으니, 당시 사는 수준을 충분히 짐작할 수 있으리라. 후에 ㄱ씨는 아들 둘을 다 데리고 미국으로 이민을 갔다.

ㅇ형은 기업체에 다닐 때, 미국 지사에 근무하면서 대학원을 마치고 여행업으로 비교적 성공을 한 사람이다. 아이들과 부인을 미국으로 보낸 후, 자신도 곧 ㄱ씨와 함께 미국으로 이민을 갔다. 이 두 분 모두 해외 지사와 자금부에서 근무하던 현직現職을 잘 이용하여 성공한 케이스이다. 물론 회사 입장에서는 그리 탐탁하지 않았겠지만, 당사자로서는 자신의 현직을 매우 적절히 이용한 셈이다.

샐러리맨 중에 자신이 근무하는 회사가 영원한 직장이라고 생각하는 사람은 몇 되지 않을 것이다. 그렇지만 영원한 직업이 될 수는 있다. 자신이 근무하던 직장 업무 경험을 토대로 독립하여 새로운 사업을 벌이거나, 혹은 직업과 연관된 사업을 추진할 수 있기 때문이다. 자신이 있던 위치에서 고객으로 만난 사람들도 인연을 끊지 않는다면, 이는 후일 자신의 사업과 직접적인 연결이 될 수도 있다. 그 손님이 자신의 사업에 귀중한 고객이 될 수 있기 때문이다. 그래서 현재의 위치에서 만나는 한 사람이라도 소중히 응대해야 하며, 이러한 만남을 잘 관리하는 사람이 성공으로 가는 열쇠를 쥐게 되는 것이다.

유명 백화점에서 구매 업무와 고객 업무 등을 담당하다가 3백 평이 넘는 대형 슈퍼마켓을 운영하고 있는 분이 있다. 물품 수급에 관한 노하우, 그리고 고객 만족을 위한 서비스 업무의 경험, 자신이 근무하던 직장에서 만난 고객업체들과의 관계 등을 이용하여 회사가 부도난 후 사업장을 차려 독립하게 되었다. 지금 얻은 매장 역시 당시의 고객과의 친분 덕택이었다.

어느 그룹의 인사담당 임원과 직원들이 구조 조정으로 단행되면서 독립을 했다. 이들은 고객만족도(CRM) 분석과 인력 컨설팅을 전문으로 하는 업체를 차려 회사에 근무할 때보다 더 많은 수입을 올리고 있다. 물론 회사에 근무할 당시에 미국에 연수를 가서 배워온 전문 인력 관리 프로그램들이 이들의 주 무기이다.

건설업을 운영하는 대부분의 사람들은 대기업 건설업체에서 공사를 시공하거나 감독해 본 경험이 있는 사람들이다. 그래서 첫 직업은 무엇보다 중요하다. 첫 직업이 일생의 직업으로 전환이 되는 경우가 대부분이기 때문이다.

적어도 성공의 반열에 든 사람들은 현재의 자신의 직업에 충실한 사람들이며,
자신이 근무하는 직장에서 주어진 직무를 매우 소중히 여기는 사람들이다.

2. 그들은
돈의 소중함을 아는 사람들이다

부유한 사람들을 만나면, 항상 얻는 공통점이 있다. 이들은 그 돈을 반드시 써야 될 곳과 쓰지 않아야 될 곳을 가려서 쓴다. 부자라고 함부로 돈을 낭비하지 않고 돈을 기부할 때도, 반드시 본인의 얼굴이 드러나야만 한다. 숨어서 익명으로 하더라도 반드시 본인이 만족감을 느껴야만 한다.

부자들을 만나면 외모에서 풍겨 나오는 특이한 인상이 있다. 어딘가 모르는 여유와 자신만만함이다. 또 오로지 돈밖에 모르는 사람이라는 생각을 갖게 하는 경우도 있다. 그렇다고 사회에 관심이 없다는 말은 아니다. 사회적 관심보다 돈에 대한 관심이 더 많다는 말이 맞을 것이다.

일전에 만났던 어느 회사의 대표이사는 매년 추석 때만 되면 불우이웃 돕기를 한다. 기증할 대상 물건이 정해지면, 불우이웃 돕기를 위한 모금계획을 수립하고 하청업체들로부터 기부금품과 구호품을 모금한다. 말하자면 강제 할당을 하는 셈이다. 이런 면은 혐오감을 느끼게 하는 좋지 않은 행동이다. 하지만 부자들의 입장에서는 다르다. 돈은 적게 들이면서 사회적으로 얼굴을 낼 수 있으니 아주 경제적인 행동이다. 하청업체에 부담을 전가시킨다고 해서 별다른 문제점이 없다. 오히려 이런 방법을 취하지 않는 것이 이상할 따름이다.

우리가 방송에서 자주 보는 ㅅ전자나 ㅅ전기 대표이사가 수재민 구호 성금을 기탁했다고 하자. 이는 분명히 보나마나 회사 돈이라는 생각과, 직원들에게 강제 모금한 성금이라는 생각을 먼저 갖게 된다. 수많은 성금을 낸 빌게이츠는 회사 돈이 아닌 순수한 자신의 주머니에서 돈을 낸다. 그래서 칭송을 받는 것이다. 하지만 우리나라 문화에는 아직 이러한 도덕 개념이 없다.

기업체의 사장은 돈을 버는 일에만 급급하다. 이 경우 도덕성이 없다고 비난하거나, 기업의 사회적 책임이 부족하다고 힐난할 수는 있어도, 돈을 내라고 강요할 수는 없다. 우리나라는 자본주의 사회이며, 부자들은 가진 자이기 때문이다. 부자나 경영자가 돈을 중요시 여기는 일은 당연한 것이다. 이들은 피땀을 흘리며 돈을 벌었기 때문에 돈을 매우 소중히 여긴다.

얼마 전 ㅎ자동차의 노동조합에서 더욱 많은 임금을 받기 위해 파업을 감행했다. 반면에 협력업체에서는 너무 작은 마진으로 임금이 체불되고 회사가 부도 위기에 처해 있는 모습이 뉴스를 통해 보도되었다.

대기업의 이익을 형성하는 배경에는 대기업의 대규모 이익 속에서 저 마진으로 시달리는 하청업체들의 눈물이 있다. 엄밀하게 이 회사의 이익의 일부는 하청업체에 배분되어야 할 이윤인지도 모른다. 그러나 본질적으로 기업은 이윤추구가 목적이기 때문에 하청업체에 이윤을 배분한다는 것 자체가 어불성설이다. 이는 외국기업 역시 똑같다.

경영자라면 누구나 기업의 이익을 최대한 창출하기 위하여 노력하기 마련이다. 인건비를 줄임으로서 경비를 줄이는 것은 당연하다. 많은 급여를 받는 직원이 더 많은 인건비를 요구한다고 하자. 이 직종이나 직원에 대해서는 아웃소싱을 감행하거나, 정규직이 아닌 임시직으로 바꿀 수밖에 없다. 사람을 쓴다는 것을 곧 기업의 돈을 쓰는 것이고, 회사의 돈을 지출하는 것이기 때문이다.

도덕적이든 도덕적이지 못하든 비용을 줄이려는 고민은 기업에만 적용되는 것이 아니다. 개인에게 있어서도 동일하다. 다만 개인에게 적용되는 사회적 제재와 도덕적 범위만 다를 뿐이다.

우리는 경제활동의 행태를 자본주의 사회 개념에 맞게 변화시켜야 한다. 이를 위하여 부자들의 의사결정 과정을 이해할 필요가 있다. 이 점에 대한 이해는 경제적 활동, 즉 돈을 벌기 위하여 지출하게 되는 행태들을 바로잡는데 큰 도움이 될 것이다.

부유한 사람들을 만나면, 항상 얻는 공통점이 있다. 이들은 그 돈을 반드시 써야 될 곳과 쓰지 않아야 될 곳을 가려서 쓴다. 부자라고 함부로 돈을 낭비하지 않고 돈을 기부할 때도, 반드시 본인의 얼굴이 드러나야만 한다. 숨어서 익명으로 하더라도 반드시 본인이 만족감을 느껴야만 한다.

이들이 돈을 쓰는 곳은 냉철하리만치 치밀하다. 이유 없는 곳에 지출하여 돈을 낭비하지 않는다. 사업을 한다면 세금 공제를 받기 위해서 가능한 한 신용카드를 사용하고 영수증을 챙긴다. 필요 없는 곳의 지출은 단돈 1원이라도 아낀다. 돈을 써야 할 곳에는 과감하게 자신이 부담한다. 이것이 바로 부자들의 자금 관리의 형태인 셈이다. 우리들이 기업이나 부자들에게서 본받을 수 있는 분명한 한 가지는, 돈은 매우 소중히 여긴다는 점이며, 돈을 벌기 위하여 최대한 시간을 투자하여 노력한다는 점이다. 때때로 이 모습은 '돈에 혈안이 되었다'는 비아냥거림으로 힐난하지만, 왜 이들이 부자로 사는지를 주의 깊게 살펴보게 되는 이유가 되는 것이다.

3. 그들은
부를 관리할 능력을 함께 물려받은 사람들이다

사업을 하는 사람들에게 돈이란 참으로 중요한 문제이다. 돈을 벌어야 살림도 할 것이고, 직원들의 급여도 지급할 것이며, 세금도 낼 수 있다. 돈은 윤활유와 같은 것이다. 이 돈을 가진 사람들이 누구인가? 바로 부자들이다. 자본주의의 본질적 구조상 돈은 부자들에게 더욱 집중된다. 그리고 부는 상속으로 대물림된다.

       사업을 하는 사람들에게 돈이란 참으로 중요한 문제이다. 돈을 벌어야 살림도 할 것이고, 직원들의 급여도 지급할 것이며, 세금도 낼 수 있다. 돈은 윤활유와 같은 것이다. 이 돈을 가진 사람들이 누구인가? 바로 부자들이다. 자본주의의 본질적 구조상 돈은 부자들에게 더욱 집중된다. 그리고 부는 상속으로 대물림된다.

  우리는 그런 부자들에게 '너는 가만히 앉아 부를 얻은 사람이다'하고 멀리할 필요가 없다. 그들보다 더 부를 축적하는 방법을 배우고 터득하여, 미래의 부자가 되면 되는 것이다.

  이들은 부를 대물림하며 그 부를 관리할 능력과 사고, 그리고 힘을 동시에 대물림한다. 막강한 참모진이 붙거나 능력 있는 자문진이 그 옆에 포진함으로써 부를 관리할 능력을 함께 상속시키는 것이다. 이들은 이런 부를 유지할 수 있는 생활에 익숙해져 있을 뿐만 아니라, 이미 여느 평범한 사람들과는 다른 차원의 삶을 살고 있다. 이미 다른 사람은 갖지 못한 부富뿐만 아니라, 부를 관리할 능력을 함께 얻고 있는 것이다. 이것이 상속받은 부자들이 근본적으로 가진 다른 환경과 조건이며 우리가 터득해야 할 능력이다.

재산이 고작 1백억 원 밖에 안 된다고 하면 서러워할 친구가 하나 있다. 이 친구는 9남매 중의 막내이다. 몇 개의 사업장을 갖고 있고, 한 곳에 머물러 근무하지 않는다. 이 사업장, 저 사업장에 들러 아침나절부터 보고를 받고 지시하며 하루를 보낸다. 사업이 어려워 자금이 딸리면 제일 큰 형이 나서서 지원을 해 준다. 더 많은 자금이 필요하다면 형제들이 나서서 조금씩만 모으면 금방 자금이 마련된다고 한다.

생활이 매우 청빈한 사람으로 기억되는 분이 있다. 지금은 국책연구원장을 지내고, 유명한 국립대학교의 교수이시지만, 어느 부서의 국장으로 근무하고 계실 때, 이분의 형제들은 의사와 교수들이었다. 대학에서 국문학을 전공했지만 공인회계사 자격을 취득하고 행정고시도 합격하였다. 미국 유수 대학에서 공학 석·박사 학위를 취득한 재원이다. 누가 보아도 어렵지 않은 집안의 사람임을 알 수 있다. 지금 강남에서 살고 있는데 부인이 대학교수로 재직 중이다. 국장 시절에도 아직 전세를 살고 있었다.

후배 ㅈ는 큰 예식장을 운영하고 있다. 아버지가 회장이라는 이름으로 사무실에 출근하지만, 실제 운영은 자신이 하고 있다. 소프트웨어 개발업체를 따로 하나 운영하고 있기도 하다. 강남에 60여 평의 빌라를 산 것이 재건축이 되어 이사를 서두르고 있다.

빌딩만 서른 채 가량 상속받은 사람이 있다. 주로 하는 일이 골프 치는 일이고, 자신의 사무실에는 가끔 얼굴만 비칠 뿐이다.

남양주에서 갈비집을 운영하는 ㄹ씨는 많은 땅을 물려받았다. 상속받은 땅을 일부 처분하기는 했지만, 아직까지 남아 있는 부지에 음식점을 운영하여 짭짤한 수익을 올린다.

우리는 주변에서 이런 유형의 사람들을 많이 만난다. 최근의 삼사십 대의 젊은 사람들을 만나면, 대체로 상속을 통하여 부자가 된 사람들이 많다. 샐러리맨으로는 도저히 이런 부를 형성할 수 없을 만큼 재산을 가지고 있다. 꼭 부자가 아니더라도 어렵지 않게 공부할 수 있는 여건을 가져서 전문직으로 편안하게 산다. 퇴근 후에 야간 대학에 강의를 들으려 다니는 힘겨운 형편이라면 이런 사람들의 이야기를 듣고 반감을 가질 수도 있다. 하지만 우리는 이들이 부자라는 사실을 어쩔 수 없이 인정해야 한다.

이 시대의 부자가 되는 가장 확실한 방법은 부를 상속받는 것이다. 정치나 경제 정책의 어떤 획기적인 변화가 있기까지는 부의 상속은 향후에도 지속될 것이다. 돈이 없는 우리들이 보기에는 참 딴 나라 이야기 같다.

자본주의의 본질적 구조상 돈은 부자들에게 더욱 집중된다. 그리고 부는 상속으로 대물림된다.

4. 그들은
지출을 아끼는 사람들이다

놀랍게도 이 부자들을 만나게 되면 지출되는 돈의 사용처가 분명하다. 세금에 관한 한은 더욱 그렇다. 그리고 오히려 왜 쓸데없는 곳에 돈을 허비하는가 하는 질문을 받는다.

부자의 가장 큰 특징이 무엇이냐고 묻는다면 아마 돈에 대한 씀씀이 일 것이다. 재벌가家 회장의 씀씀이가 신문의 가십거리로 회자되는 것을 보면, 부자들이 돈 쓰는 모습을 사람들이 알고 싶어 한다는 걸 살필 수 있다. 부자가 된 사람들이 돈을 얼마나 중요시 여기고, 얼마나 아껴 쓰는지, 혹은 얼마나 낭비벽이 심한지를 세간의 사람들은 궁금해한다.

놀랍게도 이 부자들을 만나게 되면 지출되는 돈의 사용처가 분명하다. 세금에 관한 한은 더욱 그렇다. 그리고 오히려 왜 쓸데없는 곳에 돈을 허비하는가 하는 질문을 받는다.

일반적으로 부자들은 돈을 여기저기에 펑펑 뿌리며 다닌다고 생각할 것이다. 하지만 전혀 그렇지 않다. 돈을 쓰는 경우는 자신과의 이해관계에 얽혀 있을 때뿐이다. 자신에게 조금이라도 덕이 되지 못한다면 지출을 매우 꺼린다. 자신의 필요에 의하여 음식을 함께 나누거나 유흥을 즐기는 경우에는 그 비용을 아낌없이 부담한다. 하지만 상관관계가 형성되지 않았음에도 경제적 지원을 한다는 것은 상상할 수가 없다. 만약 기대 이익을 원한다면 일정 수익을 올려주고 이에 따라 이익 배분을 얻는 길뿐이다. 친분이 있거나 가족 관계가 아니라면 그 이상의 기대는 상상조차 할 수가 없다. 혹시라도 이런 기대를 가진다면, 그는 부자가 될 자질을 갖추지 못한 사람이다.

성북구 북한산 자락 아래로 부자마을이 있다. 그런데 산을 타고 내려오는 큰 도로는 포장이 다 되어 있었지만, 마을 안에는 전혀 포장이 되어 있지 않았다. 마을 전체가 부잣집들이어서 서로 조금씩만 부담하면 깨끗하게 정리할 텐데, 실상은 전혀 그렇지 않다. 부자들이라도 자신과 직접 관련이 없는 곳에는 조금도 비용을 지출하지 않으려 한다고 한다. 나중에 구청에서 마을 샛길까지 아스팔트 포장을 한 것을 보았다.

사람들은 부자들이라면 더 쉽게 더 많이 돈을 쓸 것으로 생각한다. 하지만 실상은 그렇지 않다. 돈에 대하여 만은 자신이 내지 않아도 될 불필요한 곳에 굳이 돈을 지출할 필요성을 느끼지 않으며 이것은 부자들의 기본 개념이다.

5. 그들은
부지런하고 근면한 사람들이다

돈을 번 사람들은 대부분 부지런하고 근면한 사람들이다. 이들은 현실에 안주하거나 만족하지 않고 끊임없는 도전의 삶을 산다. 그리고 이들은 가난했다 해도 그 가난을 어떻게든 극복한 경험이 있는 사람들이다.

사람을 많이 만나다 보면 이 사람이 성공할 가능성이 있는 사람인지 알 수 있게 된다. 사기꾼이 될 사람인가, 사기를 당할 사람인가, 아니면 부자가 될 사람인가 하는 것을 금방 알 수 있는 감각이 생겨나는 법이다. 돈을 많이 번 사람들이 그냥 돈을 번 것이 아니란 것도 자수성가한 사람들을 만나보면 알게 된다.

부자들은 돈을 버는 과정에서 실패하였든지 성공하였든지 간에 분명히 무엇인가 남다른 점을 가지고 있다. 실패했다고 해도 일어설 수 있는 가능성을 가지고 있고, 성공했다고 해도 그 이면에는 엄청난 실패와 인고의 세월을 지나온 사람들이 대부분이다.

부모로부터 많은 돈을 물려받았다고 하더라도 모두 그 돈을 유지할 수 있는 것도 아니다. 오죽했으면 부자 3대 못 간단 말이 나왔을까? 의식과 씀씀이 그리고 무능력 탓에 빈털터리가 되는 사람들도 있기 때문이다.

선친으로부터 부를 물려받은 사람들이라 하더라도 경영을 할 능력이 없으면 부를 잃어버릴 수밖에 없다. 부유한 2세들의 경우에도 자기관리가 철저한 사람만이 재산이 증식되고, 부를 대물림하여 잘 관리하는 것을 본다. 장남이 무능하고 낭비벽이 심하면 차남에게 경영권을 물려줄 수밖에 없는 것이다. 실제 여러 기업을 거느린 집안에서 전체적인 경영권을 차남에게 물려줄 수밖에 없었던 사실을 더러 본다.

돈을 번 사람들은 대부분 부지런하고 근면한 사람들이다. 이들은 현실에 안주하거나 만족하지 않고 끊임없는 도전의 삶을 산다. 이들은 가난했다 해도 그 가난을 어떻게든 극복한 경험이 있는 사람들이다. 부자가 된 사람 중 재산을 상속 받은 이들 외에는 다들 어릴 적의 가난을 이야기했다. 조금 연륜이 있다는 사람들 대부분 뼈에 사무친 가난의 어린시절을 이야기한다. 가정을 일구고 남부럽지 않게 살겠다는 의지가 그만큼 강했기 때문에, 가난을 벗어나 부를 축적할 수 있었다는 고백을 한다.

공장을 하는 ㄷ사장과 3백 평 이상의 슈퍼마켓을 운영하는 ㅈ사장을 만나보면 믿을 만한 사람이 없다고 아우성이다. 일을 하다가도 사장이 보이지 않으면 담배를 물거나 앉아서 딴전을 피우기 일수라고 한다. 젊은 사람들이 하루만 일하고도 힘들어서 그만두어 버리거나, 조금만 나무라면 다음날 회사에 출근하지 않는다고 한다. 서울 돈암동에서 살다가 창원에서 공장을 운영하는 ㅅ씨의 경우에는, 그나마 자신이 공장을 맡기고 토요일, 일요일을 서울에 올라올 수 있는 것이 성실한 공장장 덕분이라고 한다.

기업체를 운영하는 사장들 모두 이구동성으로 하는 이야기가 있다. 부자가 될 사람들은 보면 안다고 하는 것이다. 부자가 될 이들은 어딘가 모르게 남들보다 부지런하고 근면하고, 사장이 없어도 안심하고 사무실을 맡길 수 있고, 무슨 일이든 맡겨놓으면 걱정이 되지 않는다고 한다. 나중에 보면 이런 직원이 회사를 살리거나, 혹은 독립을 해서 회사를 건실히 운영해 나가는 것을 볼 수 있다고 한다.

슈퍼마켓을 운영하는 ㅍ씨의 경우에는 종업원을 써야 할 입장이지만, 아예 가족들로 사업장을 꾸려 나간다. 수시로 직원이 아프다고 안나오는 통에 사람 구하는 일이 귀찮고 힘들기 때문이다. 하루 일이 끝나면 매장 청소를 해야 하는데도 직원들은 전혀 신경을 쓰지 않아, 사장이 매일 제일 늦게까지 남아 청소까지 하고 퇴근한다고 한다. 매일 아침 8시 이전에 사무실을 나오고 저녁에는 장부와 물건의 이상 유무를 확인하느라 자정을 넘겨 집에 들어간다. 이렇게 부지런하게 살기 때문에 강남의 좋은 아파트에 살며 자녀들을 좋은 대학에 입학시키는 결실을 본다. 결국 부지런한 사람이기 때문에 돈을 벌고 부자란 소리를 듣게 된다고 스스로를 자랑하는 것이다.

학원을 운영하는 ㄷ씨의 이야기를 들으면 근면과 성실이 얼마나 중요한지를 알 수 있게 된다. 어릴 적 학교를 다닐 형편이 되지 않아, 친형과 청계천에서 신문팔이를 하며 고학을 했다고 한다. 살아온 이야기를 듣자면 눈물 없이는 들을 수 없는 이야기들이 한두 가지가 아니다. 어엿한 사회사업가가 되어 많은 학생들에게 희망과 꿈을 심어주고 있지만, 젊은 시절의 고생은 이루 말로 다할 수 없는 것이다. 이분이 학생들에게 주는 장학금은 연간 수억 원대에 이른다. 근면하면서도 성실하며 고난을 극복한 사람들에게 부는 주어져 있는 것이다.

6. 그들은
도전 의식을 가진 사람들이다

인생을 살아가는데는 도전 의식이 반드시 필요한 법이다. 그것은 젊기 때문에 가능한 것이다. 미래를 향한 도전은 강한 끈기와 인내를 필요로 하지만, 이 일을 성취하였을 때의 성취감은 그 무엇과도 비교할 수 없다.

성공적인 삶에는 자신 스스로도 자기 자신이 성공적인 인생을 살아왔다고 인정할 수 있어야만 한다. 그렇게 하려면 부단한 자기 성찰과 지식의 습득, 새로운 것에 대한 도전이 끊임없이 반복되어야만 한다.

요즘 젊은 사람들을 보면, 인내와 끈기가 없을 뿐만 아니라, 새로운 것에 대한 도전 의식이 부족하다는 것을 많이 느낀다. 인생을 살아가는 데는 새로운 일과 삶에 대한 도전 정신이 반드시 필요한 법이다. 그것은 젊기 때문에 가능한 것이다. 그리고 도전 정신이 있는 청춘이기 때문에 젊음이 아름다운 것이다.

미래를 향한 도전은 강한 끈기와 인내를 필요로 하지만, 이 일을 성취하였을 때의 만족감은 그 무엇과도 비교할 수 없다. 국내를 떠나 해외에서 공부하고 성공하는 것, 물론 쉽지 않다. 그러나 도전하는 자에게만이 명예와 성공의 기회가 부여되는 법이며, 결국 후일 부로 충족되어진다는 사실은 누구나 다 아는 사실이다. 그러나 그것을 실천하지 못할 뿐이다.

어느 날 미국에 있는 친구에게서 전화가 걸려 왔다. 어느 박사가 쓴 '나는 아직 서른 살 청년이고 싶다'라는 자전적 에세이를 읽어보라는 것이다. 이 책을 읽으면서 유독 나의 생각을 많이 했다는 친구의 권유 때문에 단숨에 읽어내려 갔다. 그분은 덴마크에 연수를 한 후 대통령비서실에서 새마을 운동을 담당하다가 이스라엘 유학을 한 재원이었다. 이스라엘에서 석사, 박사 학위를 받고 현지에서 강의를 하다가 현재 대학교 교수로 재직 중이다. 이분의 일대기는 한마디로 옛날 어렵고 힘들던 때의 우리의 삶의 모습을 그대로 보여줬다. 시골에서 상경해서 신문을 돌리면서도 오로지 공부를 하겠다는 일념으로 야간대학을 마치고, 농촌을 변화시키는 운동에 뛰어든다. 덴마크 유학 후에는 대통령비서실에서 새마을 운동 담당관으로 근무하다가, 학업에 대한 목마름과 갈증으로 다시 이스라엘 유학으로 사회학 박사를 받았다. 그리고 귀국하여 후진을 양성하고 있다.

이분은 꿈과 희망을 잃지 않는 인생이었다. 자신이 살았던 가난한 농촌을 계몽해 부흥시켜야 되겠다는 열정과 소망이 가득 차 있었기 때문이었다. 그리고 오늘날 민중 지도자나 정치가들처럼 데모나 집단행동을 한 것이 아니라, 궁극적으로 사회기여라는 목표를 가지고 부족한 지식을 채우려는 노력을 게을리 하지 않았다. 의지와 열정, 그리고 도전 정신을 가졌다. 그리고 이 도전 정신이 결국 이름을 남기고 인생의 정점에서 성공이라는 기쁨을 맛보게 된 셈이다.

적극적이고 도전 정신을 가진 사람을 또 다른 한 사람을 만난 적이 있다. 다국적기업인 어느 그룹의 한국인 회장인 ㄴ씨이다. 강원도에서 상고를 졸업하고 농협에 2년 동안 근무하면서, 이렇게 직장생활만 하는 것이 나의 목표는 아니다라고 느꼈다고 한다. 직장을 그만둔 후 이태리 유학을 택했고, 다시 프랑스에서 댐 건설 공부를 했다고 한다. 지금도 6개 국어는 능통하다고 스스로를 자랑한다. 1980년대 후반 주택 2백만 호 건설이 한창이던 때, 고층 아파트 건설을 위하여 타워 크레인이 많이 필요했다. 이때 프랑스 제품의 국내 판매 독점권을 확보했다고 한다. 자신이 근무하던 대학 동기의 부친이 바로 타워 크레인 제조업체 사장이었기 때문이었다. 약관 서른의 나이로 '타워 크레인'을 프랑스로부터 독점 수입하여 많은 돈을 벌어보았고, 교량 설계 관련 특허를 출원하여 대형 건설업체로부터 정기적인 로열티 수입을 조금씩 얻고 있다고 한다. 국내에서 설계사무소를 운영했었고, 중국 댐 건설의 국제 입찰에 참여할 수 있도록 설계를 총괄한 경험이 있다. 지금은 CEO로서 건설업과 서비스업에 종사하면서 프랑스에서 박사과정을 계속해서 공부하고 있다. 자신의 철학은 '일을 즐기며 생활하는 것'이라고 말하는 이야기를 들으면, 살아온 인생 역정이 한편의 드라마이며, 젊은 청년들에게 성공이 어떤 것인지를 잘 알려주는 표본임을 알 수 있다.

유명방송국의 책임 프로듀셔로 있는 친구들을 보면, 그 어렵던 시절 어떻게든 영어권 유학을 떠나고 난 뒤에 방송국에 입사할 수 있었고, 꿈을 펼치며 유명세를 타고, 강남권에서 안정적인 가정을 꾸려가는 것을 본다.

개인적으로도 어려운 가정 형편으로 학업을 포기했다면, 어떻게 되었을까? 뒤늦게라도 대학과 대학원에서 학업을 연마했기 때문에 나 자신이 꿈꾸던 글을 쓸 수 있었고, 역량 또한 갖출 수 있었다. 그렇지 않았다면 학업 성취에 대한 자격지심에 시달리게 되었을 것이고, 사회적 역량 또한 잃어버리고 말았을 것이다. 학업을 마친 후에도 매일 서너 시간은 독서를 하고, 명상을 하기 때문에 저술을 하거나 강의를 할 수 있고, 여러 지인들에게 자문할 수 있는 지식과 경륜을 갖출 수 있는 것이다.

부/자/의/습/관/부/터/배/워/라

제4장
부자가 되기 위한 마인드
(부를 얻기 위해 어떤 마음가짐으로 행동할 것인가?)

∴

1. 지금 당장 무언가 일을 시작하라

2. 절약과 저축은 부로 가는 지름길이며 출발점이다

3. 장애의 문제를 극복하라

4. 부에 대한 목표를 분명히 하라

5. 자신이 가진 정보를 최대한 활용하라

6. 무엇이 이익인가를 항상 생각하라

7. 선진경영 기법을 배우라

8. 변화를 추구하는 사람이 돈을 번다

9. 근면과 성실은 부를 얻는 근본이다

10. 친절은 고급 메뉴이며 상품이다

11. 돈이 돈을 낳는다는 사실을 명심하라

12. 제대로 된 인적 네트워크를 형성하라

1. 지금 당장
무언가 일을 시작하라

만약 지금 가난에 처해 있다면, 내가 돈을 벌고 할 수 있는 일을 시작하라. 술도 끊고 담배도 끊고, 무엇이든 일을 시작하라. 그리고 벌어 들여온 수입의 일부를 저축하고, 비록 반지하 방에 산다고 하더라도, 미래의 희망을 가지고 지금 당장 일을 시작하라.

요즘 청소년들이 취업이 안된다고 아우성이다. 누구나 한 번쯤은 듣는 이야기이다. 직장에서 교회에서 사회에서 어렵게 사는 사람들을 보았다. 가정이 깨어지는 사람들을 보았다. 단 한마디, 그 이유를 단언할 수 있는 말이 있다. 바로 게으르거나 성실하지 못하기 때문이라는 말이다. 노력하지 않기 때문이다. 힘든 일을 하지 않으려고 하기 때문이다. 왜 그럴까? 그 이유는 간단하다. 굶어보지 않았기 때문이다. 눈물이 있는 빵을 먹어보지 않았기 때문이다.

대학을 낙방하고 난 뒤 그처럼 마음이 상심한 때는 없었다. 무엇을 할까, 무엇을 해야 먹고 살 수 있을까? 엄청난 고민이 되었다. 그래서 선택한 것이 직업이었다. 그렇지만 학업에 대한 열망은 사라지지 않았다. 그리고 삶에 대한 욕구 또한 강하게 일어났다.

삶에 대한 고민을 해 보지 않고는 부와 돈에 대한 욕망을 갖기란 참으로 어렵다. 고난을 겪으면 살려고 발버둥 치게 된다. 뼈저린 가난은 이 가난에서 벗어나고 싶은 욕망을 더욱 강하게 용솟음치게 한다. 눈물 어린 빵을 먹어 보았는가? 매일 아침 일어나 밥을 짓고, 옷을 다려 입고, 학교에 가 보았는가? 학교로 가는 전철 안에서 눈가로 주르르 흐르는 눈물을 보았는가? 그렇게 어렵게 공부를 해 보았는가?

넉넉한 집안의 사람들이야 다르겠지만, 넉넉하지 않은 가정에서 힘들게 살고 있다면, 당장 일어나 일자리를 찾으라. 더 공부할 수 있는 여건이 된다면 다르겠지만, 장학금을 받고 공부할 수 있는 실력이 못된다면, 지금 다른 사람들이 더티 업종이라고 싫어하는 전문적인 기술을 익혀 보라.

가난을 경험하면 부에 대한 욕구가 강하게 일어날 수밖에 없다. 어느 집이나 끼니를 거르는 집은 그리 많지 않다. 조금만 무엇이든 열심히 하면 아주 어려운 가난을 대물림해 줄 정도는 아니다. 상대적 빈곤이 문제이지만 절대적인 가난으로부터는 벗어날 수 있다.

물론 달동네를 가면 아직 어려운 가정들이 있고, 가난이 무엇인지 아는 어린 아이들도 있다. 사무실을 찾아와 상담하는 이들이나, 교회에서 만나는 사업에 실패한 가정의 부모들과 자녀들의 삶의 모습은 가슴을 아리게 한다. 그런데 이것이 현실이다. 어떻게 그달의 생활비를 조금 보태어 준다고 해결될 수 있는 문제가 아니다. 요즘 경기가 어렵기 때문에 부모가 사업에 실패하고, 조금이라도 수입이 되면 막노동까지 뛰어드는 가정들 또한 적지 않다.

지금 당장 살기 어렵다면, 일을 시작하라. 사람들의 이야기를 듣지 말라. 귀가 여려 이 사람 저 사람 이야기를 들어보아야 그들은 나에게 썩 그렇게 도움이 되지 않는다. 당장 자신이 할 수 있는 일이 있다면, 무슨 일이든 일을 시작하라.

나 자신이 잘 나갈 때는 많은 사람들이 주위에 와서 서성이고, 어떻게든 환심을 사려고 아우성인 것을 본다. 그러나 이제 퇴물이 되고 별 볼일 없는 사람처럼 느낀다면, 사람들은 주위를 떠나기 마련이다. 불행하게도 이것은 냉혹한 현실이다. 문제는 잘 알면서도 이것을 냉철하게 인식하지 못하는데 있다. 당신이 곤경에 처해 있다면 당신 스스로의 의식을 변환시키라.

만약 지금 곤경에 처해 있다면 일을 시작하라. 밀린 세금이 문제가 된다면, 세무서를 방문하여 직원을 만나고 지금 현재의 사정을 정확히 설명하라. 최저 생계 소득까지 무리하게 생활비까지 압류하지는 않을 것이다.

만약 지금 가난에 처해 있다면, 내가 돈을 벌고 할 수 있는 일을 시작하라. 술도 끊고 담배도 끊고, 무엇이든 일을 시작하라. 그리고 벌어 들여온 수입의 일부를 저축하고, 비록 반지하 방에 산다고 하더라도, 미래의 희망을 가지고 지금 당장 일을 시작하라. 더 나아가 당신이 꿈꾸는 일에 도전하라.

절망하고, 좌절하고, 누워있는 사람에게는 희망이 없다. 모든 사업을 실패하고, 지금 도망치다시피하며 서울로 올라왔다 할지라도, 무엇인가 당신을 위한 일이 있다. 그리고 조금 눈에 보이게 차지 않는다 해도 일을 시작하고, 조금이라도 벌어 들여온 수입을 저축으로 몫을 늘여나가야 한다.

지금은 어느 대학교 박사 과정에 있는 아끼는 후배가 하나 있다. 부모를 일찍 여의고, 친척들의 눈살이 싫어 고향을 등지고 서울로 올라왔다. 안 해본 것이 없다. 지금은 건전한 사업을 하려고 나이트클럽을 접었지만, 나이트클럽 웨이터부터 사회 밑바닥 생활까지 이것저것 다 안 해본 것이 없다. 지금이야 살만한 아파트도 있고, 클럽을 운영하던 부동산을 임대를 주고,

사십이 넘어 박사과정에서 공부를 하고 있지만, 갖은 고생을 다 했다. 사행성이 있는 사업을 벗어나기 위해, 후일 미국에서 외제 중고차 수입도 하고, 중고 복사기 수입도 하다가, 미용기기 대리점 영업을 하는 것도 본다. 지금은 공부가 좋아 꼭 박사학위까지 받고, 모습을 보이고 싶다고 입버릇처럼 말했는데, 정말 그렇게 되었다. 지금 논문학기 중에 있으니 이 얼마나 자랑스러운 일이 아닌가가? 칭찬할만하지 않은가? 그렇게 재산을 모으는 동안 무엇으로 그 고생한 이야기를 다 써 내려갈 수 있겠는가?

어느 사업가의 이야기도 들으면 그렇다. 고향에서 올라와 서울 역전에서 노숙을 하고, 신문을 돌려가며 고생 고생하며 사업을 일구었다. 그렇기 때문에 젊은 학생들에게 장학금을 지급하고, 어떻게든 그 어려운 학생들을 돕고 싶어 하는 마음을 볼 수 있는 것이다.

강남에서 일식집을 운영하는 사업가 한 분은 백억 원이 넘는 돈을 사회에 환원한 공로로 정부의 표창까지 받았다. 둘이 카운터에 앉아 마음을 통하며 이야기할 수 있는 것은 나름대로 자수성가라는 말이 서로 몸에 붙어 있기 때문이다. 먹고살 만한 수입이 있는 빌딩이 있음에도, 일식집을 운영하여 나오는 수익금은 모두 대학교에 기부하고 있다. 왜 그렇게 하는가 물으면 공부하지 못한 자신과의 약속이라고 말한다. 이보다 더 뿌듯한 마음을 가질 수 있을까? 스스로의 만족감이란 이런 것이 아닌가?

지금 어려운 고비에 있다면, 당장 무엇이든 일을 시작하라. 열심히 성실하게 일하다가다가 보면 당신을 인정하는 좋은 사람을 만나게끔 되어 있다. 때때로 그것이 인생의 낭비인 것 같아도, 일과 성실함의 보상을 받게 된다. 또한 그 성실함이 어느 순간 여러분의 삶을 풍족함으로 채우고 있음을 보게 될 것이다. 여러분의 어려운 가정에서 자라났다면, 다만 다른 사람들보다 조금 불편할 뿐이고, 조금 더 시간이 걸릴 뿐이다. 부의 출발점은 바로 지금 일을 시작하는 데 있다. 가만히 누워 있는 그곳에 어떤 무르익은 것들이 굴러들어오지 않는다는 사실을 명심하라.

젊은 시절 너무나 어렵게 대학을 졸업했기 때문에 환갑이 넘은 이후에도 못다 한 공부를 하기 위하여 박사과정으로 땀 흘리는 분을 보았다. 젊은 시절 고생한 보람으로 빌딩이 있고, 사업장이 있고, 안정된 수입원이 있음에도 그 나머지 인생을 쉬이 놀며 보내지 않는다. 소고기의 전 부위에 관하여 영어로 설명이 가능할 정도로 박식한 한 사업가에게서 '노력'이라는 모습을 본다. 자진의 주어진 삶을 낭비하지 않고, 최선을 다하기 때문에 아름답게 느껴진다.

아름다운 삶이란 최선을 다하는 삶이고, 최선을 다하는 삶이란 바로 지금 주어진 환경에서 지금 당장 일을 시작하는 것이다. 이것은 게으름과의 반대말일 수 있다. 허공만 쳐다보며 고민만 한다면, 공상에만 빠져 있다면, 무엇이 될 것인가? 현실을 직시하고, 당장 돈을 벌 수 있는 일을 시작하는 것, 그것이 부자로 가는 출발이며, 시작점이 된다는 것쯤은 알고 있지 않는가?

지금 당장 살기 어렵다면, 일을 시작하라. 사람들의 이야기를 듣지 말라.
귀가 여려 이 사람 저 사람 이야기를 들어보아야 그들은 나에게 썩 그렇게 도움이 되지 않는다.
당장 자신이 할 수 있는 일이 있다면, 무슨 일이든 일을 시작하라.

2. 절약과 저축은
부로 가는 지름길이며 출발점이다

절약과 저축은 부로 가는 기준점과 출발점이 된다. 부를 누리기 위하여 그리고 더 많은 돈을 모으기 위해서, 없는 돈이지만 적금을 들고 이 적금으로 위험요소가 적은 부동산이나 기타 정기 예금 등에 투자해야 한다.

'나는 아직 부자가 아니다'라고 생각하는 사람들이 가장 먼저 명심해야 될 부분이 있다. 아무리 어려워도 제일 먼저 소득의 일부분은 반드시 저축을 해야 한다는 사실이다. 부자의 출발점은 자신의 소득의 일부분을 자신의 주머니 속에 저축하면서부터 출발한다. 일정 소득을 유보한다는 것은 수중의 자신의 자산을 늘여간다는 말과도 같다. 이것이 바로 저축이다. 최근 시중의 부자와 관련된 수백 종의 책을 훑어보는 가운데, 가장 먼저 제시되는 충고가 있다면, 바로 저축을 하라는 말이다.

은행의 대출은 저축이 은행의 잔고로 남아 있는 사람들에게는 훨씬 수월하며, 금리 면에서도 많은 혜택이 있다. 은행의 저축이 있는 사람들은 예금통장과 도장만 가지고 은행 창구를 방문하면 된다.

혹자는 먹고 살기도 어려운데, 무슨 저축이냐고 반문할 것이다. 전혀 그렇지 않다. 가정 형편이 어려운 때일수록 더욱 허리띠를 졸라매고, 돈을 아껴 쓰며 저축을 해야 한다. 이만큼 살게 된 것도 우리 세대의 부모님들이 허리띠를 졸라매고 지출을 억제하며 가계에 안정을 기하기 위하여 최선을 다하였기 때문이다. 이 노력은 조금 남은 돈이라도 헛된데 쓰지 않게 하고, 가계의 흐름을 예금통장 속에 저축이라는 틀의 물꼬로 바꾸어 흐르게 한다.

우리의 어린 시절에는 초등학생들에게까지도 저축을 장려했다. 매월 저축통장을 점검하며 절약하는 생활을 가르치기도 했다. 고故 박정희 대통령을 위대하다고 하는 이유가 바로 이런 저축운동을 통하여 국가 경제를 살리고, 수출의 물고를 트며 국민들의 삶의 안정에 박차를 기하였기 때문이다.

그렇다면 최소한의 저축의 양은 얼마쯤이 적당할까? 성경은 소득의 10분의 1을 저축하라고 한다. 이는 실생활에서도 그대로 적용될 수 있다. 기독교인이라면 10분의 1을 교회의 십일조로 헌금을 하고 나면, 그 씀씀이를 더 줄일 수밖에 없다. 그렇다면 일반적인 사람들은 최소한 총 수입액의 10분의 2 이상은 저축하여야 하는 것이 맞다. 오십 퍼센트의 저축이라면 더욱 좋다. 저축은 많을수록 좋은 법이다. 그달의 소득은 일단 저축할 금액을 제하고 난 후에 다른 씀씀이를 준비하는 것이 바람직하다. 그러나 이렇게만 저축해서는 돈을 모을 길이 없다. 그렇게 하려면 절약하고 아끼고 씀씀이를 좀 더 줄이는 수밖에 없다. 그래야만 돈이 모이는 것이다.

부를 찾는 사람들의 다양한 의견을 모아보면 일곱 가지 정도로 정리해낼 수 있다. 이것을 이해하는 것이 중요한 것은 바로 이것이 재테크의 설계이며, 미래를 향한 준비라는 점 때문이다. 학원에서 가르치지는 않지만, 반드시 터득해야 하는 부를 누리기 위한 삶의 모형을 만드는 것은 삶의 질을 높이는 토대를 마련하기 위해서라도 매우 중요하다.

첫째, 자신의 주머니가 채워지도록 먼저 저축을 하여야 한다. 둘째, 소득에 맞게 지출을 최대한 억제하고 지출하는 경비의 내역을 정리하여, 수입의 일부를 저축하려는 노력이 지속될 수 있게 하여야 한다. 셋째, 이 저축된 돈으로 자산을 증식시키기 위하여 적절한 곳의 투자처를 물색하여야 한다. 넷째, 이 투자에서 주의하여야 할 점은 절대로 돈의 회수가 불가능하거나, 위험이 있는 곳에 투자해서는 안 된다. 투자를 하기 전, 그 위험에 대하여 면밀히 분석하고, 이 위험을 회피할 수 있는 대비책을 나름대로 마련하여야 한다. 다섯째, 어느 정도 투자의 결실이 맺어진 후에는, 먼저 주택을 구입하여야 한다. 주택은 가족들이 안전하게 거할 처소이기 때문이다. 가정이 경제적으로 안정되면 더욱 사업에 매진할 수 있다. 여섯째, 노후를 대비하여 재원을 마련하고 수입의 일부를 또 저축하여야 한다. 더 이상 돈을 벌 수 없는 시기가 도래하였을 때를 대비하여, 장래를 계획하고 대책을 마련해야 한다. 일곱째, 이제 돈 버는 능력을 배가倍加시킬 때이다. 후손을 양성하고, 더욱 실력을 쌓아가야 한다. 사회적으로 덕망이 쌓이며, 이제 안정적으로 늙어가게 된다. 평안한 노후의 미래를 준비하게 되는 것이다.

일곱 가지의 돈을 버는 단계의 가장 기초적인 최초의 출발점은 역시 저축이다. 수입이 작더라도 이를 주머니 속에 유보하여, 향후에 더 큰 자산을 굴릴 수 있도록 준비하는 것이 바람직하다.

절약과 저축은 부로 가는 기준점과 출발점이 된다. 부를 누리기 위하여 그리고 더 많은 돈을 모으기 위해서, 없는 돈이지만 적금을 들고 이 적금으로 위험요소가 적은 부동산이나 기타 정기 예금 등에 투자해야 한다. 부자가 되려는 사람들은 절약과 저축이 바로 부자로 가는 최초의 기준점이란 사실을 잊어는 안 된다.

또한 절약과 저축이 몸에 배려면 먼저 씀씀이를 줄이는 방법밖에는 없다. 서울의 생활에서 마땅히 쉽지는 않겠지만, 씀씀이를 줄이는 방법은 그 달 사용할 돈을 적어가는 방법이다. 처음 급여가 매우 작았을 때, 매월 지출되는 금액을 정하고, 그달 지출되어야 할 돈과 변수를 항상 메모를 하라.

혼자 사는 사람들은 사실 이렇게 메모를 해보면 잘 안된다. 돈을 모으는 일이 그만큼 절실하지 않기 때문이다. 그러나 이것을 습관을 들이지 않으면 돈이란 항상 내 주머니를 떠나게 되고, 항상 부족함에 쩔쩔매게 된다. 조금씩 주머니에 돈을 모으고 통장이 늘어나면, 돈을 모으는 재미가 쏠쏠해질 것이다.

절약하는 마음으로 저축을 시작하라. 그리고 오늘 하루부터 지출된 경비를 메모하고, 불요불급한 외의 경우에는 가능하면 지출을 억제하라. 지금부터 당장 절약과 저축을 시작하라. 부는 여기서부터 출발한다.

절약하는 마음으로 저축을 시작하라. 그리고 오늘 하루부터 지출된 경비를 메모하고,
불요불급한 외의 경우에는 가능하면 지출을 억제하라.

3. 장애의 문제를
극복하라

육체적인 몸의 불편은 큰 문제가 되지 않는다. 무엇인가 일을 하는 것이 중요하다.
자신의 취미에 맞고, 그 일이 자신의 성취동기를 가져다주는 것임을 안다면, 무슨
일이든지 자신이 할 수 있는 일을 시작하는 것이 중요한 것이다.

육체적인 장애는 장애가 아니다. 몸이 불편해도 할 수 있
는 일이 있고, 무언가 자신이 육체적으로 활동 가능한 범위 내에서 할 수
있는 일들이 얼마든지 있다. 문제는 생각이다. 무엇을 할 것인가? 어떤 일
을 할 것인가? 스스로 고민해 보아야 한다.

예전에는 육체적인 장애를 가진 분들이 도장을 파거나 열쇠를 깎아서
팔거나, 전자제품을 수리하여 판매하는 일을 많이 하는 것을 보았다. 요즘
은 정부기관에서도 육체적으로 어려움이 있는 직원들을 채용하고 있기 때
문에 공직이나 사무직의 길도 많이 열리고 있다.

육체적인 몸의 불편은 큰 문제가 되지 않는다. 무엇인가 일을 하는 것이
중요하다. 자신의 취미에 맞고, 그 일이 자신의 성취동기를 가져다주는 것

임을 안다면, 무슨 일이든지 자신이 할 수 있는 일을 시작하는 것이 중요한 것이다. 육체적으로 활동하기 어려움이 있다 해도 하고자만 하면 무엇이든 할 수 있다. 인터넷 기술의 발달로 요즘은 가정에서도 무엇이든 일을 벌일 수 있는 세상이 되어 있다. 포토샵 프로그램으로 책을 디자인하는 일을 할 수도 있고, 인터넷 쇼핑몰을 통하여 상품을 판매할 수 있는 시장도 형성이 되어 있다. 무엇이든 하고자 하면 육체적인 어려움은 큰 문제가 되지 않는다. 무엇인가 하겠다고 하는 의지가 중요한 것이다. 물론 어떤 일을 할 때에는 치밀하게 준비하는 것은 당연지사이다.

국내 유명 대학을 졸업하고 건설 시공업을 하는 사장과 전무가 있다. 이들은 참으로 적극적으로 인생을 사는 친구들이다. 어두운 사회에 때묻지 않은 순수함 때문에 마음을 끌게 한다.

사장은 육체적으로 다리가 불편한 친구이다. 교통사고로 허리를 다쳤기 때문이다. 목발을 짚지는 않아도 지팡이를 의지할 수밖에 없다. 전무 역시 지팡이를 짚는 다리가 불편한 장애인이다. 환경설비 자격증을 가지고 있는 그의 전문자격과 기술력은 환경설비업을 운영하는 회사의 기술력과 원동력이 되고 있다. 관할 관청의 사업 인허가 절차를 마치고 사업자등록을 필한 당해 연도의 매출액이 30억 원 이상 된다고 하니, 대단한 사업 수완을 가진 친구들이다. 충청권의 유명 건설회사에서 퇴직한 유능한 직원들을 채용하여 회사를 굴리고, 현재 상근 직원들만 약 20여 명이 넘는다. 이들의 능력을 알만 하다.

아직까지 미수금이 많아 직원들의 인건비는 밀리지 않지만, 사장은 가져갈 수 있는 돈이 얼마 되지 않는다며 사업의 어려움을 토로한다. 매번 새롭게 느끼는 것은 그 떳떳함과 포부이다. 언젠가 장애인들을 위한 복지시설을 만들고 싶다는 이들이 자신들이 장애인이기 때문에 꼭 사업으로 성공하고 싶어 하기를 바란다. 가족에게 돈을 타 쓰는 것이 아니라, 자신들이 스스로 벌어서 떳떳하게 부모에게 내보이고 싶다는 이들의 마음에 더욱 믿음이 간다.

육체적으로 몸이 불편한 장애인이라고 해서 움츠리고 있으면 안 된다. 실력을 쌓고 미래를 획득하기 위한 도전과 노력을 기울야야만 한다. 또 이런 사람에게만 경제적 풍요가 보장될 수 있다는 사실을 깨달아야만 한다.

사업을 경영하는 두 젊은 친구에게서 느끼게 되는 중요한 한 가지는 바로 공사 시공 기술력에 대한 자신감이다. 기계설비, 전기설비, 환경설비 등 설비 분야의 공사를 수주하며 시공 능력에 대해서 강한 자신감을 내 비친다.

미래를 진취적으로 사는 사람들에게서 발견할 수 있는 특징은 도전 의식이다. 불편한 현실에 안주하는 것이 아니라 강한 희망을 가진 도전 의식으로 세상을 헤쳐나가고 있는 것이다. 이들을 바라보면 절대로 육체적 불편이 사업에 걸림돌이 되지 않는다는 사실을 새삼 깨닫게 된다.

성공적인 삶을 사는 한 직원의 모습을 발견할 수 있다. 휠체어를 타야하는 중증 장애인이다. 승용차로 출퇴근하지만 사무실에서는 휠체어를 타고 근무한다. 많은 사람을 상대해야 하는 어려운 일이지만, 전혀 불평이 없이 다른 동료 직원들보다 훨씬 더 모범적으로 일한다. 직원들이 전문적인 해석을 필요로 하는 경우, 이 직원에게 질문을 하여 답을 얻는다. 전혀 육체적 불편함을 내색하지 않는다.

육체가 활동하기 불편한 장애인으로서 성공한 사람들은 이외에도 숱하게 많이 있다. 성공한 장애인 사업가들을 만나면 꼭 배워야 할 점이 있다. 바로 불굴의 도전 정신이다. 육체적으로 몸이 불편하면서도 장애인이라는 내색을 하지 않고, 미래를 개척하려고 하는 강인한 정신과 하면 된다는 확고한 신념이 이들을 일어나게 한다. 몸이 불편하다고 해도 매사에 성공할 수 있었던 그 한 가지 이유는 적극적인 마음의 자세가 있었기 때문이었다.

장애는 외적이고 육체적인 장애만이 장애가 아니다. 어렵고 힘든 가정 형편에서 일어나는 것도 하나의 장애가 될 수 있다. 아무리 어려운 가정환경이라도 강한 의지로 일어서려고 하는 마음의 의지가 무엇보다 중요하다. 강한 의지는 성공으로 가는 열쇠이기 때문이다.

부자들은 우리들에게 충고한다. 어떤 일을 할 때, 그 일에 대한 목표치를 분명히 하라고 말이다.

4. 부에 대한
목표를 분명히 하라

부자들은 우리들에게 충고한다. 어떤 일을 할 때, 그 일에 대한 목표치를 분명히 하라고 말이다. 명확한 목표가 정해졌을 때만이 성과를 지향하게 되고, 이 지향된 성과는 응분의 보상으로 돌아갈 것을 알기 때문이다.

십여 년 전쯤에 시집을 한 권 낸 적이 있다. 출판비는 출판사 측에서 부담하여 나 자신의 부담은 없었지만, 시집이 몇 권 팔리지 않아 상업적인 이익은 전혀 얻지 못하고 말았다.

당시 전근을 앞두고 문장을 제대로 다듬지 못하였을 뿐만 아니라, 표지조차 너무 갑작스럽게 디자인하는 바람에 말 그대로 엉성한 책을 그냥 유통시켰기 때문이다. 결국 별반 재미도 보지 못하고, 왜 이런 시집을 내었을까 하는 의구심과 자책감만 느꼈다.

모임에서 자주 만나는 한 분이 있다. 이분은 공직에 있으면서 시집을 세 권이나 내었다. 시중 서점에 나왔지만 별로 팔리지 않았다. 표지 디자인이나 제목까지 별반 특징이 없어 보였다. 나중에 시집을 낸 출판사 측의 불평은 상당한 손해를 보았다는데 있었다.

　요즘은 돈만 있으면, 자비 출판이 가능하기 때문에 여러 종류의 책들이 자비로 출간되는 모습을 찾아볼 수 있다. 자비로 출판되거나 발간된 시집은 대부분 지인知人들에게 증정하는데, 이렇게 증정된 시집은 대부분 읽기도 전에 사무실 캐비넷, 책들 사이에 묻혀 버리고 만다. 시집을 증정한 저자의 서명이 표지 안에 변색되지 않고 남아 있음에도, 자리를 옮길 때면 받은 이는 어김없이 쓰레기통에 던져 넣는다. 이 행태를 본 후, 책을 절대로 무료로 증정하지 않겠다고 다짐을 했다.

　처음 시집을 출간한 이후, 정말 세상 물정을 몰랐다는 생각을 줄곧 할 수밖에 없었다. 많은 주위에 계신 분들의 격려가 있었고, 신문과 방송에까지 이름이 보도되고, 서울의 공중파와 지방의 라디오 방송까지 출연하게 되었으니, 나름대로 결실이 있기는 했다. 하지만 중요한 한 가지를 배웠다. 또 다른 실패를 경험하자 않게 책의 출간을 신중하게 해 주었다는 사실이다. 그리고 목적이 없는 책은 내지 않기로 한 것이다.

　글을 쓰고 책을 내는 저자 자신은 '그 사람 시집 몇 권 낸 사람이구나'하며, 자신을 대단한 사람으로 받아들일 것으로 착각을 한다. 부자들의 입장은 전혀 다르다. 왜 그런 쓸데없는 일을 하느냐고 반문한다. 시간과 돈의 낭비라는 것이다. 바로 이 점이 부자들과 그냥 그대로 오늘 하루를 사는 사람들과의 차이이다. 지인知人의 도움으로 대충 시집을 만들고, 이를 아는 사람의 손길을 통해서 도움을 받아 파는 것, 어떤 면으로 생각하면 정말 우스운 일이다. 왜 이런 현상이 일어날까? 바로 그것은 목표의식이 부족한 탓이다. 왜 이 일을 해야 하는지 구체적으로 생각해 보지 않았기 때문이다.

　처음 한 권의 종교 서적을 쓰며, 십여 년 동안 이런 책이 있었으면 하고 거듭 고민하며 생각해 오다가 책을 집필하여 결실을 맺은 적이 있다. 종로서적과 교보문고, 말씀사 등 종교서적을 취급하는 서점 코너에 가서 보고 또 보고 연구하고, 서적을 찾고 참고하였다. 그리하여 손에 간편하게 쥐기 쉽고 성경을 위주로 한 교리 해설서를 만들게 되었다. 그 책을 쓰면서도 계속 서점을 방문하여, 이와 비슷한 책이 이미 출간되었는지 여부를 몇 번이나 확인하였다. 그 결과 이 책이 기독교인의 지침서로 충분하리라는 인식을 하였고, 이를 출간하여 책으로 낼 수 있었다.

문단에 등단했다는 이유로 팔리지 않는 시집을 만들어 놓고 자기 만족감에 빠지거나, 혹은 그 책이 꽂혀 있을 자리를 상상하지 못하는 것은 바보스러운 일이 아닐 수 없다. 시집을 발간하였다면, 어느 정도의 독자층에 얼마간의 부수를 판매할 수 있을지, 철저히 예측하고 따지는 것이 부자들의 생활습관이다.

가령 신춘문예 등단을 한 소설가가 소설을 전업으로 하지 않을 때, 왜 소설을 쓰는가? 자기 만족감인가? 시인이나 소설가가 자기 만족감으로 글을 쓴다면 할 말이 없다. 그러나 이 책이 매출로 연결되지 못한다면 무슨 의미가 있는가? 자기 성취동기밖엔 별 의미가 없을 것이다.

우리가 알고 싶어 하는 것은, 문학적 만족감을 논하자는 것이 아니다. 부자들의 삶의 태도와 그들의 행동 마인드이다. 부자들은 다르다. '왜 그 일을 하는가?'하고 반문한다. 만약 글 쓰는 시간을 활용하여 전문적인 지식을 습득하려고 노력을 한다면, 더 큰 결실을 얻을 것이라고 주장한다. 차라리 사업의 승패나 승진을 위해 노력하라고 하는 것이다. 이렇게 하지 않으면 더 많은 보수를 얻거나, 더 나은 직업을 선택할 수 있는 기회를 상실하고 마는 것이다. 생활이 넉넉하고 여유가 넘쳐서 책을 내거나 아예 학술서적을 발행한다면 이는 얼마든지 자비로 책을 출판할 수 있는 일이지만 말이다.

부자들은 우리들에게 충고한다. 어떤 일을 할 때, 그 일에 대한 목표치를 분명히 하라고 말이다. 명확한 목표가 정해졌을 때만이 성과를 지향하게 되고, 이 지향된 성과는 응분의 보상으로 돌아갈 것을 알기 때문이다.

왜 돈을 벌어야 하는가 하는 가치철학이 뚜렷할 때만이, 최대의 성취동기가 부여되며 그 결과치는 항상 최선의 것으로 기대할 수 있다. 돈을 벌어야겠다는 목표를 분명히 하는 것만이 부자로 가는 지름길이라는 사실을 이 책을 읽는 독자 제위諸位께서는 반드시 깨달아야만 하는 것이다.

왜 돈을 벌어야 하는가 하는 가치철학이 뚜렷할 때만이,
최대의 성취동기가 부여되며 그 결과치는 항상 최선의 것으로 기대할 수 있다.

5. 자신이 가진 정보를
최대한 활용하라

자신이 나아갈 길을 예측하고, 이에 맞도록 행동을 하고, 미래를 예비하라는 말이다. 반드시 정보를 수집하고 분석하여, 미래를 내다볼 수 있는 긴 안목을 갖추라는 말이다.

　　　　　사람들은 대부분 자신의 직무나 현재 하는 일에서 얻어진 정보들로 의사결정을 한다. 이것은 자신의 현직現職에서 일하면서 얻게 되는 정보가 얼마나 중요한 것인가를 알 수 있게 해준다. 이는 자신이 얻을 수 있는 정보를 최대한 활용하라는 말과도 같다.

　현직의 정보를 활용하는 경우의 대표적인 예는 직장에서 독립하여 창업이나 혹은 투자를 하게 되는 경우이지만, 정보는 자신의 자리나 위치를 옮기지 않으면서도 최대한 많은 정보를 축적하여 그것을 활용하므로 부의 성취를 이룬다는 의미도 있다. 직업에서 얻는 독점적인 정보는 물론 직업 윤리의 문제가 제기될 수도 있다. 법령을 위반하면서까지 부를 축적하는 것은 올바르지 못한 일이다.

그 분야에서 성공을 했다거나, 혹은 부를 성취하였다고 하는 사람들은 대부분 부를 이루기 전에 이미 그 분야에서 둘째가라면 서러워할 권위자들이 되어 있던 사람들이다. 그 분야에서 노하우와 기술력으로 온몸이 탄탄히 다져진 사람들이란 말이다. 이들은 거의 자신이 성공한 사업의 업종에 대한 정보의 흐름을 훤히 꿰뚫고 있다.

다른 사람이 보기에는 쉬워 보이겠지만, 건설업을 하거나 분양 대행사를 차리는 것 하나도 나름대로 엄청난 노하우와 능력을 가지고 시작한다. 지금까지 스스로 얻은 정보를 다 결합하여도 승패를 가름하기란 쉽지 않다. 언제쯤 어떻게 추진하는 것이 가장 효과적인지, 아니면 어느 곳, 어떤 지역, 어떤 방법, 어떤 규모가 좋을지 등등, 그 의사결정 과정의 이면에는 다른 사람이 상상하지 못할 정도로 고도의 고민과 번민煩悶이 따르기 마련이다. 이 결정이 잘못되는 경우에는 한마디로 쪽박을 차게 될 수도 있기 때문이다. 적어도 돈을 벌기를 원하는 사람이라면, 현재의 위치에서 얻어진 무수한 정보를 잘 살펴보고, 이를 추출해 낼 필요가 있다.

기업의 구조조정과 같은 것을 보면, 대외적 변화가 기업에 얼마나 많은 충격을 주는지를 잘 알 수 있다. 기업이 변화를 추구하는 것은, 그만큼 사회환경 전반에 대한 정보의 분석에서 대응하는 것이며, 사회적 변화가 기업에 주는 영향에 대한 다양한 정보를 수집하고 세밀히 분석하였기 때문에 대응이 가능한 일이다.

정보의 수집은 대량의 책을 읽거나, 경기변동의 예측, 혹은 외국의 여건 변화의 사례, 추정 등을 통해서 얻어질 수 있다. 그러나 개인 각자가 신문과 방송의 청취 등에서 얻어지는 정보로는 한정적일 수밖에 없다. 자신이 도약을 외치거나 부의 축적을 기대한다면, 정보의 수집 채널을 최대한 넓혀야만 한다.

자신이 현재의 위치에서 얻게 되는 일반적인 지식과 정보, 그리고 경기의 흐름, 신문의 스크랩, 여러가지 책에 의한 기술, 인터넷을 통한 자료의 수집, 이 모든 것을 가공하면 귀중한 정보가 된다. 현재의 이러한 기록들은 향후를 예측하고, 자신이 무엇을 하여야 돈을 벌 수 있는가를 추정하기에 좋은 기초자료들이다.

만약 직장에서 직업에 관련된 일만 충실히 한다면, 그의 기업에서 중요한 일꾼이 될 수 있을는지는 몰라도, 그 자신에게는 충실한 사람이 아닐 수도 있다. 어느 일정 시점이 된 후에도, 독립할 수 있는 힘과 능력을 갖추지 못하면 낙오하고 만다. 자신을 준비하는 사람이 현명한 사람이다. 그렇다고 조그만 기업에서 사장을 배반하여 자신의 잇속을 차리라는 말이 아니다. 자신이 나아갈 길을 예측하고, 이에 맞도록 행동을 하고, 미래를 예비하라는 말이다. 반드시 정보를 수집하고 분석하여, 미래를 내다볼 수 있는 긴 안목을 갖추라는 말이다.

사장이라면 분명히 능력이 있는 사람을 자신의 직원으로 더 오래도록 두고 싶어 하기 마련이다. 힘없고 나약하며 맥이 빠져 있는 사람을 직원으로 채용하고 싶어하지 않는다. 이것은 누구에게나 마찬가지이다. 생존을 위해서는 능력을 갖추어야 한다. 또한 언제든 회사에서 퇴출될 수 있다는 점을 염두에 두고 미래를 준비하여야 한다. 정보를 수집하고 가공하며, 자신의 실력을 더욱 쌓아갈 수 있도록 노력하여야 한다. 퇴출 당한 이후에도 계속 생존하려면 말이다.

현재의 모든 요소요소에 해박한 지식을 가지고 있고, 최신의 고급 기술과 아이디어, 거기에 다른 직원들을 리드할 수 있는 통솔력을 갖추었다면, 그는 아마 회사의 귀중한 일꾼으로 쓰임을 받고 있을 것이다. 이런 능력을 갖춘 사람은 독자적인 자신만의 사업을 벌인다 해도 충분히 성공할 수 있다.

매일 출근이 늦고, 지각이나 하는 게으른 사람이 무엇을 할 수 있으랴?

이런 사람은 사업을 해도 결코 성공할 수 없다. 정보의 수집은 고사하고, 자신의 앞가림조차 제대로 하지 못하기 때문이다. '정보가 곧 돈이다'라는 현대의 금언을 마음에 새기고 생활하는 사람은 성공의 반열에 설 수 있는 충분한 힘과 여력을 갖춘 사람이다.

어디든 영원한 곳은 없다. 일정한 시간과 때가 되면, 그곳을 본의 아니게 떠나야 할 때도 있다. 무턱대고 울지 않으려면 준비하라. 현직에 있을 때 정보를 수집하고 미래를 준비하라. 지금 당신이 앉아 있는 자리 그것이 돈이 된다는 것을 시간이 지난 뒤에야 알게 된다. 그것을 알 때쯤이면 이미 때는 늦었다는 것을 알고 후회하게 된다. 지금 당장 자신이 있는 곳에서 항상 미래를 준비하라.

자신의 자리에서 얻어진 정보로 어렵지 않게 돈을 번 사람들이 있다. 이들은 천운天運, 즉 하늘이 준 기회였다고 말들을 한다. 그렇지만 돈을 벌거나, 성공의 반열에 든 사람들을 직접 만나 자세히 살펴보면 이들은 분명 천운天運이라기보다는, 오히려 자신에게 주어진 정보를 잘 파악하고, 그 정보를 잘 활용한 사람들이었다. 이런 천재일우의 정보를 얻을 수 있는 기회는 일평생 한두 번 올지 말지다. 평생 몇 번 오지 않는다. 항상 기회를 노리고, 기다리는 사람은 이런 기회를 잘 활용하고, 적정한 곳에 투자하여 돈을 벌 수 있다. 이것이 정보를 활용하는 방법이고, 노후 여생을 편안하게 보내는 방법이다.

6. 무엇이 이익인가를 항상 생각하라

적어도 돈을 벌어야겠다는 마음을 가진 사람이라면, 어떤 투자가 유익한지를 판단하고, 위험을 최소화시키면서도 미래의 부를 창출하려는 노력을 게을리해서는 안 된다.

부자는 이익에 관한 한 동물적 감각을 지니고 있다. 사업가는 어떤 현안에 있어서, 어떤 선택이 더 이익이 될 것인가에 대해 항상 관심을 가진다. 사업자의 이러한 관심은 곧 부의 능력과도 직결된다. 또 정보의 활용 능력과도 연관이 있다. 부자란 주어진 정보에 대하여 빠르고도 정확한 판단을 할 수 있는 능력을 갖춘 사람들이다.

상가건물을 매입하거나 주식을 매수하거나 혹은 시골의 땅을 사거나 어떤 경우이든 거기에는 '살까, 말까' 하는 의사 결정 과정에 놓여지게 된다. 부자가 되면 살 것인가 말 것인가 하는 양자택일의 과정은 그만큼 늘어난다. 돈은 투자를 통하여 더 많은 이윤을 창출해야 하고 큰 이익을 원한다면 더 많은 돈을 투자하거나 은행의 자금을 빌려씀으로써 투자를 확대해야 한다. 최대의 이윤을 얻고자 하지만 이것이 올바른 선택인지 여부는 최종 매입 시점까지도 고민을 하게 된다. 바로 여기에 위험(risk)이 따르는 것이다. 투자자는 결국 자신에게 주어진 정보를 활용한 대가와 위험에 대한 보상으로서 수익을 얻게 되는 것이다. 이런 위험에도 불구하고 돈을 번 사람들은 가히 동물적인 감각으로 어떤 결정이 덕이 되는지를 판단해 낸다.

적어도 부의 축적을 위해서는 어떤 부분이 더 이익인지 여부를 가릴 수 있는 분명한 능력이 있어야만 한다. 항상 수익성을 날카롭게 예측하고, 늘 준비를 하고 있어야 한다. 이는 위험 부담을 최소화한다는 말과도 일치된다.

예를 들면 어떤 투자가치의 결정에 있어, 원금을 잃어버릴 확률이 높다면, 이는 투자하지 않음만 못하다. 주식의 경우에는 우량주가 아닌 경우에는 투자에 대한 위험도가 훨씬 높다. 특히 소액주주의 경우에는 내부 정보를 이용할 기회가 적을 뿐만 아니라, 어떤 정보를 적기에 제공받기도 어렵다. 따라서 소액주주의 경우에는 장기적인 경기의 흐름을 예측하고 투자를 하게 되는 경우가 많다. 경기가 아직까지 하향곡선을 그리고 있음에도, 주식에 무리한 투자를 하는 것은 위험한 일이다. 이 경우 소액투자자는 자신의 투자의사결정에 어떤 결과가 유리한지 여부를 판단하고, 그 결정에 책임을 져야 한다. 이 결정은 어떤 경우 많은 이익을 안겨 주기도 하지만, 어떤 경우에는 피할 수 없는 손실을 안긴다는 사실을 인식하고 있어야 하는 것이다. 우리는 살아가면서 정보에 대한 의사결정이 어떤 이익을 유발할 것인지를 수시로 판단하여야 한다.

부를 얻기 위해서 투자를 할 때는 위험요인에 대하여 정확히 분석하고, 의사결정을 하여야 한다. 특히 많은 이익이 예상된다고 하면, 여기에는 이에 따른 투자 위험요인이 높다는 사실을 충분히 인지할 필요가 있다. 기대수익률은 바로 위험도에 따라 높아지기 때문이다. 가장 좋은 방법은 이런 위험을 완전히 제거하는 것이지만, 또 여기에는 수익이 기대에 미치지 못한다. 안정적인 곳에는 당연히 수익률이 줄어들 수밖에 없는 것이다.

더 많은 부를 축적하기 위해서는 어느 정도 돈이 모였다면, 이 돈을 은행에 예금으로 썩힐 것만이 아니라, 항상 마음속에 이 돈의 적정한 운용과 투자에 대한 준비를 하고 있어야만 한다. 적어도 돈을 벌어야겠다는 마음을 가진 사람이라면, 어떤 투자가 유익한지를 판단하고, 위험을 최소화시키면서도 미래의 부를 창출하려는 노력을 게을리해서는 안 된다.

만약 여러분이 공직자와 같은 안정된 직장인이라면, 평생 이 안정적인 직업에서 명예와 지위를 누리며 살겠다는 생각을 하게 될 것이다. 이런 부류의 사람들은 현재 주어진 자신의 자리에서 평안을 누리면 된다. 하지만 기업체에 근무하고, 현대와 같이 변화가 격동하는 시대에 자리의 유지가 불투명하다면, 현재를 만족하며 안주해서는 안 된다. 항상 후진들이 발빠르게 움직이고 새로운 아이디어가 쏟아져 나오는 회사의 중견 책임자라면, 더더욱 현재에 안주하고 있어서는 안 된다. 항상 생각의 변화를 실행할 기회를 포착하고, 이에 대한 적절한 준비를 하고 있어야만 한다.

7. 선진 경영기법을 배우라

기업의 대내외 환경이 급속도로 바뀌고 있다. 한 개인도 예외가 아니다. 사회 전반
이 인터넷의 발달과 사회환경의 변화에 따라 사업을 할 수 있는 환경과 여건이 점
차 어려워지고 있다.

우리나라의 자본 시장이 개방되고 난 후, 수익성을 실현
하는 기업만 외국인들이 주식을 사들였고, 주가가 높아졌다. 기업의 경영
전략은 주주들의 이익 실현이 중요한 관심사가 되고, 기업은 공시를 통하
여 주주들의 이익 실현 가능성을 충분히 보여주려고 노력하게 되었다. 외
국의 자본이 우리나라에 주식시장에 많이 들어오고 난 후, 명확히 달라진
것은 기업이 주주의 이익을 최우선시하는 경향으로 변화되었다는 점이다.
 주주들은 주식 보유에 대한 보상으로써 적절한 이익배당을 요구할 권리
가 있다. 경영학의 재무관리에서는 주주들이 기업의 전문경영인을 압박하
기 위한 재무구조에 대하여 연구하기도 한다. 주주들이 최대의 이익실현
을 위하여, 이익 배당을 의결하고, 최고경영자가 매너리즘에 빠지지 않도

록 적정 부채비율을 유지하도록 주주들이 주주총회를 통하여 결의하는 방법이다. 경영자가 최선을 다하여 기업의 이윤을 창출하여 주주에게 이익배당을 할 수 있도록 주주로서 권한을 행사하여 최대한 경영진을 압박하는 것이다. 중소기업들 가운데 이런 부분까지 고민하는 기업들은 거의 없다고 해도 과언이 아니다.

경영은 현재의 우리나라의 가족기업과 같은 근무환경을 요구하는[4] 낙후된 시스템으로는 기업의 경쟁력 강화를 위한 전략적 문제를 해결할 수 없다. 전통문화와 직원 상호간의 가족적인 분위기의 기업을 중시할 것인가, 아니면 기업의 이윤창출을 위하여 모든 방법과 수단을 다 동원한 고도의 경영전략을 펼칠 것인가 하는 문제에 대한 대답은 명확하다. 더 큰 수익을 창출하려면 보다 세밀하게 수립된 경영전략을 마련하여야 한다. 경영혁신만이 성공으로 가는 지름길이란 점을 경영자는 알아야 한다. 이 점은 대기업뿐만 아니라, 개인기업이나 중소기업에 있어서도 결코 예외가될 수 없다.

최고 경영자의 경영철학이 실제 기업의 생존에 얼마나 영향을 미칠까? 우리나라의 기업 정서상 기업 대표자의 경영전략이 회사에 미치는 영향을 분석해 내기란 쉽지 않다. 특히 통계로 자료를 제시할 수 있는 것도 아니기 때문에 더욱 기업의 경영전략에 미치는 영향을 알아내기가 어렵다. 그러나 가끔은 가까운 지근거리에서 최고 경영자의 기업의 경영전략을 우연찮게 보게 되는 경우가 있다.

지금은 서로 간에 합병이 되고, 업계의 구조조정으로 사라지고 없는 회사이지만, 업종과 점유 지역이 같은 곳의 서로 다른 경쟁상대의 두 기업이 있었다. 마케팅 지역이 동일하고, 업종도 동일했기 때문에 두 기업은 서로 부딪히지 않을래야 않을 수가 없었다. 그러나 두 기업 대표의 경영자의 경영방식은 전혀 달랐다.

똑같은 사업을 추진하면서, 한 지역을 두고 서로 마케팅을 다투는 두 기업의 경영자의 경영전략의 차이는 그들이 성장해 온 배경과도 관련이 있다. 서로 다르게 자라온 환경과 성장조건, 학업 과정, 경제적 상황 등이, 서로 다른 경쟁 상황에서 기업의 경영자의 경영철학이 어떤 결과를 맺는지를 비교해 보는 것은 재미있는 기회였다. 양측의 최고 경영자 모두 친분 관계 때문에 너무나 잘 알고 있는 상황이었기 때문이다.

서로 경쟁관계에 있는 기업이었지만, 동종 업계이고, 양쪽 모두 다 나이가 비슷한 경영자들이라 서로 자주 만나면서 지냈다. ㄱ사의 경우에는 20년 이상을 지역 방송에만 종사하였고, ㄴ사의 경우에는 최근 몇 년 사이에 지역 방송사업에 진출한 후발업체이다. ㄱ사의 경우에는 지금까지 운영하던 방법대로 인간관계를 유지하며 기업을 운영하였고, 대인 관계를 매우 중요시 여기는 편이다. 그러나 ㄴ사의 경우에는 미국식 경영혁신 방법을 도입하고, 내부의 철저한 경영관리와 아울러, 고객관계 관리(CRM)를 도입했다. 그리고 분야 요소마다 경영전략을 수립하고, 새로운 사업을 추진했다. 거래 업체에 대하여도 책임 소재를 명확하게 추궁한다. 대기업이라도 거래관계 회사의 책임이 분명할 경우에는 회사의 규모에 상관하지 않고 가차 없이 소송을 걸어 손해배상을 요구한다.

대조가 되는 것은 이뿐만이 아니다. ㄱ사와는 달리 ㄴ사의 경영진은 우리나라 유수 대학교 경영학과 출신으로 구성이 되어 있다. 대표이사의 경우에도 미국의 유명대학에서 MBA[5]과정을 이수한 재원이며, 부모로부터 자금을 지원받는다. 대표이사의 사무실을 방문해 보면, ㄱ사의 사무실에는 한 말들이 양주와 서양의 고급 술병이 진열되어 있다. 오죽했으면 사장에게, "야, 양주 좀 치워라, 그리고 기획실을 보강해라. 사장실에서 회의하는 모습을 직원들이 볼 수 있게 해라"고 충고하였을까? ㄴ사는 이와 전혀 다르다. 임원진의 사무실에는 영상 관련 자료와 정책자료, 그리고 관련 책자들이 뒤 켠의 책장을 메우고 있다.

ㄱ사의 경우에는 사장이나 임원진의 방이 외부에서 단절되어 있지만, ㄴ사의 경우에는 유리창 너머로 사무실 직원들이 근무하는 모습이 모두 보일 정도로 개방이 되어 있었다. 후일 ㄱ사의 사장 역시 자신의 방을 직원들이 근무하는 곳으로 옮겨서, 사장실이 환하게 보이도록 사무실의 구조를 개조하는 것을 보았다. ㄴ사의 사무실은 경영에 관련하는 사장이나, 임원의 사무실이 직원들에게 내부가 바깥에서 보이도록 노출되어 있다. 내부 회의하는 모습도 외부에서 다 보인다.

ㄱ사에서는 별로 느낄 수 없었지만, ㄴ사에 전화를 걸어보면 응대 요원들이 전화를 친절하게 받고 안내한다. ㄱ사는 개인 명의이고, 사장의 명의의 무역, 통신 유지 보수 등 계열회사들이 많이 있다. ㄴ사의 경우에는 제작팀 이외에는 계열사가 거의 없다. 다만 같은 업종의 몇 개 업체가 계열사로 존재할 뿐이며, 전략적 M&A를 서두르고 있다. 나머지는 모두 협력사들로 구성되어 있다.

ㄱ사의 경영전략상의 특징은 기존의 방식 그대로를 유지하며, 편안한 근무환경 분위기를 유도한다. 또한 대인관계를 중요시한다. ㄴ사의 경우에는 오히려 상하관계가 자연스러운 같으면서도 근무 분위기가 딱딱하게 느껴진다. 개인별 성과측정에 대하여 매우 민감하다. ㄱ사는 개인 사업체이고, ㄴ사는 코스닥 등록 법인이다. 당시 액면가 5백 원의 주식이 1만 원이 넘는 가격에 거래되고 있었다.

양 업계의 사장과 임원이 서로 친분관계에 있는 사람들이어서, 다른 업계의 제3자로부터 두 회사의 이야기를 종종 듣는다. 이 두 업체가 동일 영역을 두고, 마케팅 과정에서 대접전이 벌어졌다. 한 업체에서 말 그대로 공격적 마케팅 전략을 강하게 구사한 탓이다. 결국 ㄴ사가 ㄱ사를 합병하는 형태로 최종 마무리가 끝났지만, ㄱ사의 사장은 한동안 쓴 침을 삼킬 수밖에 없었다. ㄴ사의 완승이었고, ㄱ사의 완패였다. 기업이 생존을 하기 위하여 어떤 경영전략을 펴고 그 결과가 어떤지를 보여주는 한 예이다..

이 두 기업의 경영전략을 두고, 어느 기업이 우수하다거나 혹은 잘 경영을 한다고 판정하기는 어렵다. 분명한 사실은 두 기업이 접전을 벌였고, 한 기업은 승리를 했다는 사실이다. 우리의 정서상 기업이 피도 눈물도 없다는 소리를 들을 수도 있다. ㄴ사와 같은 성격을 지닌 기업이 시장에 진입하는 경우, 같은 업종의 다른 기업들은 반짝 긴장할 수밖에 없다. 비상경영에 돌입하는 것이다. 물론 자본력의 차이에서 오는 기업의 전략적 요소가도 있겠지만, 경영자 대표의 경영전략상의 차이가 기업의 경영에 어떤 서로 다른 결과를 초래하는지를 보여주는 한 예라고 할 것이다.

기업의 대내외 환경이 급속도로 바뀌고 있다. 한 개인도 예외가 아니다. 사회 전반이 인터넷의 발달과 사회환경의 변화에 따라 사업을 할 수 있는 환경과 여건이 점차 어려워지고 있다. 세금뿐만 아니라, 국민연금과 건강보험 등 준조세적 성격의 부담도 늘어나고, 채산성은 점점 악화되고 있다. 이럴 때일수록 기업이나 사업을 운영하는 경영주는 새로운 시각으로 위기경영을 실천하지 않으면 안 된다. 그것만이 살길이다.

8. 변화를 추구하는 사람이
   돈을 번다

현실의 안주는 부자가 될 기회를 잃어버리게도 만든다. 오랫동안 한 직업에 종사해 온 사람들은 매너리즘에 빠지는 경우가 더러 있다. 적절한 시점에 적절한 변화를 모색하는 것이 부자가 되는 하나의 수단과 방법임을 알 필요가 있다.

가난한 자와 부자와의 차이가 무엇이냐고 말한다면 바로 변화에 대한 관용과 태도이다. 부자는 자산을 굴림으로 더 많은 이윤을 추구할 줄 아는 사람이며, 더 나은 사업 조건을 찾아 움직일 줄 아는 사람이다.

부자는 자신의 사업이 이익이 나는 시점과 적절하게 팔아 넘겨야 할 시점을 알고 있다. 자산의 가치가 최고점이라고 생각할 때 구매자가 찾아오면, 이때를 놓치지 않고 매각한다. 가장 적절히 처리해야 할 때를 동물적 감각으로 느끼는 것이다. 가장 큰 수익이 날 때 사업을 정리하고, 현재는 어려워 보이지만 수익을 창출할 수 있는 새로운 사업을 찾아낸다. 즉 사업의 변화를 추구하는 것이다.

일평생 동일한 사업을 계속하는 이도 있지만, 어떤 이들은 한 사업장에 사업을 10년 이상 계속하지 않는다. 수시로 더 많은 수익을 창출할 수 있는 새로운 사업에 관심을 가지고, 사회적 변화에 대하여 민감하게 반응한다. 즉 현재의 사업에 대하여도 변화에 적응할 수 있는 다양한 방안을 모색하는 것이다. 적정한 입지와 투자에 대한 이익 창출이 예상되는 장소를 물색하여, 이윤이 날 만한 사업장을 만들로 이를 정상화시킨다. 이 사업이 정상화된 후, 매수자가 나타나면, 적절한 차익을 실현하고 사업을 매각한다. 어떤 경우, 이 기간은 몇 년이 걸릴 수도 있다.

농민들이 돈을 벌지 못하는 이유의 가장 큰 한 가지는 경직된 사고思考 탓도 있다. 일부 농민들은 이 땅이 아니면 죽는 줄로 생각을 한다. 고향 땅에 대한 정과 선조로부터 물려받은 땅에 대한 애착이 강하기 때문에, 다른 어떤 땅도 이보다 더 큰 이윤을 내지 못할 것이라고 생각한다.

토지가 일부 수용되고, 도로가 토지의 중심을 가로지르는 경우가 있다. 돈을 번 경험이 있는 사람이라면, 이 수용된 도로의 옆에 휴게실을 내거나, 주택을 개조하여 지나가는 차들을 위한 주유소와 휴게시설을 만들 수도 있다. 이 땅의 가치가 높아졌다면, 다른 구매자에게 매도하고 더 나은 입지와 조건을 가진 다른 사업에 투자할 수도 있다.

땅이 개발되고 나면 토지의 개발에 따른 수혜자가 농민들 자신이 되지 못하는 경우가 많다. 부동산 중개업자나, 개발업자의 몫이 되어 있는 것이다. 이미 수용이 예정된 땅이라면, 부동산 투기업자들이 벌떼처럼 달려든다. 신행정수도가 예정된 지역의 부동산 투기꾼들을 보지 않는가? 정부의 강력한 정책에도 불구하고, 부동산으로 한몫을 노리려는 많은 사람들이 몰려든다.

더 나은 이윤을 낼 수 있는 사업을 찾아, 새로운 사업의 투자를 계획하거나, 혹은 더 많은 소출을 얻을 수 있는 땅을 찾아 나서는 것, 사업에 있어서 변화를 추구하는 것과 같다. 농민의 경우 초기 투자비용이 적지 않다 하더라도 새로이 도입된 특작물을 재배하는 것, 역시 더 높은 부가가치가 있는 농산물을 생산함으로써 부를 배가시키는 하나의 방법이 된다.

토지가 비옥하고 위치가 좋은 땅을 많은 사람들이 찾는 것은 소출이 많고 경작하기 편리해 그만큼 경제성이 있기 때문이다. 농사를 지을 자신의 땅을 매도하고, 도시가 확장되는 도시근교 지역의 토지를 조금이라도 구입한 사람이라면, 단기간에 더 많은 부를 축적할 수 있을 수도 있다. 땅의 소출보다 지가의 상승이 훨씬 많은 이익을 가져오기 때문이다.

자산 가치의 변화는 비단 농토뿐만이 아니다. 다른 사업들 역시 동일한 굴곡 현상을 보인다는 점을 잊어서는 안 된다. 사업은 가장 잘 될 때 매각하는 것이 최대의 수익을 창출할 수 있는 기회인 것이다. 특히 벤처기업의 경우, 새로운 기술을 개발하였다면, 이 기업이 가장 높게 평가되는 시점이 어느 때인지 알 필요가 있다.

사업을 매도하기 위한 가장 적절한 시점은 기술 개발이 완료된 때이다. 경영의 전문가가 아니라면, 기술 개발로 최대한의 이익을 창출할 기회를 포착한 셈이다. 그러나 이 사업을 계속 운영한다면 인력, 자금관리 등의 경험 미숙 때문에 사업이 완전히 성공하리라곤 보장을 하지 못한다. 기술전문가이지 경영전문가는 아니기 때문이다. 기술 개발로 성장한 벤처기업의 1세대 창업자들이 코스닥 상장 후, 경영 일선에서 축출되는 것도 엔지니어이기 때문이고 경영까지 전문가는 아니기 때문에 겪는 어려움의 대표적인 사례들이다. 기술을 개발한 후 높은 이윤을 남기고 매각하고 또 다른 기술 개발에 매진하는 것도 사업을 하는 방법이다.

현실의 안주는 부자가 될 기회를 잃어버리게도 만든다. 오랫동안 한 직업에 종사해 온 사람들은 매너리즘에 빠지는 경우가 더러 있다. 적절한 시점에 적절한 변화를 모색하는 것이 부자가 되는 하나의 수단과 방법임을 알 필요가 있다.

헬스클럽을 운영하는 사장 한 분을 만났다. 운동기구 도매업자를 통해 서였다. 서울 길음동에서 헬스클럽을 운영하였다. 처음 사업을 시작하고, 장사가 잘 된다는 이야기를 들었는데, 어느 날 갑자기 폐업 신고를 하러 왔다. 이제 사업을 좀 쉬고 춘천에 가서 편안히 좀 쉬어야겠단다. 차를 한 잔 나누며 사업을 개시한지 1년 조금 지났는데, 무슨 벌써 폐업이냐고 핀 잔을 주었더니, 사실은 조금 남기고 팔았단다.

"조금 아니고 많이 남긴 거지?"

웃음으로 추궁을 하니, 그제야 빙그레 미소를 지으며 '좀 남겼다'고 대답을 한다. 정확히 밝히지는 않았지만, 최소한 시설비만 해도, 이삼억 원은 족히 들었을 텐데 이, 삼천만 원만 남기고 사업장을 넘겼을 리는 만무하다.

부부가 헬스클럽을 개업하여 운영하다 보니 어느 정도 영업이 정상화되었다. 정기 회원의 다수 확보로 투자자금이 즉시 회수되었고, 매월 고정적인 수입이 늘어나 생활기반도 안정적으로 확보되었다. 이때 회원으로 등록한 노인 한 분이 이 헬스클럽을 인수하고 싶은데, 자신에게 넘겨 줄 의사는 없겠느냐고 물어왔단다. 투자비도 이미 회수하였고, 거기에 상당한 차익을 남기게 되어 팔아 넘겼다. 인수하고 싶어 하는 사람이 찾아와서 넘겨달라고 하는 경우가 극히 드물기 때문에 주저하지 않고 사업장을 넘겼다.

얼마 전엔 다시 노원구 공릉동에 헬스클럽을 개장했다. 부부가 체육대학 출신이고, 부인이 에어로빅을 가르치는 탓에 부부가 함께 강사로 활동한다. 밤늦게 함께 퇴근하고, 아이들을 돌보는 시간에만 잠시 떨어져 있다. 이 헬스클럽도 주변의 주택 여건과 입지 등으로 정상화되는 데는 시간이 얼마 걸리지 않았다. 어느 날 또 사무실을 불쑥 찾아왔다. 인사차 방문했다고 한다. 무슨 일이냐고 물으니, 또 사업장을 넘겼단다. 이 불황기에 상당한 차액을 남긴 것 같았다. 입이 찢어들 듯 얼굴에는 웃음이 연신 사라지지 않았다. 싱가폴이나, 뉴질랜드에 한 6개월쯤 아이들을 데리고 가 휴가를 보내고 올 계획이라고 한다. 바로 돈은 이렇게 버는 법이다.

모텔을 지어 파는 사업가가 한 분 있다. 이분은 대구와 서산에 모텔을 지어 판다. 건설에 대한 기본적인 지식이 없기 때문에, 대기업 건설회사 중역으로 있던 친구와 함께 공동으로 건설을 한다. 그리고 일정기간 운영하다가 사업이 되면, 제3자에게 넘기는 방식으로 돈을 번다.

시골에 계신 아버지는 새로운 터전으로 이사를 할 때마다, 어머니께서 반대를 하셔서 돈을 많이 벌지 못하셨다는 말씀을 자주 하신다. 현재의 토지를 팔고 대학 후문 앞에 원룸만 지었어도 노년에 고생하지 않고, 편안히 살 수 있었을 텐데 하고 후회를 많이 하신다. 어머니와 아이들의 입장에서는 이사를 자주 하는 것이 사실 싫었다. 별반 더 나은 곳으로 이사를 가는 것도 아니니 말이다. 자주 이사를 했기 때문에 결국 이만큼이라도 살게 된 것이라는 사실을 알게 된 것은 나이가 든 이후였다. 더 나은 여건의 주택을 사고 농토를 사서 이동함으로써 돈을 벌었다는 것을 세월이 지난 뒤에야 깨달은 것이다.

9. 근면과 성실은
부를 얻는 근본이다

요즘 젊은 사람들에게 '근면과 성실', 이 이야기를 하면 웃을는지 모른다. 그러나 사업주나 경영인의 입장에서는 근면과 성실, 정직이 몸에 밴 직원들을 찾고픈 것이다.

요즘 젊은 사람들은 하루아침에 쉽게 돈을 벌려고 하는 경향이 있다. 어쩌면 나 자신도 은연중 로또 복권을 구입하며, 행운의 여신이 찾아오는 일확천금을 꿈꾸는 것은 아닌지도 모를 일이다.

선배 사업가들이 오랜 노력 끝에 사업을 확장하고, 오늘 현재의 사업 규모를 유지할 수 있는 것은, 근면과 성실이 몸에 배도록 생활화되어 있었기 때문이었다.

일흔에 접어든 연로한 분들을 만나면, 대부분 못 살았던 어린 시절이야기를 한다. 정말 아끼면서 살아왔다는 이야기의 연속이다. 요즘 국내 경기가 많이 위축되어 이분들은 나라의 경제에 대하여 적잖게 걱정을 한다.

실상 근면과 성실을 모르는 젊은이들에게 부는 이론만으로 축적될 수 없음을, 무엇으로 설명할 것인가? 성실과 인내가 이 시대를 살아가는 표본이 되었으면 좋겠는데, 젊은이들은 그렇지 않다고 한다. 돈을 벌고 부자가 되기 위해서는 처음 사업을 벌이는 단계부터 배가 부를 리 없다. 그리고 어려운 환경에서부터 근면하게 일하며 일어서는 것이 바로 부자가 되는 기쁨이다.

하루 저녁에 술값을 수백만 원을 썼다는 강남의 부유층들의 자녀들의 보도는, 결국 그 가정이 패망의 길로 들어가는 길목에 있다는 사실을 부인할 수 없다. 이런 생활이 국가 전체에 편만하게 된다면, 국가의 도덕적 상태 또한 건전하지 못하게 된다. 신세대들이 근면을 모르고 개미같이 일하는 기쁨을 모를 때 기성세대는 절망하는 것이다. 성경은 이런 말로 우리르를 권면한다.

"네가 자기 사업에 근실한 사람을 보았느냐? 이러한 사람은 왕 앞에 설 것이요, 천한 자 앞에 서지 아니하리라."[6]

성경의 기록대로 근면과 성실로 성공한 많은 기업가들이 왕이나 대통령 앞에 서서 국가를 움직여왔다. 작고한 ㅎ그룹 회장이나, ㅅ그룹 회장의 일화를 들어 보라. 그들은 근면과 성실을 아는 사람들이었다. 열심히 땀 흘리며 일하여 이 땅의 가난을 딛고 일어선 사람들이었다. 누가 뭐라 해도 근면과 성실은 많은 사람들로부터 인정받게 하고, 사회를 올바르게 이끌어 가는 원동력이 된다. 젊은이들은 이 진리를 가슴 깊이 새겨넣어야 할 것이다.

중소기업의 사장을 만나거나, 혹은 대기업의 임원을 만나면, 곧 바로 하는 말이 사람은 많은데 쓸 사람이 없다고 이야기한다. 요즘 젊은 사람들에게 '근면과 성실', 이 이야기를 하면 웃는지 모른다. 그러나 사업주나 경영인의 입장에서는 근면과 성실, 정직이 몸에 밴 직원들을 찾고픈 것이다.

십여 년 이상을 지근거리에서 알고 지내는 운수업계의 전무가 한 분 있다. 전무의 고민은 다른 경영인과 별다른 차이가 있는 것이 아니었다. 바로 사람이 문제였다. 신뢰할 만한 사람을 곁에 두지 못하는 고민이었던 것이다.

본인 앞으로 되어 있던 주식을 처분하는 과정에서 관리부장이 주식 양도소득세 신고서를 작성하여 제출토록 하였는데, 세무서에서 실지조사를 하는 과정에서 1천만 원이 넘는 돈을 추가로 더 납부하도록 통지가 오게 되었다. 이 일로 관리부장이 '제가 책임을 지겠습니다'라고 하면서, 아침에 출근하자마자 사표를 책상 앞에 내밀었다고 한다. 자신이 직접 관리부장을 뽑아서 채용했는데, 쉽게 사표를 제출하는 모습에 너무 실망을 한 탓인지 만날 때마다 그 이야기를 한다.

"제가 잘못 계산해서 그렇게 되었는데, 다음부터 잘하겠습니다" 혹은 "저는 나름대로 맞게 계산했는데, 보는 시각이 다른 것 같습니다. 제가 잘못 했으니, 한 번만 선처를 해주십시오"라는 이러한 답을 기대했는데, 사표만 내민다며 영 실망이라고 두고두고 이야기하였다.

후일 다시 사람을 뽑았다는 이야기는 들었지만, 신뢰할 수 있는 사람을 얻지 못하는 것에 대하여 안타까워하는 모습은 그 후에도 여러 번 볼 수 있었다.

기업의 경영주나 직장의 상사가 꼭 같이 근무하고 싶어 하는 직원이 있다. 그 첫째 순위가 바로 정직하고 성실한 사람이다. 근면이나 성실이나, 정직이다 다 일맥 상통하는 말이다. 그리고 누구나 '근면하고 성실하면 돈을 번다'는 말은 누구나 다 이해하고 깨닫고 있는 말이다. 그러나 그것을 실천하기가 어렵고, 내 몸에 배도록 하는 것이 잘 안되는 것이다. 지금부터라도 다짐을 하고 출발하자. 근면과 성실, 부를 쌓는 지름길이라는 것을 안다면 말이다.

10. 친절은
고급 메뉴이며 상품이다

어떤 경로로 사람을 만나든 만나는 사람을 감동시키는 것은 좋은 일이다. 결국 감동 받은 이 한 사람의 입소문을 통하여, 사업에 더 많은 성공의 기회가 제공될 것이기 때문이다.

우리가 백화점을 방문하면 일반 가게보다 가격도 비싸고, 제품이 더 좋지 않더라도 백화점 제품인데 당연히 비싸야 한다고 생각한다. 그리고 백화점의 제품의 가격이 일반 상점보다 훨씬 비씬데도 불구하고 굳이 백화점을 선호한다. 왜 그럴까? 그 이유는 단 한 가지이다. 백화점을 방문해 보면 친절하고 상냥하게 대하고, 옷이나 제품을 사고 난 며칠 후에도 마음에 들지 않아 다시 가지고 가면 군말 없이 반품을 잘 받아 주기 때문이다. 옷이나 제품의 가격속에 서비스 비용이 포함되어 있다고 보면 맞을 것 같다.

굳이 일식집을 갈 때도 적은 가격에 훨씬 푸짐한 일반 회집을 뒤에 두고, 회가 더 나은 것 같지도 않은 고급 회집을 방문해야만 잘 먹은 것 같은 느낌이 든다. 왜 그럴까? 고급 일식집은 비싸지만, 시장의 회집보다 아늑함이 있고, 종업원들의 친절한 미소가 있고, 일반 회집보다는 고급스러움이 있기 때문이다. 일식집에서 지출하는 비용 안에도 서비스 비용이 포함되어 있는 것이다.

우리는 백화점이나 고급 일식집에서 비싼 가격을 내며, 마음에 뿌듯함을 느끼며 옷을 사거나, 식사를 하고 온다. 어딘지 모르게 왕 같은 대접을 받은 것 같고, 공주 같은 대접을 받은 느낌을 얻는 것이다.

우리 자신은 의식하고 있지 않지만, 백화점이나 일식집에서 지출하는 비용 안에는 친절이라는 보이지 않는 고급 메뉴가 상품과 식삿값 안에 포함되어 있다. 친절이라는 메뉴에 값비싼 비용을 지불하고 있는 것이다. 그 대금을 지급하고 난 뒤에도 전혀 아까움이 느껴지지 않는다. 오히려 대접을 잘 받은 느낌이 든다. 서비스와 친절은 고급 메뉴이며 상품이다.

어느 여름날 법인사업자 대표 한 사람이 사무실에 찾아왔다. 언성言聲을 높이는데 목소리가 매우 격앙되어 있었다. 대화조차 하지 않으려는 분의 팔을 끌며 진정시키고 자초지종을 들으니, 연 수천만 원의 세금을 내고 있는데 단돈 4천 원의 세금을 내지 않았다고, 사업장을 이전하는데 등록 절차를 밟아주지 않는다는 것이었다.[7]

딴은 보니 그렇기도 하였다. 건물의 위치, 혹은 자료상 등 다른 이유라면 몰라도, 이런 단순한 이유 때문에 사업자등록을 내주지 않는 것은 조금 무리라는 생각이 들었다. 아마 이런 금액은 본인이 몰랐거나, 직원들이 근로소득에 대한 원천징수세액 납부과정에서 착오를 일으켰을 수도 있다. 그렇다고 규정대로 처리한 여직원을 나무랄 형편도 아니었다. 이런 경우는 세금 미납이 고의성이 있다고 보긴 어려웠지만, 전산상 세금이 밀린 것은 밀린 것이기 때문이다.

차를 한잔 나누고 자초지종을 들으니, 정작 이분의 불평은 딴 데 있었다.

직원이 이 설명 과정에서 친절하지 못하다는 것이었다. 밀린 세금이 얼마인지, 그리고 이렇게까지 해야하는지 충분히 납득이 되게 설명을 했어야 한다는 것이다.

"체납이 있어 안되겠는데요."

"체납이 얼만데? 나 세금 다 냈는데, 무슨 소리 하는 거야?"

언쟁은 바로 이렇게 시작되는 것이었다.

"혹시 세금을 아직 못 내신 것이 있습니까?"

"얼마 밀린 세금이 있는데, 아시고 계십니까?"

"밀린 세금이 얼마 있기 때문에, 등록증이 즉시 교부되기 어렵습니다. 혹시 이 밀린 세금 모르세요?"

더 좋고 쉬운 표현으로 부드럽게 대해 줄 수 있는데, 무엇 때문에 납세자를 범죄인처럼 취급하며, 그렇게 퉁명스럽게 대하느냐는 것이다. 국가를 위하여 지금까지 세금을 낸 금액이 얼마인지 보고 이야기를 해도 해야 할 것이란 게 이분 주장의 요지였다.

차 한 잔과 편안한 대화를 나눈 뒤, 이분은 극구 4천 원의 밀린 세금에 대한 돈을 내고, 영수증을 제시하며 사업자등록증을 교부받아 간다. 꽉 막힌 직원이나, 화를 내는 민원인이나, 누가 잘못했다고 잘잘못을 따질 일만은 아니다. 그러나 이런 일들이 민원창구에서 벌어지고 있다는 사실에서 생각해 보아야 할 점이 있는 것이다. 누군가 상대편에 대한 우위를 점하고 있다고 생각하기 때문에 벌어지는 안타까운 일인 것이다.

단돈 4천 원 때문에 사업자등록증을 바로 교부하지 않는 직원을 두고, 뭐라고 말할 수 없을 만큼 답답한 사람이라는 생각이 들지 않을 수 없다. 속칭 융통성이 없다는 말을 이때 두고 하는 말일 것이다. 납세자의 말을 들어보면 절대적으로 맞는 말인 것이다.

이분이 후에 사무실을 찾아와 지방세를 납부하던 과정을 이야기했다. 아파트를 취득하고 국가에 정당하게 세금을 내기 위해 취득세와 등록세를 실지 매매가 그대로 신고하려 했으나, 구청 직원들이 오히려 부담스러워한다는 것이다. 당시는 거의 대부분의 중개업소들이 모두 다운계약서를 써서 취득세와 등록세를 낮게 신고할 때였다. 덕분에 한 시간 동안 공직자의 자세에 대하여 강론 아닌 강론을 들었다.

지금은 20여 명이 넘던 직원들을 정리하고, 사업을 축소하여 용산에서 당초 하던 사업을 유지하고 있다. 이분이 이런 이야기를 했다. '행복을 주는 공무원'이라고 말이다. 그만큼 자신의 이야기를 잘 들어준다는 말일 것이다.

슈퍼마켓을 운영하는 어느 사장은 사무실에서 일하는 나를 보고, 직장인보다는 사업을 해야 할 사람이라고 한다. 이 정도만 사람을 응대하면 무슨 사업을 해도 망하지 않을 것이라고 한다. 자신이 서비스업에 종사하면서 친절이 어떤 것인지를 체득한 경험이 있기 때문에 이런 말을 할 수 있는 것이리라.

어떤 경로로 사람을 만나든 만나는 사람을 감동시키는 것은 좋은 일이다. 결국 감동 받은 이 한 사람의 입소문을 통하여, 사업에 더 많은 성공의 기회가 제공될 것이기 때문이다. 한 사업가와의 만남은 마음의 감동이 어떤 곳에서부터 출발하고 어떤 결과를 얻게 하는지를 보여주는 좋은 예였다.

11. 돈이 돈을 낳는다는 사실을 명심하라

돈을 모으기 시작하는 다른 한 가지 방법은 안정적인 곳에 자산을 투자함으로써 시작된다. 위험요소를 제거하고, 지속적으로 안정적인 곳을 찾아 투자한다면, 이 돈은 배가의 수익을 남겨 주인의 품을 찾아 돌아오게 된다.

세간에 떠도는 말 가운데 '돈이 돈을 낳는다'라는 말이 있다. 이는 자본주의 사회의 독특한 특징을 간단하게 설명하는 말이다. 가난한 자는 더욱 가난해지고, 부자는 더욱 부자가 되는 것이 자본주의 사회의 본질적인 모습이다. 능력이 있는 자는 돈을 많이 벌게 되고, 이런 사람에게는 더욱 돈이 많이 모인다.

지금까지 보아온 사람들 가운데 부자였다가 망한 사람도 많았지만, 모든 사업을 정리한 50대 후반에서 60대 초반의 부자들의 경우, 안정적이고도 고정적인 수입이 보장되는 부동산임대업과 같은 사업장을 운영하는 사람들이 많이 눈에 띈다.

우리가 통상 유통이라고 말하는 도매나 소매업을 하는 사업가들을 만나면, 항상 자금이 쪼들리는 모습을 본다. 아직까지 받지 못하는 미수금이 깔려 있고, 납품 후에도 경기가 좋지 않아 수금이 되지 않기 때문이다. 어떤 경우, 긴급하게 몇 천만 원만 융통하여 달라거나, 급히 좋은 투자자가 있으면 이야기해 달라는 부탁도 한다. 조금만 여유가 있으면 좋으련만, 지인들이 많다 보니 의외로 이런 말을 자주 듣는다.

돈을 웬만큼 벌 만큼 번 사람들은 더 이상 어떤 위험한 일에 자금을 투자하려고 하지 않는다. 그러나 돈이 조금 있는 사람은 조금 더 돈을 더 벌려고 하고, 돈이 조금 많이 있는 사람은 그보다 더 많은 돈을 또 벌고 싶어 한다. 이것이 모든 사람이 갖고 있는 돈에 대한 본성적인 욕구이다.

돈의 중요성을 인식하지 못한 사람들은 - 나 역시 이 점에서 실패해 보았지만 - 현금 보유에 대한 중요성을 생각하지 않는다. 가까운 사람이 돈을 빌려달라고 하면, 선뜻 나서서 돈을 빌려준다. 으레 잘 갚겠지 싶어서이다. 그러나 한 번 떼이고 나면, 그다음부터는 어떤 감언이설甘言利說을 높여도 돈을 빌려주지 않게 된다. 돈 없이는 아무것도 할 수 없다는 사실과 사람들이 돈을 잘 갚지 않는다는 사실을 이미 알았기 때문이다. 정작 돈을 빌린 사람이 돈을 갚지 않으려고 해서 돈을 갚지 않는 것이 아니라, 상황이 갚을 수 없도록 어렵게 만드는 것이다. 여건이 돈을 잘 갚지 않는 사람이 되도록 만드는 것이다.

돈을 빌려주고 난 뒤 정작 필요해서 돈을 쓰려고 하면 이때는 돈이 없다. 돈은 이미 다른 사람의 주머니에 건너가 있다. 어디 가서 돈을 쉽게 빌릴 수도 없다. 빌려올 데가 마땅치 않은 것이다. 부동산이나 고정적인 수입원이 없는 자영업자에게는 은행의 문턱은 높다. 이때야 돈의 중요성을 깨닫는다.

돈이 없으면 꼼짝할 수 없다는 사실을 느끼기는 어렵지 않다. 가장 잘 아는 지인이나 가까운 친구에게 돈을 떼이고 나면 친구들, 후배들도 쓸모 없다는 것을 느낀다. 친구에게 신용카드를 빌려주었는데 이 때문에 카드 빚이 늘어, 하는 수 없이 술집에서 일하는 여종업원을 보았다. 이런 돈을 가볍게 여긴 결과에 대한 슬픈 이야기는 우리의 주변에서 얼마든지 듣는 이야기이다.

돈의 중요성을 아는 사람에게 어느 정도 돈이 쌓이기 시작하면, 이 돈은 급속하게 불어난다. 이는 샐러리맨의 가계의 예에서도 알 수 있다.

매월 봉급만 받아, 언제 이삼 억 원이 넘는 집을 사겠느냐고 하지만, 매월 저축하는 돈이 백만 원 가까이만 된다면, 저축되는 돈은 이상하리만치 배로 불어난다. 아마 돈을 모으는 재미 때문에 일어난 현상이리라. 계산상으로는 도저히 몇 년 사이 몇 천만 원을 저축할 수 없을 것 같은데, 돈은 한 번 모이기 시작하면 새끼를 치듯 불어난다. 자신도 알지 못하는 사이에 돈이 더 많은 열매를 맺기 시작하는 것이다. 집을 살 때도 은행 대출을 안고 샀지만, 어느새 집 값이 배로 뛰어 올라 있어, 마음에 흡족함이 가득차는 경우도 있다.

돈은 모이기 시작하면, 우리 생각보다 훨씬 빠르게 늘어나는 것을 알 수 있다. 물론 돈의 증식은 절약과 저축에 의하여 축적되는 것임은 당연한 것이다. 돈을 모으기 시작하는 다른 한 가지 방법은 안정적인 곳에 자산을 투자함으로써 시작된다. 위험요소를 제거하고, 지속적으로 안정적인 곳을 찾아 투자한다면, 이 돈은 배가의 수익을 남겨 주인의 품을 찾아 돌아오게 된다. 돈이 많아지면 은행의 문턱도 낮아지고, 사회에서의 활동의 폭도 그만큼 넓어진다. 이제 자신이 얻게 되는 정보의 폭도 늘어나게 된다. 수익을 창출할 수 있는 기회 또한 그만큼 늘어나는 셈이다. 자본의 순환은 결국 많이 가진 자에게 더 많은 자산을 안겨주게 된다. 돈이 있는 사람은 그만큼 돈을 벌기 위하여 머리를 더 굴리게 되기 때문이다.

돈을 가진 자에게 가난한 사람이 종속되는 '빈익빈貧益貧 부익부富益富'

의 사회적 병리 현상이 지속될 수 있다. 특출한 아이디어나 능력, 혹은 탁월한 경영기법과 영업전략으로 돌출적으로 일어서지 않는 한, 빈부격차는 더욱 심해질 수 있다. '돈이 돈을 낳는다'라는 말이 적용되는 것이다.

돈이 많아지면 자신에게 필요한 세무사, 변호사, 회계사 등의 용역 자문을 받을 수 있다. 자신의 절대적인 부를 보호하기 위하여 유능한 변호사를 사고, 방어막을 동원하게 된다. 부자에게는 그로부터 이익을 얻으려는 더 많은 사람들이 모여들어 정보가 집중되게 된다. 돈을 번 사람들에게 더 많은 돈이 모일 수밖에 없는 이유이다.

그렇다면 현재 부자가 아닌 사람들은 어떻게 부를 축적할 것인가? 명쾌한 답이 하나 있다. '근면'과 '성실', 그리고 '노력'이라는 말이다. 돈을 벌 수 있는 아이디어를 개발하고, 돈을 벌 수 있는 능력을 더욱더 쌓아가라는 말이다. 거지로 살지 않으려면 말이다. 그래서 우리는 공부하고, 학문을 연마하며, 돈을 버는 기술을 배우고, 새로운 지식에 도전하는 것이다. 더 유능해지고, 더욱 전문가가 되라. 그리고 거기에 여러분의 부를 축적해 줄 수 있는 길이 있음을 잊지 말라.

12. 제대로 된
인적 네트워크를 형성하라

부자들의 인간관계가 가진 독특한 특징이 하나 있다. 바로 인적관계를 어떤 사람보다도 더 치밀하고도 철저히 유지한다고 하는 점이다. 부자이지만 더 돈이 많은 부자와의 관계를 더욱 끈끈이 유지하려고 한다는 점이다.

부자들은 두 가지를 안다. 하나는 자기 주변에 사람을 많이 두어야 한다는 것이고, 또 하나는 주변에 부탁하려는 사람이 많이 몰린다는 것이다. 부자들은 주변에 자신에게 필요한 사람을 많이 두며, 여기에는 자신보다 더 부자인 사람이 한두 명 꼭 포함되어 있다. 그리고 자신에게 정말 필요한 한두 사람은 꽉 잡고 절대로 놓지 않으며 요소요소에 필요한 사람을 심어 놓는다. 이것이 그들만의 노하우이다. 또 자신에게 다가오는 많은 사람들 중에 결국 자신의 사업에 덕이 되는 사람들만 가까이 한다.

사업상 꼭 필요한 사람은 그냥 관계가 아니다. 형님 아우가 되며 이들은 끈끈한 유대 관계 이상이다. 일은 인간관계 후에 조건에 맞게 수행하고, 조건에 맞게 응답한다. 물론 그 일을 수행할 능력을 갖지 못했다면, 인간관계 자체가 형성되지 않겠지만 말이다.

부자들은 인간관계를 매우 소중히 여긴다. 거미줄이나 벌집처럼 그들의 인간관계는 매우 밀접하게 서로 얽혀 있기 때문에 섣불리 접근하기 어렵다. 비대한 조직사회일수록 비선조직의 인간관계가 이와 비슷한 양상을 보인다. 예를 들면 혈연과 지연 같은 것들이다. 이 대표적인 조직이 관료조직이다. 정부 관료조직의 하나의 큰 폐단으로 남는 것이지만, 유교문화권인 우리나라는 어디 가든 동문회, 동기회, 같이 근무했던 직장동료들과의 모임 등이 있고, 모든 정보가 공식 라인보다 비공식 라인이 우선하는 경향이 있다. 특히 단일 직렬의 비만한 정부의 한 기관일수록 비선 모임과 조직이 더욱 활동적이다. 이것을 타파하지 않고는 우리나라가 선진국으로 도약할 수 없다. 부자들은 이러한 인간관계를 이용할 줄 아는 사람들이며, 바로 인적 네트워크가 그들에게 힘이 되고 있는 것이다.

부자들의 인간관계가 가진 독특한 특징이 하나 있다. 바로 인적관계를 어떤 사람보다도 더 치밀하고도 철저히 유지한다고 하는 점이다. 부자이지만 더 돈이 많은 부자와의 관계를 더욱 끈끈이 유지하려고 한다는 점이다. 직업의 성격상 의도적으로 접근하는 사람들이 있다. 이 사람들은 절세에 대한 구체적인 결실을 보고자 하는 사람들이다. 어떤 이들은 그 치부를 드러내 놓고 말하기를 꺼리지 않는다. 왜 그렇게 중요한 이야기를 하느냐고 물으면, 모든 걸 털어놓아도 해롭게 할 것같이 느껴지지 않기 때문이라고 한다.

몇몇 부호들을 만나면 조금 의아한 마음이 든다. 고위직도 많고, 아는 사람도 많을 텐데 왜 나처럼 볼품없는 사람을 찾는가 하는 의문이 든다. 하지만 이런 의문은 이들이 갖고 있는 인적 네트워크 개념을 알면 금세 이해할 수 있다. 고위직이 처리해야 할 일이 있고, 저변에서 얻어야 할 정보들도 있기 때문이다.

인간관계를 중요시 여기는 사람들은 업무적으로 만나거나 혹은 업무 외적으로 만나거나, 이 모든 만남이 소중히 아껴야 할 인연들임을 안다. 어떤 환경적 제약 요인들이 발생해도, 아주 매끄럽게 기술적으로 어렵지 않게 일을 처리한다. 이들이 인간관계를 잘 맺은 결실을 그 능력으로 보게 된다는 이야기이다. 곧 매끄러운 일 처리뿐만 아니라 탁월한 영업실적으로 그 결과물을 나타내는 것이다.

건설업의 경우에도 잘 나가는 회사들을 살펴보면, 모든 영업성과와 계약 성사가 거의 대표이사 한 사람으로부터 연결되어 있음을 알 수 있다. 건설업체 하나가 살아갈 수 있도록 유능한 부동산 개발업자가 적극적으로 신뢰와 지원을 아끼지 않기 때문이다. 분양이 잘 될 수 있는 위치의 부동산 입지선정에서부터, 건물을 지어 팔기까지 탁월한 식견과 재력을 가진 부동산 개발업자가 함께하기 때문에 성공이 가능한 것이다.

능력을 가진 부동산 개발업자 한 사람이 건설업체 한두 곳을 밀기만 하면, 이 건설업체는 대형 공사를 수주할 수 있는 업체로 금방 일어서게 된다. 관급 공사를 하지 않음에도 건실하게 운영되는 종합 건설업체를 만나면, 인적 네트워크가 탄탄하게 잘 엮어져 있음을 볼 수 있다.

단종 건설업체를 운영하는 어떤 분은 이러한 인적 네트워크를 잡기 위하여 부단히 노력한다. '건설회사 한두 곳에서만 제대로 밀어준다면, 회사가 일어설 텐데'하고 푸념 아닌 푸념을 한다. 제대로 된 인적 네트워크의 필요성을 절감하는 대목이다.

세무사나 법무사 역시 분양사무실이나 시행사 한두 곳에서만 밀어주면, 대형 오피스텔이나, 상가빌딩 전체를 기장하거나, 등기 대행을 할 수 있는 기회가 생긴다. 법무사 한 사람이 아파트 단지 전체의 등기 대행 서비스를 하거나, 세무사 한 사람이 아파트 단지 전체의 취득세, 등록세 계산 용역을 수행하였다고 생각해 보라. 개업을 하고 손익분기점을 잡지 못해 고민하는 다른 업체들에 비하여 쉽게 사업을 일으킬 수 있다. 유능하고 건실한 사업 파트너를 제대로 잡기만 한다면 사업은 성공할 수 있다. 당신이라면 이를 위해 아우성을 치지 않겠는가?

부란 그런 것이다. 부자 한 사람이 한 사람에게 제대로 연관된 사업 하나만 밀어주면, 쉽게 돈을 벌고 사업을 일으킬 수 있다. 건설업계나 제약업계의 리베이트 문제가 생겨나는 것도 바로 이런 이유들 때문이다.

부자들은 사람의 중요성을 잘 알며 소중히 여긴다. 그리고 보잘것없는 한 사람에게서도 신실함과 능력, 이런 것들을 분별해 낸다. 또 다른 인생의 전환 시기가 오는 어느 시점, 자신의 주위에 꼭 붙어 있을 것을 권고한다. 함께 노년을 즐겨야 하지 않겠느냐고. 인생에서 이런 권유를 받을 수 있는 사람은 더없이 행복하다.

부자 한 사람이 한 사람에게 제대로 연관된 사업 하나만 밀어주면, 쉽게 돈을 벌고사업을 일으킬 수 있다.

부자들의 인간관계가 가진 독특한 특징이 하나 있다.
바로 인적관계를 어떤 사람보다도
더 치밀하고도 철저히 유지한다고 하는
점이다. 부자이지만 더 돈이 많은 부자와의 관계를
더욱 끈끈이 유지하려고 한다는 점이다.

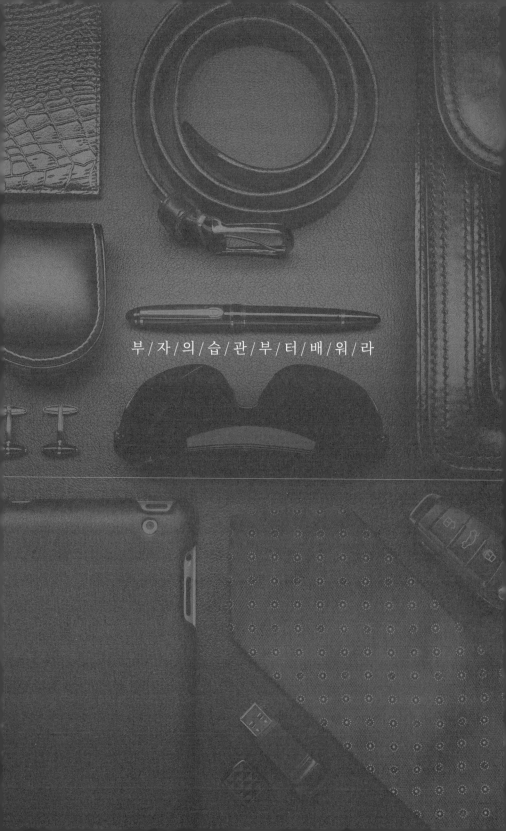

부/자/의/습/관/부/터/배/워/라

제5장
부자가 되기 위한 투자 활동
(부동산, 주식, 저축, 사업 투자에 대한 방법론들)

1. 투자의 개념을
이해하고 시작하자

처음 저축과 예금을 시작하고, 부동산을 사들이고, 자산이 모이게 되면, 그 다음 엔 포트폴리오를 구성하고, 투자의 분산에 따른 위험을 최소화하여 더 큰 이익을 기대하게 된다.

부자가 되기 위한 마음의 컨트롤, 즉 마인드를 갖추었다 면 할 일이 있다. 즉 부를 축적하기 위한 구체적인 행동에 나설 때이다. 이 는 곧 재테크라고도 하고, 경제학 용어로 굳이 따지자면 투자를 한다는 말 이 된다. 투자에 대한 위험 부담을 줄이기 위하여 자산별로 분산하여 투자 하기 위한 포트폴리오를 구성한다는 말이기도 하다.

기업의 경우에도 잉여금을 안정적인 수익을 내기 위하여 안정적인 투자 처를 물색하게 되는데, 장·단기저축과 같은 예금과 부동산, 그리고 주식 등 에 자산을 배분하여 두는 것이 일반적이다. 부의 증식을 위한 다양한 투자 방법이 있을 수 있겠지만, 투자에 따른 위험을 줄이기 위하여 가장 선호하 는 곳인 예금과 부동산, 그리고 주식에 대하여 알아보자.

부에 대한 지침서들은 투자에 대한 이론과 실재들을 충분히 설명하고 있으므로, 이를 잘 기술한 책을 구해서 읽어보는 것이 좋다. 부의 축적을 위한 출발점으로 투자의 개념과 위험도를 확실하게 정리한 후, 미래를 설계하는 것이 무엇보다 중요하다. 경험적인 투자 사례를 찾아보기 전 각종 자산의 투자 이점이 어떤 것인지를 살펴본다.

예금과 저축

부의 증식을 위한 기본은 뭐니 뭐니 해도 바로 예금과 저축을 통한 자산의 증식이다. 저축과 예금도 자산 증식을 위한 투자의 한 방법이기 때문에 어떤 저축성 예금을 들 것인가 하는 문제는 깊이 생각해 보아야 한다. 물론 은행 창구를 찾아 설명을 들어보는 것은 당연하다. 인터넷을 찾으면 각종 금융상품들이 즐비하게 나와 있으니, 가장 이윤이 높은 것을 선택하면 좋겠지만, 이윤이 높다는 데는 그만큼 위험 부담이 있으니, 이를 잘 알아보고 가입할 일이다.

질문은 이것이다. 옛날 은행의 대출 금리나 예금 금리가 두 자릿수였다가 지금은 은행의 대출 금리가 한 자릿수이고, 예금 금리가 거의 제로에 가깝다면 어떻게 해야 하는가? 은행에 예금을 해 봐야 오히려 물가 오름세를 감안하면 장기적으로 마이너스가 아닌가?

물론 답은 '아니다'이다. 아무리 물가가 오르고, 사회가 불안하다고 해도, 내 주머니에 쓸 수 있는 돈이 없다면, 그것이 무슨 의미가 있는가? 샐러리맨들이 봉급을 받거나, 기업이나 병원을 운영하는 사람들이 은행의 채무를 갚고 나면, 쓸 돈이 하나도 없다면 무슨 의미인가? 지금부터 시작이다. 매달 수입의 일정액을 무조건 저축부터 해야 한다.

저축이 쉽지만은 않다. 그래서 적금을 든다. 적금의 금리가 작으면 적립식 보험 상품을 노려보는 것도 좋은 일이다. 원금에 연간 이자를 더하여 다시 거기에 이자가 붙는 상품이다. 그러나 보험은 중도 해약 시 원금을 다 찾지 못하는 경우가 있다. 요즘 보험회사에서는 저축성 상품을 출시하고 있으니 이를 따져보는 것도 좋은 일이다.

봉급생활자나 기업을 운영하는 사람이나 가계살림은 동일하기 마련이다. 저축을 하기 위해서는 먼저 월 수입액이 얼마인지 따져보아야 한다. 그중에서 세금과 아파트관리비, 전기료, 수도 사용료 등 제세공과금을 내고 나면 그중에 남는 돈이 보인다. 아무리 생활비가 많이 들어가도 적어도 최소한 저축을 20퍼센트 이상은 해야 한다고 본다. 물론 그보다 더 많이 저축하는 것은 좋은 일이다.

이 돈은 건드려서는 안 된다. 무조건 통장에 넣고 손을 대지 말아야 한다. 허리띠를 졸라매어야 한다. 그렇게 하지 않으면 안 된다. 젊은 시절 결혼하고 그렇게 살아본 경험이 있다. 그렇게 해야 돈이 모인다. 예금 중 어떤 종목을 가입하는 것이 좋은지 여부는 나름대로 은행의 저축상품을 세밀히 살펴보아야 하겠지만, 집이 없는 사람이라면 내집마련청약저축이나 주택청약저축을 들어 놓는 것도 좋다. 집을 중간에 사긴 했지만, 90년대부터 매월 10만 원씩 붓던 청약저축을 해지하지 않고 지금까지 넣고 있는데, 이자만 천만 원이 넘어가는 것을 볼 수 있다. 예금을 불리는 재미가 쏠쏠하다. 은행에서 청약예금으로 전환하라는 권고를 여러 번 들었지만, 아직도 변환하지 않고 가지고 있다. 다른 예금이나 저축 보다 현재 금리가 가장 높기 때문이다.

적금은 갑자기 집을 사거나 다른 더 큰 부동산을 매입할 때 쉽게 해지할 수 있는 이점이 있다. 그래서 예금과 적금, 그리고 장기투자저축을 적정히 구분해서 가입하는 것이 바람직하다. 골드뱅킹이나 투자신탁과 같은 원금까지 줄어들 수 있는 고위험 신탁은 가능하면 피하는 것이 좋다. 고도의 경기흐름을 읽을 수 있는 능력을 가진 경우가 아니라면, 가능한 한 안정적인 재산형성이 가능한 예금에 가입하여 저축으로 돈을 모으는 것이 현명하다. 은행 창구 직원들은 고위험 신탁예금을 설명할 때, 절대로 고객이 불리한 조건은 깊이 설명하지 않는다. 고위험 투자신탁은 피하는 것이 좋다. 원금의 손실을 초래할 수 있기 때문이다.

은행의 예금 금리가 낮다고 예금으로 저축하지 않으면 절대로 주머니 속에 돈이 모이지 않는다. 부를 모은 사람들의 이야기를 들어보라. 그들은 하나같이 끼니를 거르며 절약을 실천했고, 그 결과 더 나은 살림살이를 유지할 수 있었다는 경험담을 이야기한다. 저축과 예금, 이것은 일반적인 어떤 금융상품을 투자하더라도 안정적인 자산이다. 많은 이자가 붙지 않는다고 예금을 등한시해서는 안 된다. 단기 저축으로 쌓여가는 돈의 모습은 바로 부를 형성하는 안정적이고 기초적인 틀이 되기 때문이다. 변동이 심한 고위험 신탁에 대한 투자만 피한다면 말이다.

부동산

어느 정도 예금이 모이기 시작하면 반드시 투자해야 하는 부문이 있다. 바로 부동산 투자이다. 부동산은 가장 근본적으로 내가 살아야 할 주택을 이야기하고, 조금 더 나아가서는 장기적으로 내가 보유해야 할 자산 가치를 증식시키는 하나의 재산으로서의 의미를 가진다.

부동산 투자를 이야기하면 사람들은 금세 부동산 투기꾼이라는 의미를 떠올리겠지만, 단기적인 차익을 목적으로 하는 부동산 투자가 아니라, 장기적이고 안정적인 자산을 의미하기 때문에 부동산은 안정적인 투자자산의 한 부문에 속한다.

이제 갓 사회에 첫발을 디디며, 처음 예금을 시작하여 자산을 쌓아가는 사람이라면, 반드시 일정 금액 이상 모이기 시작했을 때 부동산 투자를 고려해야 한다. 그중에 가장 바람직한 것은 안정적인 주거생활을 위하여 주택을 소유하는 것이겠지만, 사업이 더 중요한 사람들에게는 자신의 사업장을 매입하는 것도 중요할 수 있다.

부동산을 선택할 경우에는 봉급생활자이냐 사업가이냐 여부에 따라서 투자 종류가 결정될 일이다. 주거를 위한 주택과 같은 부동산을 취득할 경우에는 어느 정보 부채를 감내할 수밖에 없고, 또 그렇게 하는 것이 바람직할 수 있다. 다만 부동산을 취득할 때는 채무의 감당 능력 등을 감안하여 판단하는 것이 올바르다. 지금 당장 금리가 싸다고 무턱대고 많은 부채를 안고 부동산을 무리하게 매입하는 것은 절대로 바람직하지 못하다.

투자 부동산을 선택할 때는 역세권 여부, 임대의 가능성, 수익률, 등기 권리의 법적 분쟁 여부 등을 꼼꼼히 따져서 자신의 판단하에 하는 것이 맞다. 다른 사람의 이야기를 들어본다고 해도 나 자신이 아는 간접적인 지식보다 더 낫지 않은 경우가 많다. 여러 가지 책을 읽고, 부동산 경기 동향을 파악하고, 역세권, 도시계획 입지 현황 등 부동산의 입지 상태를 분석해 본, 나 자신의 판단보다 더 정확하지는 않기 때문이다. 실제 이런 경험이 있기 때문에 단언할 수 있다. 여러 사람의 정보를 종합하는 것은 좋지만, 부동산 중개업소의 이야기만 들어서도 안 된다. 목적하는 지역의 부동산 주변 현황을 분석하고, 도표로 좌우에 장단점을 나열해보고, 자금의 조달 가능성, 장래의 수익성 여부 등을 노트에 그려가며 판단해 보아야 한다. 노트로 정리해 보면 희미한 생각과 판단들이 훨씬 구체화되어 보인다.

가족이 있는 봉급생활자라면 투자의 안정성을 우선하여 장래에도 보유 가치나 환금성이 높은 아파트와 같은 부동산을 위주로 선택하는 것이 좋다. 아파트나 주택, 나대지 등이다. 우리나라가 어느 때에는 대형 평수가 인기였다가, 요즘은 중소형 평수 아파트가 인기라는 것만 보아도, 다양한 투자변수가 존재하기 때문이다.

부동산 투자에서 분명히 말할 수 있는 것은 부동산은 중요한 투자자산이며, 장기적으로도 큰 손해를 입지는 않지만, 부동산 투자는 고액이 들어가는 만큼 나름대로 경기 동향을 분석하고 신중하게 투자를 하여야 한다는 것이며, 어느 정도 부채를 부담하며 자산을 늘여갈 수 있다는 것이다. 부동산 투자는 무엇보다 중요한 자산증식 방법이므로 투자의 성공과 실패 사례를 배워가는 것이 바람직하다.

주식

자산증식의 방법의 하나로 주식은 매우 중요한 위치를 차지한다. 그럼에도 주식투자에서 돈을 벌어 보았다는 사람이 없고, 개미라고 일컫는 대부분의 일반인들이 주식투자에서 큰 재미를 보지 못하고 손해를 보는 경우가 대부분이다.

투자론 강의를 들을 때에도 주식은 항상 관심이 되고, 자본주의 사회에서 기업의 중요한 자본 조달 방식이 주식이라는 점을 감안한다면, 주식투자 방법은 분명히 알아두는 것이 좋다. 다만, 우리나라가 과거 올림픽 전후 때처럼 주식시장이 아주 활황이 아니기 때문에 주식투자는 신중에 신중을 기해야 한다.

주식을 투자하는 사람들에게 꼭 권고하고 싶은 말이 있다면, 제발 가능하면 주식투자는 하지 말라는 말이다. 그 이유는 단 하나다. 경영주나 봉급생활자가 주식투자를 하면, 온 신경이 거기에 쏟아져 본연의 일이 제대로 되지 않기 때문이다.

주식은 아예 쳐다보지 않는 것이 좋다. 건실하게 사업을 운영하는 선후배들을 보면 주식투자에 일절 손을 대지 않는다. 주식으로 돈을 벌었다고 하는 사람들도 주식으로 돈을 번 이야기만 말하지, 주식으로 잃어버린 돈을 이야기하지 않기 때문에, 주식투자가 투자자에게 얼마나 위험한 항목인지 잘 체득하기가 어렵다.

어느 정도 자산이 모인 이후, 투자를 분산하는 의미에서 예금과 부동산, 그리고 주식을 적정하게 배분하여 자산을 보유하는 경우에는 주식투자는 절대로 전체 자산의 3분의 1을 넘지 않는 것이 좋다. 가정이라면 잘못된 주식투자로 모든 자산을 잃어버렸다고 해도 가계에 큰 영향을 미치지 않을 정도로만 주식을 보유하는 것이 바람직하다.

부를 증식시키기 위한 수단으로 주식은 어떤 경우 큰 역할을 하지만, 주식투자에 따른 이윤은 고위험을 부담하는 데 따른 보상이라는 점을 분명하게 인식할 필요가 있다. 자산을 증식시키기 위한 수단으로 무리한 주식투자는 결코 바람직하지 않다는 것, 그리고 주식투자에는 많은 노하우와 주식투자에 대한 지식 등을 필요로 한다는 점을 염두에 두고 투자에 신중을 기하여야 한다.

기타 자산

부를 증식하기 위한 방법은 부동산과 같은 안정적인 투자자산 이외에도 선물, 옵션이나 금, 채권을 매개로 한 결합상품에 대한 투자와 같은 다양한 고수익, 고위험 부담 투자방식이 있을 수 있다. 자본시장법이 만들어진 이후, 금융권에서 다양한 각종 금융상품을 출시하고, 일반 사람들은 잘 알 수 없는 다양한 파생금융상품에 대한 가입을 권장하고 있다. 그러나 이러한 투자 자산들은 고수익 고위험이니만큼, 일반인들에게 투자를 권장하기에는 위험 부담이 클 수 있다. 이익이 크면 손실도 큰 법이기 때문이다.

한때 중소기업들이 금융기관에서 권장한 환율 헷지 상품인 키코에 투자를 권장하여 가입했다가, 경영이 어려울 정도로 기업이 큰 손실을 입은 사례들로 사회적 문제가 된 적이 있다. 최근까지도 이 상품에 가입한 중소기업들이 고통을 받는 것을 보았다.

파생금융상품에 자산을 투자할 경우에는 주식도 마찬가지이겠지만, 우선적으로 전문적인 지식을 습득하고 난 뒤에 시작하는 것이 바람직하다. 그러나 먼저 권고하고 싶은 말은 모르는 곳에는 투자를 하지 말라는 말이다.

분산투자의 실례

병원 영안실을 운영하는 50대 후반의 한 사업가가 돈을 버는 방법은 다양하다. 조그마한 야외 승마장을 운영하고, 주식 선물과 옵션에 10억 원 정도를 투자하기도 한다. 자본이 부족한 병원장에게 병원 보증금과 개설비를 부담해 주고, 병원 운영에 따른 수익금을 배분 받는 형태이다. 대구와 서산에 모텔을 건설하여 위탁경영을 맡기거나 매매를 하기도 한다.

서산의 바닷가 모래가 야적되어 있는데, 이를 매수하였을 때 과연 얼마만큼의 수익을 창출할 수 있겠느냐는 질문을 해 왔다. 건설업을 하는 사업가를 통하여 골재의 매입 단가, 서울까지의 운송료, 분류작업 등을 한 달이상 알아보았다. 그 후 위험 부담이 크다는 이유로 투자를 반대하는 결론을 내었지만, 투자하는 사람 입장에서는 설령 긍정적인 대답을 얻었다하더라도 나름대로 검토에 검토를 더한 후에야 투자의 가닥을 잡는다. 그러나 이때 모래를 매입했다면, 아마 후일 떼돈을 벌 수 있는 기회이기도 했다. 중국이 올림픽 경기를 준비하는 과정에서 건설업계의 골재, 특히 시멘트·철근 등의 품귀 현상으로 모래 가격이 크게 올랐기 때문이다. 하지만 앞일을 누가 예측하랴? 결국 매입을 포기하는 것을 보았다.

사업에 성공한 사람들은 위험성이 있든 없든, 일정하고도 안정적인 기대수익이 형성된다고 판단이 명확히 설 때만 투자에 의사결정을 내린다. 그리고 가능하면 여러 분야에 고루 분산하여 투자한 후, 안정적인 수익을 얻는다. 투자에 신중에 신중을 기한다는 말이다.

조금 나이가 있는 사업가 한 분은 현금 수입업종인 빌딩 임대와 사우나, 마주馬主, 그리고 부동산에 투자한다. 이분은 한두 채의 빌딩과 여러 부동산을 소유하고 있으며, 경기도 가평의 유원지 일대를 매입하여 이윤을 남기기도 한다. 지금은 아들들이 리조트 운영을 하고 있는데, 이제는 중견기업이다. 젊은 시절엔 골재와 섬유 등 여러 가지 사업을 벌였지만, 지금 칠십이 넘은 이후에는 주로 부동산을 마련하여 임대업에 주력하고 있는 것을 본다. 그럼에도 외국에 나가서는 수익이 창출될 만한 적절한 말을 사들임으로 다양한 수익창출에 노력을 기울이는 것을 본다.

시내버스와 택시회사를 운영하며 4차선 대로변에 대형 음식점을 운영하는 한 사업가가 있다. 맏아들이 택시회사의 책임자로 있었지만, 운수업 경영을 싫어하는 탓에, 음식점을 내어 아들에게 경영을 맡겼다. 미혼인 아들이 음식점 운영을 책임지고 있는데, 아직은 더 많은 투자와 노력이 필요해 보인다.

사십대 초반의 한 기업가는 현재 지역 케이블방송을 운영하고 있다. 처음에 음악방송으로 출발한 사업이 성장하여 유선방송 회사가 되었다. 최근 핵심사업 부문 이외에는 아웃소싱하고 지역 케이블방송과 관련된 사업장을 여러 개 운영하고 있다. 또한 부동산도 개발하고 있다. 지역신문사도 한두 군데 인수하여, 지역 언론과 인터넷 사업 등의 시너지 효과를 기대하기도 한다. 인터넷 사업을 전담하는 유통사업체와 무역업체, 그리고 케이블방송을 설치하는 유지보수 업체, 부품을 수입하는 무역업체까지 다양한 계열사를 만들어 운영하고 있다. 문어발식으로 여러 사업을 펼친다는 말이기보다는, 종합적인 사업 하나를 위하여 별도의 추가 회사를 설립하여 운영한다는 말이 맞을 것이다. 모 회사만을 위하여 전문적으로 운영되었던, 사업 부문을 다른 회사에까지 확대하여, 용역을 제공할 수 있다는 점에서 긍정적인 면으로 작용한다. 즉, 각각 독립된 사업 영역으로도 성장할 수 있다는 이점을 지닌 것이다.

다양한 투자의 분산은 안정적인 수익의 기틀을 마련해 주며, 투자에 따른 위험을 분산 또는 제거하는 중요한 요소가 된다. 또 어떤 사업은 수익을 창출할 뿐만 아니라, 자신에게 사회적 위치를 상승시키는 효과를 유발하기도 한다. 대규모 자산을 가진 사람들 대부분은 더 다양한 사업을 벌이고 싶어 하고, 안정적이면서도 이익을 창출하는 사업에 더 공격적으로 투자하고 싶어 한다.

최근의 어려운 사업 여건의 흐름은 사업가로 하여금 우리나라를 떠나 외국에 공장을 이전시키거나, 외국을 통한 새로운 투자처를 물색하도록 유도한다. 대표적인 예가 이민을 선택하는 방법이나, 중국, 베트남과 같은 제3국의 부동산이나 사업에 투자하는 방식이다. 물론 제3국의 투자는 국내 인건비 상승, 기업 운영에 따른 제약조건에 기인하겠지만 사업을 운영하는 사람들은 부자를 죄인 시 하는 사회적 인식과도 무관하지 않다고 주장한다.[8]

부자는 사업을 통하여, 돈을 굴리고 또 굴린다. 또 부자는 위험을 제거하기 위하여 투자의 분산을 통하여 투자에 따른 위험을 회피하려고 한다. 이는 투자대상 뿐만 아니라 국가적, 지리적인 요인까지 포함하는 말일 수 있다. 만약 다른 한 쪽이 실패를 했다 해도 다른 한 쪽의 이윤이 실패한 쪽의 손실을 막아낼 수 있다는 것을 알기 때문이다. 새로 시작하는 사업이 위험성이 있어도 기존의 사업장에서 고정적인 수익이 창출되기 때문에, 그만큼 위험 부담이 줄어들 수 있다. 경기의 변동, 그리고 사회적 변화에 노출된 위험은 자산을 분산하여 투자함으로써 위험을 줄이고, 최대한의 이윤을 기대하게 되는 것이다.

처음 저축과 예금을 시작하고, 부동산을 사들이고, 자산이 모이게 되면, 그 다음엔 포트폴리오를 구성하고, 투자의 분산에 따른 위험을 최소화하고 더 큰 이익을 기대하게 된다. 아직까지 소액의 투자자들은 대형 사업을 벌이는 사업가들의 이야기가 멀리 있는 요원한 이야기로 들릴 수 있다. 그러나 어느 정도 자금이 쌓이고, 이 자금에 투자처를 물색할 때에는 안정적이면서도 적정한 수익이 보장되는 부동산을 시작해서 더 나은 투자처를 찾아간다는 사실을 미리 머릿속에 인식해 두고 투자를 시작하는 것이 바람직하다는 생각이 든다.

2. 여유가 되면
부동산을 사는 건 어떨까?

부동산에 대한 합법적인 투자는 법령을 위반하는 위험한 투기성 모험을 하지 않아도 물가상승률이나 인플레이션 등을 감안하여 안전한 자산으로 포트폴리오를 구성할 수 있고 보유할 충분한 가치가 있다.

자본주의는 특성상 투자 수익을 낼 수 있는 곳이면, 어디나 어김없이 자금이 몰리기 마련이다. 정부가 규제를 하고 있는 부동산 투기의 위험이 있는 지역도 마찬가지였다. 수익이 창출될 것이라 여기고 무리한 방법으로 부동산을 매입한 돈이 침투된 것이다.

신 행정정수도 건설 당시 부동산 매매에 따른 단기 차익을 노리고, 도시 건설 후보지에 많은 사람들이 위장전입으로 부동산을 매입하고 있다는 사실이 언론을 통해서 여러 차례 보도되었다. 이는 엄연한 부동산 투기이며, 정부에서도 규제를 하는 일종의 범법 행위이다.

부동산에 대한 합법적인 투자는 법령을 위반하는 위험한 투기성 모험을 하지 않아도, 물가상승률이나 인플레이션 등을 감안하여 안전한 자산으로 포트폴리오를 구성할 수 있다. 보유할 충분한 가치가 있다. 즉 합법적이면서도 안정적이고도 장기적인 수익이 예상되는 것이 바른 부동산 투자의 매력인 것이다.

부동산은 거짓말을 안 한다는 말이 있다. 이 말은 부동산은 오랜 세월이 지날수록 물가오름세 때문에 부동산은 가치하락이 없다는 말이다. 물가오름세가 심할 경우에는 반드시 자신이 사는 집은 반드시 보유해야 한다. 그래야 생활이 안정적이 된다.

부동산 중개로 막대한 부를 축적한 한 분이 있다. 다른 사람과는 다른 투자방법으로 돈을 벌었다. 다른 사람이 생각하지 않는 곳, 즉 일반적으로 안된다고 하는 곳을 선택하여, 향후의 경기가 좋아질 때를 예측하고 이에 대한 투자를 한다.

주택 200만 호의 건설로 갑자기 아파트 물량이 쏟아져 중계동과 상계동에는 미분양 아파트가 많이 발생하던 때가 있었다. 경기가 나쁠 때 미분양 아파트를 다량으로 매입해 놓았다가, 후에 경기가 좋아졌을 때, 되팔아 차익을 얻는 방법으로 부를 축적하였다. 당시 보유한 아파트만 서른 채가 넘었다고 하니, 정말 많은 물량이 아닐 수 없다. 여기에서 난 차익금으로 다시 요지의 부동산을 사고팔아 많은 돈을 벌었다. 이분은 돈을 벌 수 밖에 없었다. 경기의 흐름을 정확히 예측하고 효과적으로 투자하였기 때문이다. 다른 한편으로 말하면 미래의 경기예측이라는 위험요소에 대한 선택으로 보상을 얻은 셈이다.

부동산 미분양 지역은 여유가 있다고 하더라도, 불안해서 투자를 하는 것 자체가 쉬운 일이 아니다. 향후 경기를 분석하고 이를 예측할 능력이 있지 않으면 어렵다. 아파트의 미분양 지역과 상대적 개발이 늦어진 곳은, 자연스럽게 개발 균형이 맞추어지기 마련이다. 이분은 장기적으로는 소외되고 낙후된 지역이 정부의 균형발전 정책으로 개발 추진될 것이라는 사실을 쉽게 예측하였다. 그리고 이런 예측 능력으로 미분양 아파트를 선뜻 매입할 수 있었던 것이다.

민선 서울시장이 선출되어 상대적으로 개발이 소홀히 여겨졌던 강북 지역을 대상으로 관 주도형 재개발 계획을 발표하면서, 뉴타운에 편입된 지역이나 경전철 개통 예정지역과 그 주변 재개발 대상 주택들 가격이 폭등했다. 중개업소에 물어보면 최근 평당 4백만 원에서 5백만 원 하던 땅 값들이 평균 평당 9백에서 1천만 원 이상으로 치솟았다. 8차선 도로 확장이 예정된 도로 개설 예정지 주변의 상가 빌딩 지가는 평당 1천 5백만 원 이상으로 상승했음을 볼 수 있다.

이 지역의 땅 값이 얼마나 상승했는가 하는 것이 중요한 문제가 아니다. 이미 강남의 부동산 가격이 오를 대로 올랐다면, 상대적으로 약세를 보이고 있던 정릉이나 미아리와 같은 강북지역이나 양주 등의 부동산 가격이 언제든 오를 수 있다는데 그 중요성이 있다. 부동산을 통해 수익을 내려면 먼저 이러한 예상을 하고 투자를 하여야한다.

부동산 매입이 투기投機냐, 투자投資냐 하는 것은 별개의 문제이다.[9] 자본주의 사회라면 돈이 되는 투자를 하고 수익을 내는 일이 당연하기 때문이다. 다만 정부는 주택시장 안정과 서민경제를 위해 대책을 별도로 마련할 필요가 있다. 정부의 규제를 어기는 범법 행위가 아니라면, 부동산 매매는 당연히 투자라고 인식될 것이다.

부동산으로 돈을 벌었다는 어떤 분은 정부 정책에 대하여 이렇게 토로한다.

"자본주의 사회에서 부동산을 사고파는 것을 왜 강제하는지 모르겠어. 국세청에서는 세금만 잘 거두어들이면 되는 것이지. 그리고 자꾸 투기자를 조사하면 결국 서민층만 죽이는 것이야."

이 말을 자꾸 되 뇌이게 되는 것은 내가 바로 정책입안자가 아니기 때문이다. 법 적용을 담당하고 있는 기관에서 조세저항의 문제가 제기되면 가치관을 어디에 둘 것인가 하는 고민이 된다.

부동산을 통하여 돈을 번 여성 한 분을 만난 일이 있다. 이분은 초등학교 교사 출신으로 환갑을 훨씬 지난 여성이다. 자녀들은 외국에 유학을 보냈고, 청담동에서 꽤 넓은 아파트에 살고 있다. 몇 번의 만남에서 놀란 것은 정릉에 살고 있는 조카를 통하여, 여러 필지의 재개발에 편입된 땅을 매입해 놓았다는 사실이었다. 가방 안에는 등기권리증이 두루마리처럼 묶여 있었다.

서울에서 의정부로 나가는 도로변에도 40억 원 이상 나가는 빌딩을 가지고 있었고, 이 빌딩을 팔아서 더 좋은 지역의 나裸대지를 사고 싶어 했다. 이분이 성공한 이야기를 들려주었다. 교편생활을 그만두고, 모피 장사에 뛰어들었다고 한다. 그리고 사업에서 번 돈으로 부동산을 매입했고, 여기에서 번 돈으로 자녀들을 유학까지 보낼 수 있게 되었다. 조그만 부동산이라도 사 놓아야 돈을 벌 수 있다는 충고를 잊지 않는다. 여기저기에 조금씩 부동산을 가지고 있는 그분으로서는 당연한 충고일 수밖에 없었다. 그리고 지금 부자이기 때문에 이렇게 이야기할 수 있는 것이다.

부동산에 대한 관심을 촉구하는 충고는 이 할머니뿐만이 아니다. 가평에서 리조트를 운영하는 일흔이 넘은 사업가가 권고하는 이야기이다. 젊은 시절, 건설업과 섬유업을 운영했던 사업가도 볼 때마다 이런 이야기를 한다. 조금씩 돈이 모이면 자투리땅이라도 사서 모으라고 한다. 그분의 권고를 요약하면 이렇다. 아직도 포천 쪽으로 가면 평당 얼마하지 않는 전답이나 임야를 돈이 되는 만큼 조금씩 매입하라. 그 부동산이 당신의 노후의 삶에 부족하지 않다는 것이다.

이분을 뵈면 여기에도 저기에도 부동산들을 모아 놓은 것이 조금씩 드러나는 것을 볼 수 있다. 그분의 말하는 대로 부동산을 통한 재테크를 실천하며 살아온 것이다. 그래서 그분의 자녀들이 지금 혜택을 누리며 넉넉하고 여유롭게 살아가고 있음을 볼 수 있다. 그래서 부동산 투자는 매력이 있는 것이다.

자본주의는 특성상 투자 수익을 낼 수 있는 곳이면, 어디나 어김없이 자금이 몰리기 마련이다.

3. 부동산 투자는 신중한 결정을 필요로 한다

부동산을 고를 때, 절대로 서두르지 말아라. 부동산은 보고 또 보고 신중하게 결정하라. 싼 매물이라면, 어딘가 알지 못하는 함정이 있다는 사실을 명심하라.

미분양 아파트가 늘어나기 시작했다. 몇 개월 째, 연속하여 미분양 아파트가 발생했다고 언론에서는 보도한다. 강남의 아파트 값을 잡기 위하여, 정부에서도 부동산 대책을 발표하였다. 부동산 가격이 잡힐까 우려하지만, 부동산 가격이 언제까지나 치솟기만 하지는 못할 것이라는 사실은 확실하다. 과거의 전례로 보아 10년 주기로 부동산 가격은 등락을 거듭하였고, 이 과정에서 정부의 부동산 투기 억제 대책, 혹은 활성화 대책이 발표되곤 했었기 때문이다.

예금 금리와 자본 이동, 그리고 제조업의 운영 실태 등을 점검해 본다면, 수치로 산정해 내지 않더라도 장단기의 부동산 시장의 흐름을 예측할 수 있다. 부동산 시장은 한때 정부에서 강력한 부동산 투기억제 대책을 마련하게 했고, 그 효력을 발휘하게 했다.

건설업계는 사업이 안 된다고 아우성이다. 성매매방지법의 발효로 모텔과 유흥주점의 매출이 급감했고, 돈이 돌지 않는다고 이야기한다. 지금의 경기 상황은 외환위기 때보다도 더 악조건임에는 틀림이 없다. 그럼에도 사람들은 부동산에 대한 관심을 놓지 않는다. 이는 현재의 부동산 경기의 위축이 현금을 가지고 돈을 벌기를 기대하는 사람들에게는 또 다른 기회를 제공하기 때문이다. 또한 분명한 사실은 많은 사람들이 부동산으로 돈을 벌고, 가장 안정적인 투자처로 부동산을 선호하고 있다는 사실이다.

부동산을 적절하게 굴리는 것은, 부를 축적하는 중요한 수단임이 틀림없다. 법령을 준수하고 투자의 이윤에 대한 세금만 정확하게 납부한다면 투자자의 법적인 의무는 다하기 때문이다. 부동산 투자를 투기냐, 아니면 투자인가 하는 의문은 여전히 남지만, 부동산 가격의 증가폭이 큰 상황에서는 부동산 투자가 부를 축적하는 충분한 요건이 될 수 있는 것이다.

부동산에 투자를 할 때는 꼭 주의하여야 할 점이 있다. 오랫동안 부동산을 투자했던 사업가들의 충고가 부동산 투자에 신중을 기하게 한다.

"부동산을 고를 때, 절대로 서두르지 말아라. 부동산은 보고 또 보고 신중하게 결정하라. 싼 매물이라면, 어딘가 알지 못하는 함정이 있다는 사실을 명심하라."

이 말은 부동산 투자가 거액을 필요로 하고, 그만큼 일시에 많은 자금이 잠기게 되어, 즉시 현금화를 할 수 없기 때문에 유동성이 떨어진다는 점과 잘못된 투자에 대한 손실의 폭이 클 수 있다는 점을 함축해 주는 말일 것이다.

오로지 자신의 돈만으로 투자를 한다면, 안정된 부동산이라 하더라도 함부로 쉽게 투자를 결정할 수 없다. 투자에 보다 신중해 질 수밖에 없는 것이다. 부동산 컨설팅에서 지방의 요지의 땅을 구입하여 분할하여 판매한다고 하는 전화를 받을 때는 특히 조심하여야 한다. 이런 부동산에는 분명히 보이지 않는 함정이 있기 때문이다. 비록 함정이 없다고 하더라도, 매우 저가의 땅을 사서 고가로 파는 일이 비일비재하기 때문이다.

한 예로 모 부동산 컨설팅에서 분양하는 땅을 투자하라는 권유를 받은 적이 있다. 직장에서 함께 근무했던 직원이 퇴직하여 공인중개사 사무실을 운영하다가, 부장으로 근무하게 된 회사였다. 대산 지역의 땅에 1억 원만 투자하면 도로변의 300평의 땅을 평당 30만 원에 분양할 텐데, 2개월 후면 2배의 차익을 얻을 수 있다고 부리나케 서둘러 전화를 하는 것이었다.

도대체 어떤 곳인데 이렇게 차액을 실현할 수 있는가 싶어, 다른 중개사와 방문하였을 때 회사의 책임자가 직접 와서 설명을 했다. 장황한 서해안의 개발계획과 국토이용계획을 요약하여 설명하고 다음에는 그 지역의 개발계획 도면을 제시하면서 구체적인 지적도를 보여주었다. 그런데 엉뚱하게도 당초 직원이 제시하던 도로변의 임야가 아니었고 지목도 염전이었다. 염전 양쪽의 땅은 이미 평당 50만 원 이상으로 몇 사람에게 1천 평씩 분양하였다. 1억 원을 호가하는 3백 평의 땅은 도로 예정지역에서 30미터를 들어간 위치의 지적도를 끊어 분양하고 있었다.

부동산을 잘 아는 분에게 이 땅의 현황을 물었을 때, 재미있게도 이 땅 전체를 통째로 30억 원에 매도하려고, 매수자를 물색하던 부동산이었다. 이 계획이 틀어지자 분할하여 매도하려는 계획으로 바뀌었음이 밝혀졌다.

부동산 분양업자 입장에서는 당초 토지 매입액에서 엄청난 차액을 얻겠지만, 자칫 투자자는 깡통을 차기에 딱 안성맞춤이다. 이 땅을 소개한 직원은 더 이상 앞에 얼굴조차 내밀지 못하게 되었다. 이 필지를 사면, 이자 부담도 자신이 해 주겠다며 권하던 직원은 이 땅의 내막조차 알지 못하고,

부동산 매입을 권유하다가 오히려 망신만 당한 꼴이 된 것이다. 바로 이것이 부동산 투자의 현실이다.

지금도 납득이 가지 않는 것은 그 도로 개설 계획도면이 사실이냐는 것이며, 어떻게 저런 도면이 시중에 돌아다니고 있느냐 하는 것이다. 이 도면이 관련 회사에서 제작과정에서 유출된 것일까, 아니면, 거짓으로 제작한 것일까? 도대체 알 수 없는 노릇이다. 이런 예는 이외에도 얼마든지 있다. 부동산 투자를 하려는 사람은 부동산 정보에 대하여 보다 더 면밀한 분석을 필요로 한다는 점을 잊어서는 안 된다. 당시 개업식을 치르며 고사를 지내고 있던 것으로 보아, 회사를 설립한지 채 며칠 되지 않았던 것 같았는데, 지금도 이 회사가 부동산을 분양하는 회사로 남아 있는지는 알 길이 없다. 사기성을 지닌 부동산 투기꾼들로 인해 부동산에 대한 투자는 더욱 신중하고 조심해야 한다. 부동산에 대한 모든 정보가 사실이 아니라면, 자칫 잘못 부동산을 매입할 경우 큰 손해를 입을 수밖에 없다.

부동산 투자는 국가의 부동산 정책과 경기 흐름에 영향을 많이 받는다. 지방행정 도시의 신설, 서울 시내의 과다한 상가건물의 건설, 역세권 마다 민자 역사의 건립, 수도권역의 신도시의 건설, 수도권 신도시의 확장, 전철 구간의 확장, 상가건물의 끊임 없는 확장 등등 부동산에는 현재 미치는 요인이 너무 많다. 부동산 임대 건물의 과다한 공급으로 역세권에는 예전에 볼 수 없었던 임대를 광고하는 현수막이 눈에 띈다.

정부의 부동산 정책의 집행 결과가 수도권 인구의 분산이 함께 이루어진다는 점을 감안한다면, 부동산의 매입이 얼마나 신중해져야 하는지 알 수 있다. 창동 민자 역사가 공사 중도에 그냥 서 있는 것만 보아도 부동산 투자가 얼마나 신중히 이루어져야 하는지 알 수 있다. 부동산 투자는 많은 금액이 일시에 투입되는 까닭에 투자에 더욱더 세심한 주의를 기울여야 하는 것이다.

정부의 저금리정책으로 시중에는 돈이 풀리고, 예금과 대출금리가 떨어지고, 수출이나 내수경기가 썩 좋지 않기 때문에 주식시장도 요동을 치고 있다. 시중의 자금이 갈 곳이 없기 때문에 돈의 흐름이 부동산에 몰려야 할 텐데, 이 또한 불안하기는 마찬가지이다. 중앙은행에서 제시하는 기준금리가 떨어지다가 보니 아파트를 소유하려고 하는 집이 없는 사람들이 대출로 아파트를 매입하여 주택담보대출이 급증하는 모습도 보이고 있다.

　대외적인 여건이나 대내적인 여건, 어떤 상황을 보더라도 모든 부문에 투자가 극히 어려운 상황에서는 현금 보유가 가장 적정한 방법과 대안이지만, 예금 또한 과다한 인플레이션이 우려되는 경기흐름을 예측한다면, 부동산뿐만 아니라 모든 투자에 있어 더욱더 신중하고도 신중한 투자를 결정하여야 할 때라는 점은 분명히 말할 수 있다.

예금 금리와 자본 이동, 그리고 제조업의 운영 실태 등을 점검해 본다면,
수치로 산정해 내지 않더라도 장단기의 부동산 시장의 흐름을 예측할 수 있다.

4. 재개발 예정지의
아파트나 주택을 고른다

내가 살만한 집을 장만하기 위해서 재개발이 가능한 아파트와 주택을 눈여겨 두고, 안락한 주거생활을 누릴 수 있도록 준비하고 예비하라는 말이다. 집 없는 사람이 미래를 내다보고 재개발 아파트를 매입하는 것은 자산의 증식을 위한 귀중한 요건이란 사실을 내 집을 마련하고 싶어 하는 사람들은 잊어서는 안 된다.

　　　　　정부에서 추진하던 부동산 정책은 과거 재개발 지구의 경우 일정 규모의 서민 주택을 짓도록 하거나, 채권을 사도록 하여 아파트의 현 시가와의 차액을 정부가 환수했다. 이 환수된 자금은 임대아파트의 개발, 공공시설의 확충 등에 사용됨으로써, 기업의 과다한 개발이익을 억제하여 왔다. 일정 규모 이상의 아파트 개발 지역에는 반드시 시행처에서 학교와 같은 공공시설을 짓도록 하여, 아파트 건설업체의 폭리 억제와 함께 정부 예산의 소요액도 절감하는 효과를 누렸다.

　아파트 건설에 대한 제재 조건들이 규제완화라는 이름으로 모두 해제되었을 때, 아파트는 고급화되고 입지에 따라 아파트 가격이 천정부지로 급속하게 뛰어 올랐다. 결국 부동산이 돈을 벌게 해 준다는 사실을 입증해 준 것이다. 지금은 은행의 금리가 매우 낮기 때문에 아파트 담보대출이 급속도로 늘어나고 있음을 보이고 있다.

부동산의 거액의 융자금을 통한 매입은 금리가 언제든 다시 오를 수 있다는 위험을 감안하여 신중히 결정하여야 한다. 미국의 맨해튼처럼. 강남의 아파트 가격이 다른 지역과의 차별화로 천정부지로 치솟기만 할지, 아니면 다시 하락할지는 아무도 모른다. 빈익빈 부익부라고 오히려 강남의 아파트 가격은 시중에 자금이 풀리면 풀릴수록 유동성이 늘어나 부동산 가격이 높아질 것이기 때문에 더 오를 수도 있다. 정부의 정책뿐만 아니라, 각종 경기지표의 변수들을 한 개인이 어떻게 다 이해할 수 있으랴?

이미 한강변이나 강남의 아파트 가격이 평당 5천만 원 이상을 호가하는 매우 놓은 가격에 형성되어 있기 때문에 시중에 자금이 더욱 많이 풀리지 않는다면 거의 포화 상태라고 할 수 있지만, 정부의 금리 정책에 따라 부동산 시장 또한 변화를 맞게 될 것이다.

정부가 발표하는 부동산 안정대책은 당장은 눈에 보이지 않지만, 장기적으로는 재개발 아파트의 입주의 분양권 매입에 따른 폭리의 문제점을 충분히 개선하기 마련이다. 강력한 부동산 투기 대책에 대한 발표는 부동산 시장이 과열 때마다 하나의 현상처럼 나타나는 정부의 대응책들이다. 너무 과하면 부동산 시장이 얼어붙고, 그렇게 하지 않자니 모든 자금이 부동산 시장에 몰린다. 이것이 나라 경제의 흐름이고, 정책결정자들의 어려움이다. 부동산 시장, 특히 아파트 가격의 급등은 경제 흐름을 왜곡시켜 제조업과 같은 생산시장에 자본을 투입하지 않게 만든다. 일본이 부동산, 특히 주택 가격의 폭등으로 소비심리가 얼어붙었다가, 근 십여 년 이상 지나 주택 가격이 안정된 이후에야 점차 소비경기가 살아난다는 보도를 접하지 않는가? 일본 경제의 흐름과 현상이 우리나라에서도 반복하여 일어나고 있는 것이다.

이런 경기 흐름의 문제점에도 불구하고, 재개발 아파트로 확정된 지역의 부동산 매입은 당분간 이윤을 남기기에 지장이 없을 것 같다. 입지 여건만 좋다면 그 이익은 더 많아지기 마련이다. 특히 집이 없는 사람이라면, 이런 아파트 개개발 예정지를 노려보는 것도 좋을 듯하다.

투자 매력이 있는 재개발 아파트는 얼마든지 있다. 부동산 투기를 하라는 말이 아니다. 내가 살만한 집을 장만하기 위해서 재개발이 가능한 아파트와 주택을 눈여겨 두고, 안락한 주거생활을 누릴 수 있도록 준비하고 예비하라는 말이다. 집 없는 사람이 미래를 내다보고 재개발 아파트를 매입하는 것은 자산의 증식을 위한 귀중한 요건이란 사실을 내 집을 마련하고 싶어 하는 사람들은 잊어서는 안 된다.

다만, 투자에 유의할 점은 아파트의 공급이 과잉이라고 예상되는 경우에는 특히 아파트의 입지를 신중히 고려하고, 또 고려해야 한다는 사실이다. 주거여건, 후생복지시설, 교육 환경에 따라 아파트 가격은 더 격차를 띨 것이기 때문이다. 재개발 아파트의 매입은 입지만 잘 선정한다면, 기대 수익을 얻지 못한다 하더라도 최소한 투자의 손실은 예방할 수 있을 것이다.

건설업을 하는 선배 한 분이 재개발 아파트의 투자로 돈을 버는 방법을 알려 주었다. 인천의 어느 역 주변에 1억 원 정도 하는 낡은 주공 아파트가 있는데 재개발이 예측되니 한두 채 사 놓으라는 것이었다.

이분은 동생이 자신의 돈으로 10채 가량 사 놓았다고 한다. 현재 가격이 1억 원을 조금 넘어 호가하니, 재개발이 되면 가격이 훨씬 높아질 것이고, 매각하지 않아도 40평형대의 아파트를 얻게 될 테니, 충분한 수익을 얻을 수 있다는 이야기였다. 이 아파트를 구입할 수 있는 돈도 돈이려니와 그곳까지 가 본다고 하는 것도 시간 낭비일 듯싶고, 현재 부동산 경기가 최고

점에 도달한 것 같아 답사조차 하지 않고 매듭을 지었다.

이분은 부동산 매입이 주업종이니 가히 부동산에 대해서만은 전문가라고 해도 과언이 아니었다. 재개발이 될 열 채의 아파트를 사 모은다면, 도대체 얼마만큼의 자본금이 있어야 할까? 자신의 재산 전부를 한몫에 투자하지는 않았을 테니, 적어도 상당한 재력가임에는 틀림이 없어 보인다.

아파트 옥상 디자인과 건설만 전문으로 하는 선배 한 분도 똑같은 이야기를 한다. 이제 강남은 얻을 것이 없으니, 강북의 재개발이 예견되는 지역에 조그만 단독주택이라도 하나 사두라고 한다. 정부의 부동산 투기억제 정책을 보면, 이제 강남은 더 이상 얻을 것이 없다는 것이다. 모든 정책이 강남의 집값 대책에 쏠려 있으니, 강북에서 아파트 재개발이 예상되는 지역의 주택을 여유 돈으로 하나 장만해 놓으라고 한다. 이 이야기를 들은 뒤에도 강남의 집값은 끝없이 올랐다. 이것을 어떻게 받아들일 것인가? 그래서 부동산 투자는 어렵다.

정릉의 재개발 예정지역 주택과 대지를 매입한 한 분의 경우에는, 평당 2백만 원 하던 재개발 예정 부지를 여러 건 매수하여, 현재의 실거래가가 평당 5백만 원 이상을 호가하는 것을 보았다. 재개발 추진 위원이 구성되고, 관할 관청에 재개발 심의 신청을 하였기 때문에, 지가가 배 이상 뛰었다. 지금은 다 분양이 이루어지고 아파트 입주가 끝난 지 수년이 지났으니 꽤 많은 돈을 벌었으리라. 재개발 아파트 투자란 바로 이런 것이다.

5. 투자를 위한
   부채를 가져야 할까?

부채를 어느 정도 안을 것인가 하는 문제는 부동산의 규모와 소득의 수준, 부채를 갚을 능력 등을 고려하여 결정하는 것이 바람직하다. 부동산 이외의 주식이나 고 위험 투자 상품에 대한 투자를 위하여 부채를 활용하는 것은 금물이다.

경영학을 배울 때, 재무관리 교과목에서 법인의 주주들이 전문경영인을 압박하기 위하여 기업이 얼마 정도의 부채비율을 유지하는 것이 적정한가 하는 질문이 주제로 제시되는 경우가 있다. 기업이 너무 부채가 없어서도 안 되고, 그렇다고 너무 부채가 많아서도 안 되는 이 상황을 감안한다면, 기업의 최대목표인 주주의 이윤 극대화를 위한 부채비율의 적정성 여부는 기업경영에 있어서 매우 깊은 주제라고 할 수 있다.

개인 역시 마찬가지이다. 개인이 살기 위한 주택과 같은 부동산을 취득하기 위해서는 어느 정도 부채를 짊어질 수밖에 없을 것이고, 그럼에도 적정하게 저축을 유지하여야 한다. 주식과 같은 고 위험성 상품 투자는 어떻게 할 것인지, 꼭 부채를 가져야 할 것인지 고민이 된다. 보통 포트폴리오를 구성한다면, 저축, 부동산, 주식과 같은 종류를 열거하기 때문에, 이에 대한 투자효과와 위험도, 그리고 꼭 투자를 해야 하는지, 부채를 부담할 것인지 여부를 살펴보는 것 또한 매우 중요하다.

부동산을 사거나, 주식을 매입하거나, 기타 새로운 사업에 투자하거나, 항상 필요한 것은 자금이다. 회계학에서 자산 규모를 산정할 때는 자기 자본과 타인 자본을 나누고, 타인 자본을 부채로 인식하는 것을 보면 기업을 운영하면서 부채 역시 사업의 출발에서 중요한 자금의 원천이 됨을 알 수 있다. 부동산을 매입할 때는 대부분의 가정이 그렇듯이 가계의 소득 규모로 보아 가계의 수입원 이상으로 대규모의 자금을 동원할 수밖에 없다. 필요한 자금은 부모나 형제, 자매로부터 차입하거나 결국은 주택을 담보로 한 은행의 대출을 구하는 것이 상식이다. 그렇다면 부동산을 살 때 얼마만큼의 부채를 동원하는 것이 바람직할까?

사업가나 샐러리맨의 웬만한 소득 수준으로 사실 서울에 있는 아파트 한 채를 그냥 매입하기에는 부담이 갈 수밖에 없다. 그만큼 많은 자금이 들기 때문이다. 그래서 부동산을 매입할 때는 은행의 부채를 동원하지 않을 수 없는 것이다. 이 경우에는 매월 평균 소득의 규모를 따져보고 생활비를 제하였을 때, 매월 부채의 이자와 원금을 감당할 수 있는지 여부를 따져보아야 한다.

만약 경기 흐름이 부동산 상승기에 있다면 당연히 자금을 들여서 아파트와 같은 생계형 주택은 매입하여야 한다. 지금과 같이 초저금리 시대에는 더욱 아파트는 매입할 필요성이 있을 수 있다. 그러나 향후의 경기 흐름을 보아 아파트 가격이 오를 것인지, 내릴 것인지, 지역별로는 어떤 상황일지, 자녀들의 교육 문제는 어떨지를 잘 파악해 보는 것이 바람직하다.

내 집이 없어도 불편한 경우가 아니라면, 전세를 사는 것도 은행 이자를 부담하지 않아도 된다는 점에서는 더 좋은 방법일 수 있다. 현재의 부동산 경기 흐름뿐만 아니라, 전반적인 경기가 암울해지고, 자금 조달에 있어 향후 여건이 어려울 것으로 여겨진다면 부동산 매입은 서두르지 않는 것이 좋다. 누구도 이 문제에는 선뜻 대답을 해줄 수가 없다.

　부동산 전문가들이 장기적인 경기 흐름을 예측할 때도 그대로 받아들일 수 없다. 여러 가지 전문서적을 보고, 부동산전문사이트나 각종 지표 동향 등을 통하여 장기적인 경기 흐름을 나름대로 전망해 보아야 한다. 앞으로의 경기 흐름이 좋아질지, 더 나빠질는지는 경제학자들 사이에도 의견이 엇갈리고 있는 만큼, 여유 있는 자금이 있지 않은 상태에서 부동산 투자를 고민하는 사람은 부동산 매입에 신중을 기하여야 한다.

　시중에 더욱 화폐가 풀리고, 돈이 갈 곳이 없게 되면, 또 다시 부동산이 들썩거릴 것이라는 것은 틀림이 없다. 그래서 수도권에 사는 사람들은 아무리 작아도 자신의 아파트 한 채는 가지고 있는 것이 바람직한 것이다. 다만 얼마나 낮은 가격에 부동산을 매입하는가 하는 것이 관건이 되겠지만, 그 타임을 잡기란 어렵다. 그렇더라도 아파트 하나는 나의 살 집이니만큼 어느 정도 부담할 수 있는 금융기관의 주택 담보대출을 안고 아파트나 주택을 매입하는 것이 좋다. 수도권의 아파트는 그만큼 거래가 쉽기 때문에 환금성이 좋기 때문이다.

　부채를 어느 정도 안을 것인가 하는 문제는 부동산의 규모와 소득의 수준, 부채를 갚을 능력 등을 고려하여 결정하는 것이 바람직하다. 그러나 부동산 이외의 주식이나 고위험 투자 상품에 대한 투자를 위하여 부채를 활용하는 것은 일반 투자자들에게는 금물이다. 주식의 경우 전문가에게는 미수를 통한 매매가 가능하고, 기관의 경우에는 공매도까지 가능하기 때문에 고위험을 안고 있는 투자 부문으로, 전문적인 지식이 없는 일반인이 이런 자산의 투자에 부채를 안고 투자하는 것은 안정적인 가계 운영을 위하여도 절대로 해서는 안 될 일이다.

6. 주식투자는
전문적인 이해와 노하우를 필요로 한다

주식에서 차트의 흐름을 알고, 이동평균선의 방향까지 이해하려면, 정말 주식에 대한 공부와 실질적인 경험을 쌓는 오랜 시간이 필요하다.

주식투자를 하는 사람들 가운데 아마 주식으로 돈을 벌어 보았다고 하는 사람들을 극히 만나기 어렵다. 그만큼 개인은 주식투자에서 이윤을 창출하기가 어렵다는 말이다. 왜 그럴까?

우리나라의 주식시장은 외국인과 기관투자가들에 의하여 좌지우지되는 경우가 많기 때문에, 개인들이 주식시장에서 이윤을 남기기가 참 힘이 든다. 그래서 개인이 주식투자에서 승산을 얻으려고 하면, 정말 많은 공부와 노력을 기울이지 않으면 안 된다.

주식에서 차트의 흐름을 알고, 이동평균선의 방향까지 이해하려면, 정말 주식에 대한 공부와 실질적인 경험을 쌓는 오랜 시간이 필요하다. 전문적인 서작을 읽어봐도 책을 보는 것만으로는 정확한 판단의 결과물을 얻기가 힘들다. 국내와 국외의 경기 흐름을 읽어야 하고, 한국은행의 기준금리의 변동, 고용노동부의 고용노동통계, 그리고 건설경기, 국외의 시장흐름, 미국 증시의 변동폭 등 보아야 할 지표들이 한두 가지가 아니다. 그럼에도 내가 산 주식은 오를 낌새를 보이지 않고, 어떤 것이 주식시장에서 올바른 정보이고, 어떤 것이 왜곡된 정보인지를 알 수가 없게 한다.

인터넷이나 신문을 통하여 특정기업에 대한 정보를 뉴스를 읽거나, 혹은 홈 트레이드 시스템을 통하여 각종 실시간 기업에 대한 자막 뉴스를 읽고, 주식을 사려고 해 보면 벌써 주가는 저만큼 달음질해 있다. 나 자신이 주식을 사들여야 할지 아니면, 주식을 매도해야 될 타이밍인지를 알 수가 없다. 마치 개구리와 럭비공이 어디로 튈지 알 수 없는 것처럼, 주식 또한 어디로 흘러갈지 알 수가 없는 것이다. 그래서 주식으로 재테크를 하려고 하는 사람들이 있다면, 주식투자 실패 경험이 있는 선배들은 어떤 일이 있어도 주식투자만은 하지 못하도록 권고하는 것이다.

주식투자가 한 개인에게 주는 폐단은 바로 주식투자에 대한 신경 때문에 본래의 일을 집중할 수 없기 때문이다. 그래서 주식투자를 하지 말라는 것이다. 주식투자를 해보면 본연의 일이 제대로 되지 않는다. 온통 오르내리는 주식시장에 자신의 온 신경이 그리 쏠려 있게 된다. 그렇다고 주식을 통하여 수익이 창출되는 것도 아닌데, 가게 일도 제대로 되지 않고, 주식에서도 제대로 이윤조차 남지 않으니, 주식투자를 아예 하지 말라고 권고하는 것이다. 주식투자 때문에 본전조차 잃어버리지 않으면 다행이다.

주식투자는 정말 많은 인내와 각고의 노력과 날카로운 판단을 필요로 한다. 대학교 교과과정에서 투자론을 배우고, 증권회사가 주식투자를 권장하고 있는 것을 보면, 주식투자에서 상당한 이윤을 남기는 사람들도 있을 텐데, 이는 대부분 막강한 자본력을 가지고 시작하는 사람들일 뿐이다. 개미는 정말 주식에서 이윤을 남기기 어렵다. 그럼에도 주식투자는 사람을 끌어들이는 매력이 있다. 투기성이 강하기 때문이다.

꼭 주식을 해보고 싶고, 주식으로 이윤을 남겨보고 싶다면, 어떻게 해야 할까? 주식투자는 하지 않는 것이 좋다고 하지만, 주식은 자산 증식의 주요한 도구이니 만큼, 주식 매매에 대한 기초지식 정도는 습득해 두는 것이 좋을 것 같다.

처음 주식거래를 시작할 때는 시중에 있는 주식 관련 서적들을 참고하고, 공부를 조금 하고 주식투자를 시작하는 것이 맞다. 회사에서는 근무 중에 주식투자를 막고 있기 때문에 샐러리맨이라면 회사 내에서 주식투자를 하는 것은 금물이다.

첫 주식거래를 위하여 만나게 되는 곳은 증권회사 창구이다. 요즘은 증권회사를 통하여 계좌를 개설하고, 증권회사에서 무료로 다운로드 받을 수 있는 홈트레이드시스템(HTS)을 가입하여, 노트북이나 컴퓨터를 통하여 주식을 사고판다. 물론 대부분의 회사나 관공서 등에서는 당연히 증권회사의 사이트의 접근을 차단한다. 자유로운 직업을 가진 사람들이라면, 먼저 조그만 금액으로 주식을 사고파는 요령을 습득해 보는 것이 좋다.

어느 정도 증권 사이트에서 주식을 읽을 능력이 생겨나면, 기업의 재무제표를 분석한다. 기업의 이윤 전망은 어떤지, 공시 내용은 어떤 것인지, 기타 개별기업의 정보를 살핀다. 또한 기업의 이윤에 비하여 주가의 상태, 회사가 적자는 아닌지, 자본잠식 상태인지도 본다. 향후 기업의 성장 잠재력이 어느 정도인지, 여러 가지 정황들을 살펴야 한다.

증권회사 직원들의 경우 이동평균선을 따져가며 주식을 사고파는 경우가 있다. 이는 고도의 전문가들이 전략적으로 판단하는 방법이다. 경험이 부족한 일반인들이 따라 해서는 결코 안 된다.

주식은 어떤 방향으로 흘러갈지 알 수 없기 때문에, 차트를 따라 매매하는 과정까지 도달하려면, 퇴근 이후 집에서 컴퓨터를 켜고 정말 주식에 대하여 세밀히 공부하여야 한다. 주식 사이트를 살펴본 처음 삼사 년 동안 매일 저녁 주식 사이트를 보고 연구를 해본다 해도, 사실 주식의 매매 경향을 나타내는 이동평균선을 제대로 읽어내기가 쉽지 않다. 그만큼 주식 거래는 고도의 전문적 지식이 필요한 것이다.

주식거래 사례에서 하나의 예를 든다. 흑자 기업임에도 주식이 많이 오르지 않은 기업의 경우, 발행주식 수가 대량일 경우 기관이나 외국인이 선호하는 경우가 있다. 기관과 외국인이 서로 한 달간씩 사들였다가 팔았다가 반복하는 패턴을 보인다. 이 경우 기관의 매입 흐름을 따라가면 조금의 이익을 얻을 수 있다. 또한 주식시장이 떨어지더라도 큰 손해를 보지 않을 수 있다. 어떤 주식은 지금까지 적자를 보이다가 흑자로 전환하였음에도 주식 거래량은 액면가 근처에서 거의 몇 만 주 이내에서 거래되는 경우가 있다. 주식발행 수에 비하여 거래량이 터무니없이 저조할 때, 이런 기업은 특별한 이슈만 있으면 폭등할 수 있는 요인을 가지고 있는 주식일 수 있다.

주식을 통하여 재산을 증식하고자 한다면, 초보자의 경우에는 기업의 현황과 뉴스를 읽어보라. 우량 주식이면서도 액면가에 비하여 저평가 된 주식을 뒤져서 찾는 것이 좋다. 주식시장이 가장 낮아진 시점이거나, 경기 흐름이 바닥을 치고 다시 상승 곡선을 그릴 때, 우량 주식을 일정 금액 사두고 장기적으로 보유하는 것이 바람직하다. 주식의 투자는 단기 매매 거래 시, 정보의 부재로 인하여 손해를 보기 십상이다. 2년 내지 3년간 장기적으로 보유할 수 있는 우량 주식으로 사두는 것이 좋다. 그것도 경기 흐름을 예측할 수 있을 때만 가능하다.

실제 주식을 통하여 이윤을 얻은 지인들의 의견을 들어보면, 주식의 보유는 1년 이상을 하고 있고, 장기적으로 묻어두고 있는 사람들이 많다. 단기적으로 매매하여 주식에서 이윤을 얻은 경우에는 경기 전반이 활황일 경우이다. 국가 전반의 경기 상황이 암울할 때는 주식을 보유하지 않는 것이 옳다. 주식시장은 적어도 6개월 이상의 선행 경기를 반영하기 때문에, 시장 경기가 전반적으로 호전이 되는 시점에 주식을 사들이고, 장기적으로 보유하는 것이 주식을 통한 자산 증식에서 바람직한 일이다.

최근 거래소의 주식 거래가격 제한폭이 15퍼센트에서 30퍼센트까지 확대되어, 주식의 투자의 위험성이 더 높아지고 있다. 주식을 투자하는 금액의 범위는 장기적으로 주식투자자금을 찾지 않아도 가계에 부담이 없을 만큼 정도만 보유하는 것이 바람직하다. 부채를 안고 주식을 사거나, 무리한 자금의 부담을 가지고, 다른 사람의 말만 믿고, 주식에 투자를 하는 것은 절대로 금물이다.

주식을 투자하는 금액의 범위는 장기적으로 주식투자자금을 찾지 않아도
가계에 부담이 없을 만큼 정도만 보유하는 것이 바람직하다.

7. 주식투자는
신뢰할 만한 전문가와 함께 하라

주식투자에는 반드시 전문적인 지식을 갖추어야 하며, 전문적인 지식이 부족하다면, 반드시 신뢰할 만한 증권회사의 애널리스트와 같은 전문가의 도움을 얻어야만 한다.

외환위기 이후 외국 자본이 국내에 유입되면서 외국인들의 주식 매집은 주로 우량 주식에 집중되었다. 기업의 현금흐름, 당기순이익의 실현 가능성, 순자산 가치, 주당 순이익, 주당 자산 가치 등으로 기업의 미래가치를 평가하여 건실한 기업에 투자를 한다. 분명히 국내 투자자와는 확연히 구별되는 다른 점은 투자방식이다.

외국 투자자금의 경우 단기적 차익보다는 장기적인 차익과 이익배당을 선호한다. 이러한 투자 패턴은 국내 투자자에게도 상당한 영향을 끼쳤다. 우량 기업의 주식이 제대로 평가를 받기 시작한 것이다. 이는 주식투자의 바람직한 방향이다.

주식시장은 개인에게 있어서는 이익을 획득하는 방법이요, 기업의 입장에서는 자본을 조달하는 방법이 된다. 건전한 주식시장은 반드시 보호되고 유지되어만 하는 것이다.

우리가 주식시장을 이해하기 위해서는 주가의 흐름을 예측해 볼 필요가 있다. 예를 들면 경기가 아주 좋지 않은데도 불구하고, 주식시장이 올라가는 경우가 있다. 왜 그럴까 의문을 갖는 사람들 또한 많을 것이다. 대외적인 악재가 해소되었다는 직접적인 이유도 있겠지만, 이보다 더 중요한 것은 주식시장이 갖는 독특한 특성 때문이다.

주식시장은 기업이 앞으로 실현할 이익에 대해서 먼저 반응한다. 즉 기업의 미래에 실현할 수익에 대하여, 주식시장이 미리 경기가 좋아질 것을 기대하고 이를 먼저 주가에 반영하고 있는 것이다.

기업의 이익이 최고조에 달했을 때, 주가는 최고치에 도달한다. 기업의 수익실현이 최고조에 달했다고 판단되면, 주가는 더 이상 오르지 않는다. 이때 이익 배당 이외에는 투자가치를 기대하기 어렵다. 주위의 환경 여건이 조금이라도 악재를 보이기 시작하면, 주식 가격은 폭락하기 시작한다.

주식시장은 대내외적인 기업 환경에 매우 민감하게 작용한다. 따라서 주식투자를 위해서는 다른 사람보다 빠른 정보의 수집이 필요하다. 금융감독원에서는 주식시장의 정보가 특정인에게 편중되지 않고, 가능한 한 공정하게 공유될 수 있도록 한다. 여러 가지 행정적인 노력과 통제를 기울인다. 내부 정보에 의한 불공정 거래 행위로 구속되는 사건들이 나타나는 것은 바로 주식시장의 정보가 미치는 영향 때문이다. 주식시장의 정보가 바로 주가에 영향을 미치기 때문에, 내부자에 의한 정보로 주식을 투자하게 되면, 많은 차익을 얻게 된다. 이는 범법행위로 간주된다. 내부정보를 파악하지 못한 건실한 투자자에게는 큰 피해를 주기 때문이다.

기관이 아닌 개인 투자자는 투자대상 기업의 정보를 정확하고도 빨리 확보하기가 힘들다. 그만큼 주식투자로 수익을 창출한다는 것 자체가 매우 어렵다는 말이다. 설령 조금의 수익을 얻었다 하더라도, 더 큰 손해를 볼 수 있는 위험이 항상 뒤따른다. 전문가가 아니라면, 주식투자로 돈을 번다는 것이 힘들다는 말이 맞다. 자본시장에 대한 고도의 투명성이 존재하기 전까지는 말이다.

주식시장은 나중에 지나 본 결과이지, 주식을 매수 당시에는 사실을 예측하기 어렵다. 그래서 주식투자는 하지 말라는 말들을 하는 것이다. 정보의 왜곡이 일어나지 않는다 해도, 주식시장에는 또 다른 위험성이 존재한다. 주식투자수익률은 위험을 견뎌낸 보상이라는 공식이 있다. 즉 위험이 없다면 보상도 없는 셈이 된다. 주식 투자자가 주식시장에서 얻고자 하는 기대수익률은, 투자에 따라 상존하고 있는 위험에 대한 보상이기 때문에, 역으로 주식시장에는 투자 위험이 항상 존재한다는 이야기다. 이는 개인 투자자가 주식시장에서 돈을 벌기가 그만큼 어렵다는 것을 설명해준다.

주식투자에는 반드시 전문적인 지식을 갖추어야 하며, 전문적인 지식이 부족하다면, 반드시 신뢰할 만한 증권회사의 애널리스트와 같은 전문가의 도움을 얻어야만 한다. 그런데 애널리스트의 말도 믿을 수 없을 때가 많다. 주식투자를 한다면, 반드시 전문가와 상의하라는 조언과 함께, 신중에 신중을 기하라는 말을 꼭 권한다. 주식투자에 있어 정보는 생명인데, 기관 투자자에 비하여 개인이 얻을 수 있는 정보는 느리고 한계가 있기 때문이다.

선물 옵션을 하는 선배가 있다. 어떻게 주식과 선물 옵션 매매를 하느냐고 물어 보면, 증권회사에 근무하였던 믿을 만한 직원 하나가 프리랜서로 일하면서 자신의 자산관리를 해 준다고 한다. 그리고 매월 여기에서 얻어진 전체 수익에서 각각 2분의 1을 배분한다고 한다.

선물 옵션의 경우, 주식투자에 비하여 수익은 크지만, 장래 경기 예측에 따른 상대적 손실도 크기 때문에 투자에 고도의 전문성을 요구한다. 수익성이 큰 만큼, 고도의 위험성이 존재한다는 말이다.

금융공학 전문가 한 분은 우리나라 주식시장에서 망하지 않고, 수익을 낼 수 있는 최소한의 투자 한도액을 외환위기 당시 대략 60억 원으로 추산했다. 이 정도 금액이 되면, 주식 가격이 하락하더라도 시세를 움직일 수 있어서 큰 손해를 보지 않을 수 있다는 것이다.

대부분의 증권회사의 애널리스트들은 투자 기업에 대한 명확한 정보와 축적된 경험에 따른 예측과 면밀한 분석을 토대로 주식을 매수하거나 매도한다. 자신이 관리하고 있는 고객의 주식에 대한 거래실적이 성과급으로 주어지기 때문에, 주식의 매매에 신중을 기한다. 그러나 어떤 경우 증권회사의 직원이 투자자의 원금 보호나 이익 창출보다는, 자신에게 얻어지는 수익에 더 관심을 가져 필요 이상으로 주식을 자주 사고파는 경우가 있다. 증권회사 직원이 '계좌를 모두 맡기세요'라고 한다면 깊이 생각해 볼 일이다. 시장이 좋지 않아 많은 돈을 날렸을 때는 어떻게 할 것인가? 여러 가지 제도적 보완장치가 마련되어 있긴 하지만, 증권회사나 직원이 책임을 져주는 것은 볼 수 없기 때문이다.

증권회사를 통하여 주식투자를 할 경우에는 증권회사 직원의 자문은 받되, 순수한 의사결정은 당사자가 하는 것이 가장 좋다. 주식시장이 가장 떨어졌다고 생각할 때, 기회를 포착하여 연중 한두 번만 주식을 사고파는 것이 수익 창출에 도움이 될 수도 있다.

8. 주식은 우량주를 조금씩 모아 장기적으로 보유하라

장기투자 주식을 고를 때도 기업의 부채가 적고, 자산 가치가 높은 부동산을 충분히 보유한 기업이어야 한다. 또한 유동성이 높고, 현금의 보유비율이 높으며, 대기업 위주의 조금은 저평가 되었다고 인식되는 주식이어야 한다.

개별 주식의 주가 흐름을 보면, 거의 대부분의 주식이 주식시장 전체의 흐름을 따른다. 그리고 장기적으로는 사인 곡선을 그림을 볼 수 있다. 주식을 최적기에 안정적으로 매입한다는 것은 경기가 회복기에 접어들 때 매수하는 것을 말한다. 이것이 쉽지 않다. 주식투자는 그래서 어려운 것이다.

주식투자의 성공적인 노하우는 없어도 잊어버릴 만한 여유자금으로 장기적으로 보유하는 것이 좋을 수 있다. 주식에 대한 부담을 잊어버릴 수 있고, 주식 때문에 신경을 쓰지 않을 수 있기 때문이다.

꼭 주식을 통하여 수익을 창출하고 싶은 사람들에게 권한다면, 우량종목 열 가지 정도를 선정하고, 주식이 가장 저점에 이르렀을 때 매수하여,

일정 수익이 날 때까지 장기 보유하라는 말이다. 그러나 주식시장은 그렇게 말처럼 호락호락하지 않다. 손실을 보기 십상이다.

단기적으로 주식을 매매하게 되면, 항상 주식시장의 흐름에 신경이 곤두서 있어, 하는 일이 제대로 되지 않는다. 주식 때문에 온 신경이 곤두서게 된다. 일, 분, 초 단위로 초단타 주식매매를 하는 사람들은 전문가들이다. 일반인은 이러한 주식매매 전략을 따라갈 수 없다. 재테크를 위하여 꼭 주식을 투자하고자 하는 사람들이라면, 우량주를 장기적으로 보유하는 것이 좋다. 이것이 주식투자에 있어 현명한 방법이다.

장기투자 주식을 고를 때도 기업의 부채가 적고, 자산 가치가 높은 부동산을 충분히 보유한 기업이어야 한다. 또한 유동성이 높고, 현금의 보유 비율이 높으며, 대기업 위주의 조금은 저평가 되었다고 인식되는 주식이어야 한다.

주식을 투자하여 성공한 사람들 가운데는 S전자 주식을 매월 돈이 생길 때면, 조금씩 사 모아 십 년씩 보유하여 많은 수익을 올린 사례가 있다. 모두가 금융위기라고 하던 기간이 지나고 잠시간의 회복기가 있을 때, K자동차 주식을 매월 조금씩 사 모아 칠십 퍼센트 이상의 수익을 올리고 매도한 사람들도 있다.

주식투자로 많은 이익을 남긴 이들의 투자방법을 정리하면 세 가지로 설명이 가능하다. 첫째는 여유자금으로 가계에 부담이 없을 만큼만 투자한다는 것이다. 둘째는 주식을 단기적으로 매매하는 것이 아니라, 조금씩 사 모아 장기적으로 보유하고 일정 차액 이상의 수익을 실현하고 매도한다는 것이다. 어떤 이는 20년간을 단일 종목만 보유하여 많은 수익을 올리는 것을 보았다. 셋째, 우량 주식 만을 보유한다는 것이다.

주식에 대한 지식이 부족한 사람도 어떤 주식이 건실한 주식이고, 대기업의 주식 가운데서도 어떤 주식이 우량 주식이라는 것 정도는 상식으로 알 수 있다. 우리나라는 장기적으로 통화량이 늘어나는 추세이다. 인플레이션에 따른 통화가치가 떨어지므로 부동산이나 주식가치는 상대적으로 올라가게 될 수밖에 없다. 시중의 통화량의 증가가 주식의 가치를 끌어올리리라 예상할 수 있는 것이다. 그러나 주식의 장기투자를 위해서는 위험성이 높은 투기성 주식은 피해야 한다. 회사의 부도로 주식이 갑자기 휴지조각이 될 수 있기 때문이다. 그래서 주식의 장기투자 대상은 건실한 우량기업의 주식이어야 하는 것이다.

주식시장은 많은 사람의 재테크 방법으로 각광을 받고 있다. 그럼에도 많은 사람이 주식투자에서 실패의 눈물을 흘린다. 주식투자는 신중해야 한다. 주식투자는 끝까지 말리고 싶지만, 많은 사람이 주식을 투자하기 때문에 주식투자를 이야기 하지 않을 수 없는 것이다. 그래서 주식을 투자하는 이들에게 조금이나마 도움이 되도록 성공한 사람들의 주식투자 방법을 전해주고자 하는 것이다.

주식투자에서 단기매매를 하면, 주식시장에서 누군가는 돈을 얻지만, 누군가는 돈을 잃고 눈물을 흘릴 수밖에 없다. 주식시장이 시소 게임이기 때문이다. 주식시장은 단기적으로 어떤 사람이 투자한 돈을 내가 가지고 오는 형태의 금융 흐름일 뿐이다. 반면에 주식을 장기적으로 보유하게 되면, 우량 기업이라면 기업의 가치가 높아져서 주식의 평가가치가 늘어나고, 주식을 장기적으로 보유한 사람들은 주식평가액이 상대적으로 늘어나 경제적으로 이득을 보게 된다. 그래서 주식의 장기보유를 권하는 것이다.

주식의 장기보유 투자자 이야기

건설회사의 건축기사로 10여 년간 근무하던 회사를 그만두고, 택시 운전을 하고 있는 어느 중년 주식투자자의 이야기가 재미있어 기술한다. 택시를 운전하면서 주식을 투자한 사례는 개미들에게도 깊은 교훈이 될 수 있다.

보통 택시를 타 보면, 대부분의 운전자들은 정부와 정책에 대하여 불평을 한다. 앞서 가는 차의 운전자에 대하여 불평을 하고, 자기 신세를 한탄하는 것을 본다. 반면에 긍정적이며, 어떻게든 돈을 악착같이 벌어 보려고 하는 운전자들이 있다. 자기 만족감을 보며, 행운이 따르는 이야기를 듣게 되고, 주식투자의 성공 노하우도 이야기한다.

주식으로 돈을 모은 그분의 이야기를 정리하면, 자신의 긍정적인 직업 마인드가 어떻게 주식투자에서 열매를 얻을 수 있었는지를 말한다. 또한 주식을 어떻게 투자하고, 보유하여야 하는지를 알려 준다. 이분의 주식투자의 이야기가 귀감이 되는 이유는 주식에 대한 어느 정도의 지식과 장기적인 보유, 우량 주식에 대한 보유 등이 함께 어울려 결실로 나타나기 때문이다.

대학에서 건축학을 전공하였기 때문에 첫 직장이 건설 회사였다. 여러 상황으로 입사 십 년 차가 되던 해 회사를 그만두게 되어 택시 운전에 발을 디뎠고, 지금까지 택시 운전을 업으로 받아 들이며 생활하고 있다. 현재 택시 수입이 얼마 되지는 않지만, 아내와 맞벌이를 하고 있어 생활에 어려움은 느끼지 않는다. 또한 택시 운전이라는 직업을 만족하고 있다. 주식투자한 돈은 아내와 공동 명의로 원하는 펜션을 사기 위해 지금 알아보고 있는 중이다.

첫 직장이자, 십여 년 동안 다니던 회사를 그만두고 난 뒤, 퇴직금과 조금 남은 돈을 가지고 주식에 투자했다. 다니던 회사가 건축 업종이었고, 건축업을 전공했기 때문에 부동산과 주식에 대한 이해는 조금 하고 있었다. 돈은 현금을 보유하는 것이 제일 좋은 것이라는 것을 알지만, 돈을 모으려면 저축과 부동산, 주식 중에 한 가지를 하여야 하는데, 큰돈이 없었다. 그래서 투자를 결심한 것이 주식이었다. 이십 년 동안 오직 주식 한 가지만 투자했다.

주식을 투자하면서 세운 원칙이 있다. 우량 주식으로, 자산 가치가 높은 부동산 보유가 많으며, 현금 수입이 높은 업종, 즉 유동성이 좋은 업종을 선택한다. 회사를 그만두었기 때문에, 평생 동안 이 돈은 없는 셈 치겠다는 생각으로 장기 투자를 결심하고, 돈이 생길 때마다 주식을 조금씩 사 모았다. 처음 주식을 1992년도에 산 것이 에스케이에너지로 7,200원에 700주를 매입하였다. 그리고 돈이 생길 때 마다 다섯 주, 열 주씩 사 모았고, 무상증자를 받은 것까지 계산하여, 2010년도에는 주식수가 14,700주가 되어 있었다. 2014. 7월에는 에스케이주식으로만 17억 원, 다음 주식으로만 4억 2천만 원을 보유하고 있었다. 다음 주식은 2만 원에 매입했는데, 지금 14만 원을 호가하고 있다.

다음 주식을 살 때는 에피소드가 있었다. 택시를 운전하다 보니 서울 곳곳 구석구석 안 가는 곳이 없다. 단국대 앞을 지나는데, 손님들이 새로 짓는 건물이 다음 지사가 들어올 자리라고 하였다. 다음 본사가 지방으로 이전하고, 서울에 저렇게 큰 사무실을 낸다면 뭔가 이유가 있을 것이라고 판단했다. 이것은 대학에서 건축과를 졸업하고, 건축회사의 직원으로 있었기 때문에 금세 눈에 들어왔다. 그래서 그날 에스케이에너지 주식을 일부 팔아서 다음 주식을 매수했는데, 한 달 사이 주가가 급속히 뛰기 시작했다. 아직 팔지 않고 가지고 있다. 그래서 다른 사람은 택시를 운전하는 것을 싫어하고 불평할는지 모르지만, 자신은 택시 운전을 하는 것이 아주 좋은 직업이라고 생각한다.

그의 주식투자 방법을 정리하면 이렇다. 첫째, 주식은 장기투자를 하여야 하고, 둘째, 오 년, 십 년, 조금씩 계속 모아야 한다. 셋째, 이렇게 산 주식은 절대로 들여다보지 말라. 셋째, 주식투자는 장기를 목적으로 하기 때문에 현금 보유가 많고, 외상거래(미수금)가 없어야 하고, 유동성에 어려움이 없는 주식에만 투자하여야 한다.

주식투자를 장기적으로 투자하여 이익을 얻은 한 예가 가슴을 뭉클하게 하는 것은, 많은 사람들이 주식투자로 가슴을 치며 아파할 때, 주식투자에 소신 있는 한 사람의 실패하지 않은 소중한 이야기를 듣기 때문이다.

자신의 직업을 조금만 돌아보면, 그 직업이 깊은 정보를 얻을 수 있는 기회가 되고, 이 정보가 돈이 될 수 있다는 것을 놓치는 경우가 있다. 그곳이 어느 자리이든, 어떤 직업이든 긍정적이고, 열심히 일하며 살려고 하는 이들에게, 어떤 형태로든 자산이 함께 증식됨을 보게 되는 것이다. 준비된 자에게 기회가 주어진다고 하지 않는가?

주식을 최적기에 안정적으로 매입한다는 것은 경기가 회복기에 접어들 때 매수하는 것을 말한다.
이것이 쉽지 않다. 주식투자는 그래서 어려운 것이다.

9. 비상장주식의 장기투자가
돈이 되는 경우가 있다

비상장주식은 보상이 높은 만큼 투자에 따른 위험도가 매우 높기 때문에 가계의 수입 구조상 이 정도 금액은 버릴 수 있을 것이라는 금액을 한도로 투자를 하여야 한다.

　　　　요즘의 주식시장에서 많은 사람들의 관심을 갖는 부문이 제3시장이다. 이는 정부에서 벤처기업의 자본조달을 장려하기 위한 방안으로 개설된 시장이라고 볼 수 있다. 우리가 일반적으로 주식시장이라고 하면 거래소와 코스닥시장을 일컫는다. 이와는 별개로 제3시장을 개설하여, 아직까지 비상장된 중소기업이 자금을 조달할 수 있도록 하고 있다.

　제3시장으로는 코넥스가 있는데 이는 중소기업의 자금조달을 원활하게 하기 위하여 전문 투자자들이 주식을 매수할 수 있도록 한 주식 거래시장이다. 최근 금융투자협회에서도 K-OTC라는 중개 사이트를 열어 놓았다. 주로 벤처기업과 같은 기업들이 등록하여 장외로 주식을 거래하도록 하고 있다. K-OTC 시장 역시 중소기업으로서 벤처기업 투자자의 주식 양도에 대한 소득세를 감면한다. 투자자에게 거래소와 혜택에서 별반 차이가 없으나, 거래방법 등에서 차이가 난다.

비상장주식의 경우에는 아직까지 기업의 거래소 상장 전 단계에서 거래가 이루어진다. 향후 기업의 성장 동력을 보고 투자하는 시장이기 때문에 투자에 주의를 기울여야 한다. 비상장주식의 경우 잘만 하면, 큰 수익을 얻을 수 있다. K-OTC 시장의 경우에는 개설된 이래 거래가 활발하다. 상장회사로 가기 위한 절차를 밟고자 하는 기업들이 거래소에 상장하기 전에 거래를 시작하기 때문이다.

제3시장에 거래되는 주식의 경우에는 자본잠식과 같은 고위험 군이 많고, 대기업 군이 아니고는, 향후 거래소나 코스닥에 상장되기에는 상당한 시간이 걸릴 수 있다. 그래서 투자에 유의를 하여야 한다. 시장 개설 주체는 거래소와 마찬가지로 회사의 관련내용과 재무제표를 분기 또는 수시 공시를 하고 있다. 거래소 상장이 예정되거나, 예상되는 주식은 이미 액면가에 비하여 상당히 높은 금액에 거래가 되고 있기 때문에 이 또한 투자에 있어서는 주의를 기울어야 한다.

비상장주식은 제3시장을 통한 거래 외에도 다양한 경로를 통하여 기업의 자금을 확보하게 되는데, 전환사채의 발행이나, 유가증권의 발행 등으로 통하여 투자자를 물색하는 경우도 있다. 아직까지 제3시장에도 진출하지 못한 기업들이 거래소나 코스닥 상장을 목표로 꾸준히 상장 준비를 하는 기업도 있다.

바이오 기업에 대하여 2천만 원 가량의 주식을 장기적으로 보유하여, 실제 십억 원 이상의 고수익을 형성한 사례들이 있다. 자금 사정이 어려워 이천만 원 정도만 투자하여 묻어두라는 기업의 투자권유를 받아들인 것이 상당한 차익을 형성한 것이다. 숨어서 보이지는 않지만, 재력가들의 경우 어려운 벤처기업에 투자를 하여 수익을 창출한 사례들이 언론 보도를 통하여 알려진다. 어느 병원이 설립한 창업투자 회사의 경우 전문 경영인을 영입하여, 전적으로 바이오주식에만 투자를 하는 것을 볼 수 있다.

주식거래에는 상당 부문 위험이 따르는 법이다. 저축과 예금을 통하여 가계를 꾸리고, 주택을 매일할 정도로 자산이 형성된 다음에 주식을 투자하여야 한다. 가계에서 보유한 전체 자산의 아주 일부분은 이 정도 금액은 완전히 잃어버려도 괜찮을 것이다 하는 생각으로 투자하는 곳이 주식시장이다. 절대로 무리해서는 안 된다. 특히 제3시장은 위험도가 높을 수 있다. 비상장주식은 보상이 높은 만큼, 투자에 따른 위험도가 매우 높기 때문에, 가계의 수입 구조상 이 정도 금액은 부담 없는 금액이라는 범위 내에서 투자를 하여야 한다.

비상장주식을 잘 판단하여 장기투자를 하는 것은 자산을 증식시킬 수 있는 방법 중의 하나이다. 초기에 자금 사정이 너무 어려웠던 벤처기업이 상품 개발의 성공으로 코스닥 시장에 상장되어 큰 이득을 가져다주는 경우가 있다. 비상장주식의 투자는 고위험이지만, 때로는 달콤한 결실을 안겨주기도 한다. 비상장주식은 상장되기 전까지 휴지 조각이 될 수 있으므로, 투자 위험에 따른 손실을 충분히 감내할 수 있을 경우에만 투자해야 한다. 이 투자로 인한 손실이 가계에 크게 영향을 미칠 정도라면, 절대로 투자를 해서는 안 된다. 투기성이 너무 강하기 때문이다. 수익은 시간과 위험에 대한 보상이기 때문에, 역시 투자에는 많은 고민이 따른다.

10. 첫 사업은
운영하기 쉬운 현금수입 업종을 찾으라

사업을 시작하는 사람들은 조그맣지만 음식업과 같은 현금수입 업종으로 많은 손님을 끌어들이는 사업장을 세밀히 살펴보며, 그들의 노하우를 배우고 그것을 나의 것으로 만들어야 한다.

　　　　처음 사업을 시작하는 입장에서 자본이 넉넉하지 못한 경우라면, 가벼운 음식점이나 호프집을 시작하는 것도 괜찮을 듯하다. 음식업은 현금수입 업종이고, 조그마한 가게는 초기 투자비용이 많이 들지 않기 때문에, 사업 경험이 부족한 이들의 경우에도 자금 압박을 크게 받지 않고 사업을 시작할 수 있다. 또한 음식업은 과다한 미수금 발생으로 인한 위험 부담이 거의 없다는 이점이 있다.

　오랫동안 직장생활을 하던 사람들은 사업 수완이 미숙할 수밖에 없다. 특히 상거래 경험이 전혀 없던 사람들은 어음을 주고받거나 미수금을 받지 못할 경우, 어떻게 대처해야 할지 잘 알 수 없기 때문에 더더욱 현금수입 업종을 선택하는 것이 좋다. 다만 주의할 점은, 이런 사업도 보기에는 쉬워 보이지만, 나름대로의 사업 수단과 노하우를 가져야 성공한다는 것이다.

어느 지역이든지 가서 보면, 번화가임에도 조그마한 음식점들이 생겨났다가 손님이 없어 금방 문을 닫는 것을 보면, 음식업에도 노하우가 필요하고, 나름대로 경영분석이 필요하다는 것을 배우게 된다. 음식업보다는 오히려 조그마한 호프집이 더 오래 가고, 단골손님을 확보할 수 있는 이점도 있다는 것을 때로는 깨닫게 된다.

몇 평 되지 않는 자그마한 호프집이나 돈가스집을 정성껏 꾸리더라도 매일 30만 원 가량의 매출액만 올릴 수 있다면 성공적이다. 이렇게만 해도 한 달에 1천만 원이나 되는 수입을 얻을 수 있기 때문이다. 원가를 3분의 1로 잡는다 해도 아주 많지는 않지만, 인건비는 충분히 건질 수 있다. 그렇다 하더라도 사업장에 대한 정확한 분석과 노력, 그리고 노하우가 없으면, 애써 모은 재산을 허공에 날릴 위험성도 없지 않다. 그래서 초기 사업은 조그맣게 현금 수입이 있는 업종으로 선택하는 것이 좋다. 사업을 시작하는 사람들은 조그맣지만 음식업과 같은 현금수입 업종으로 많은 손님을 끌어들이는 사업장을 세밀히 살피며, 그들의 노하우를 배우고, 그것을 나의 것으로 만들어야 한다. 이름이 알려지고 성공한 음식점들이 어떤 특별한 노하우를 가지고 있는지를 살펴보는 것은 큰 도움이 된다.

강원도 평창동의 한 리조트를 바라보는 오른쪽 삼거리 중간에 오래된 칼국수 집이 뎅그러니 서 있다. 얼마 후면 헐릴 예정이라는 이 음식점은, 주인이 여기에서 번 돈으로 건너편에 빌딩 같은 민박시설을 마련하고 곧 입주할 예정이던 때였다. 원래의 칼국수 집의 터는 콘도가 들어설 부지로 매각되었다. 예전 같으면 상상하지 못하였을 오지에 스키장이 개발되고, 많은 사람들이 승용차로 위락 장소를 찾는다. 여기에 반드시 있어야할 시설들이 숙박시설과 음식점들이다. 여행을 하다 보면 자연스럽게 간단하고도 맛깔 나는 음식점을 찾게 되니, 음식을 잘한다는 집은 손님들이 붐비기 마련이다.

수락산 입구에 있는 수제비 집이 하나 있다. 이 집은 감자가루와 밀가루를 섞은 수제비를 내놓아 주말 산행을 하는 사람들의 점심 식사 메뉴로 각광을 받았다. 집주인이 돈을 벌어 지금 그 건물을 헐고 새로운 건물을 지어 입주하였는데, 맛은 더 나은지 몰라도 장소가 가진 운치는 옛날 같지 못하다. 그래도 주말이면 등산객으로 붐비는 것을 본다. 이렇게 잘 되는 음식점들은 열거할 수 없을 정도로 많다.

고급스러우면서도 유흥을 위주로 한 음식점들도 얼마든지 있다. 하지만 고급 음식점을 바로 시작하기 위해서는 많은 돈이 들고 오랜 사업 경험을 필요로 한다. 돈이 있다 해도 운영할 수 있는 노하우가 없으면 안 되며, 또 이 노하우가 그저 주어지는 것도 아니다. 반면에 대중적이며 서민들이 자주 찾는 음식점들은 주요 손님들의 성향만 이해하면, 큰돈을 들이지 않고도 적은 자본으로도 얼마든지 시작할 수 있다. 손님이 붐비는 이런 작은 음식점들에는 나름대로 특징이 있다.

은평구에 있는 이름 있는 영양탕집 세 곳은 항상 비교가 된다. 한 집은 은평구청 근처에 있는 집으로, 옛 할머니가 직접 운영할 때는 사람들이 앉을 자리가 없을 정도로 손님이 많다. 자녀들이 물려받고 난 뒤에는 그 맛이 줄어든 탓일까, 방문객들이 줄어드는 것을 볼 수 있다. 구기터널의 한 음식점은 부유한 손님들이 많이 방문하는 것으로 알려져 있다. 이 집은 집이 아주 깔끔하고도 고급스러우며, 종업원들 또한 맞춤옷을 입고 손님을 맞는다. 물론 예약하지 않으면 방을 따로 얻기가 곤란할 정도이다.

허름한 구옥舊屋인 한 곳은 세 집 중에 가장 장사가 잘 된다. 넓은 주차장임에도 차를 주차하기가 어렵고, 식사를 하기 위해서도 길게 줄을 서서 기다려야 할 형편이다. 돈을 버는 노하우는 이것이다. 음식점이 꼭 화려하고,

고급스러워야 사람들이 많이 몰리는 것이 아니다. 음식업은 맛이다. 정성이 들어간 음식과 친절한 손님 접대로 승부가 나는 것이다.

새로 개업한 삼겹살집에서 밥을 시키니, 어제 저녁에 해둔 식은 밥이 나왔다. 이틀 동안은 손님이 몰렸지만, 그 후엔 아예 손님이 끊어지고 말았다. 집 주인은 손님들의 표정에 둔감했지만, 손님들은 집 주인의 대응에 민감하게 반응했다. 음식점을 운영하여 돈을 벌려면, 어떤 음식으로 어떤 고객을 대상으로 할 것인가도 중요하다. 더 중요한 점은 음식을 조리하는 실력과 고객에 대한 성의가 승패를 좌우하고 있다는 것이다. 음식업을 한 예로 들었지만, 이것이 바로 사업의 노하우이다.

처음 사업을 시작하는 사람이 적은 자본으로 사업을 하고 싶다면, 결국 가장 먼저 크지 않지만 현금수입이 보장된 사업을 찾아보는 것이 바람직하다. 또한 그런 업종을 선택하는 것이 당연하다. 커피숍이나 호프집도 처음에는 크지 않은 것부터 시작하는 것이 좋다. 임대료가 비싸지 않은 입지가 괜찮은 곳에서 노하우를 쌓아 차츰 넓혀가는 것도 방법이다. 초기 투자자금이 적게 들고, 인건비의 부담도 줄어들기 때문이다. 사업을 시작할 때에는 그 업종만의 가장 중요한 노하우가 무엇이고, 나는 어떻게 그것을 실현할 수 있는지를 주의 깊고도 세밀히 살펴보아야 한다.

나 자신이 가진 능력을 사전에 검증하는 것은 좌우 대칭형의 도표를 그려보며, 스스로 분석해 낼 수 있다. 좌측에는 항목을 만들고, 중간에는 내가 가진 노하우, 제일 우측에는 내가 가진 부족한 점이 무엇인지, 장점은 무엇인지를 각각 기술해 보는 것이다. 그리고 부족한 점은 노력을 기울이며 채운다. 그런 후에 사업을 시작하면, 실패할 확률이 적어질뿐더러, 성공으로 가는 발판 또한 늘어나기 마련이다.

11. 건설업은
한꺼번에 많은 이익을 남긴다

활동적인 사람들이 가장 매력을 느끼는 사업이 있다면 단연 건설 관련 업종이라고 말할 수 있을 것이다. 건설업은 한꺼번에 많은 이익을 남길 수 있고, 다양한 사업전략을 펼칠 수 있기 때문이다.

사회에 발을 디디는 초기 어떤 직업을 선택하느냐에 따라 일생의 운명이 달라질 수 있다. 대학에서 건축이나 토목, 기계 등등 그 분야를 전공한 사람이라면, 당연히 건설업과 관련된 회사에서 일을 시작하게 될 것이고, 경영, 회계를 공부했다하더라도 첫 직업을 건설업에서 얻는 것도 괜찮을 듯싶다. 건설 관련 경영을 전문으로 일할 수 있는 토대를 마련할 수 있기 때문이다.

어느 정도 자산 규모가 커지면, 사업가 입장에서는 건설업종에 대한 투자나 사업의 매력을 느끼게 된다. 아파트나, 주상복합, 전원주택이나 넓은 주택을 마련해서 주거를 옮겨봐도 건설업과 관련이 있고, 조그마한 부동산 임대업을 하려고 해도 건물을 리모델링하기 위해서는 건설업자의 도움을 받을 수밖에 없기 때문이다.

아마 활동적인 사람들이 가장 매력을 느끼는 사업이 있다면, 단연 건설 관련 업종이라고 말할 수 있을 것이다. 건설업은 한꺼번에 많은 이익을 남길 수 있고, 다양한 사업전략을 펼칠 수 있기 때문이다. 디자인 능력과 시공능력 외에도 모든 업종이 다 그렇겠지만, 건설업은 새로운 사업의 수주나 분양 등에서 대인 관계 또한 중요하기 때문에 사무실에서 서류만 들여다보기를 싫어하는 활동적인 사람들이 도전해 볼 만한 직업군이다.

건설업종을 나열하자면 건축, 토목, 전기, 설비, 석재, 조경, 인테리어 등등, 그 종류가 셀 수 없이 많다. 시공사 외에도 아파트나 상가 건물을 지어서 분양하는 시행사 또한 건설업종의 범주라고 볼 수 있으니, 건설업의 세계는 그 폭이 매우 넓다고 할 것이다.

시공을 위주로 하는 건설업의 경우에도 소액과 같은 일정 규모 이하는 허가 없이 사업장 설립이 가능하다. 빌라나 소형 아파트를 지어 분양을 하는 사업자들의 경우에는 자격이 필요한 것이 아니다. 건설업이 활황일 때는 비전문가들도 땅을 사서, 다세대 주택이나 다가구 주택을 지어 매각하여 수익을 올린다. 오랫동안 건설업에 몸담은 사람들이 위치가 좋은 역세권 등에 원룸이나, 오피스텔을 지어 분양하여 수익을 올리는 것은 일반적이다. 건물의 실내를 디자인하고, 시공을 해주는 인테리어 업종도 일정 규모 이하는 허가 없이 공사가 가능하다. 현장에서 노무자로 일하다가도 구청의 허가 없이 사업자등록을 내고 도전하는 직종이기도 하다.

건설업은 어느 정도 규모 이상의 공사를 수주하려면 전문 면허가 있는 자격증 소지자를 직원으로 두어야 하고, 일정금액 이상의 자본금과 법인 설립 등 요건과 절차가 까다롭다. 관할 관청의 감독과 제재를 많이 받기 때문에, 건설업계에서 잔뼈가 굵은 사람들이 대형 공사업체를 설립하는 경우가 대부분이다. 비전문가가 경험 없이 건설업종이 사업이 된다는 말만 듣고, 사업에 뛰어들면 말 그대로 망하기 십상이다. 실제 그런 이들을 여럿 보았다.

건물을 지어 분양하는 시행사의 경우에는 소형 빌라, 원룸부터 아파트 재건축, 재개발까지 다양한 규모나 방법으로 사업을 추진한다. 자본금이 아주 작은 사람들도 좋은 택지를 발견하면, 은행의 저리 융자를 통하여 건물을 지어 매도를 한다. 호수와 같은 경치가 있고 조망이 좋은 토지가 있는 경우에는 레스토랑이나 전원주택을 지어서 매각을 하는 방법을 취한다. 사업자가 주택에 살면서 팔거나, 음식점을 직접 운영하면서 매각을 하는 경우가 많다.

건축주가 사는 주택이나, 음식점을 매입하는 사람들은 새 건물을 입주하는데 따르는 위험 요소가 제거되니 좋다. 건축주는 직접 경영하던 음식점이 어느 정도 권리금이 형성되어, 매각 과정에서 더 많은 수익을 얻거나, 매도 우위를 점유할 수 있는 이점이 있다. 그래서 거주를 하면서 매각하는 것이다. 최근 각광을 받고 있는 원룸과 소형 오피스텔은 역세권 주변에 임대를 목적으로 사업을 추진하기도 한다.

일정 규모 이상의 아파트를 시공하는 경우에는 많은 공사기일이 소요된다. 자본력과 대인관계, 건설업에 대한 노하우, 경기흐름 등 전반적인 건축지식과 관리능력을 요구한다. 전 재산을 투입하고 반평생 오직 이 사업하나에 매달리는 경우도 있다. 초기 자본 확충 과정에서 일정 부분 수익의 배분을 약속한 경우들이 많기 때문에, 사업이 완료되고 난 뒤 끊임없이 법적 분쟁에 시달리는 경우가 많다. 그만큼 사업 진행이 복잡하고 어렵다는 말이다. 시행사를 운영하는 경우에는 거래 관행 상 계약서를 작성할 때는 반드시 변호사를 배석하라고 말한다. 만약 자금이 부족하여 변호사를 선임할 여력이 부족한 경우에도 후급을 하더라도 반드시 변호사의 입회와 공증 절차를 밟기를 권한다. 아파트 재개발 재건축은 사업이 어느 정도 완료되고 난 뒤, 중도 매각 절차만 거쳐도 수많은 차익을 얻을 수 있게 한다. 그래서 사업가들은 대규모 자본을 동원해서라도 많은 수익을 얻을 수 있는 대형 건설 사업에 뛰어들고 있는 것이다. 건설업을 운영하는 사람들은 목 좋은 곳, 한두 곳만 사업을 성공하고 나면, 다른 어느 사업보다도 쉽게 돈을 벌 수 있다고 생각한다. 지금은 오피스텔이 너무 많이 분양되어 물량이 과다 공급된 상태가 되었지만, 한때는 오피스텔이나 상가 빌딩을 건축하면 분양도 잘 되고, 그 이익률도 매우 높았다.

건설업체, 즉, 시공업체 사람들은 시공사보다 오히려 시행사가 더 많은 돈을 벌 수 있다고 이야기한다. 반면에 시행사 입장에서는 분양하는 상가나 아파트의 입지조건이 좋아 분양이 잘 된다 하더라도, 여러 가지 여건상 건설업체보다도 더 많은 위험 부담이 따른다고 주장한다. 건물을 준공하여 분양이 안 되면 부도 위기에 처할 수도 있다. 한마디로 망하게 될 위험에 처하게 되는 것이다. 제대로 된 건설업체를 만나지 못하게 되면, 건물을 완공도 하지 못하고, 중도에 건설업체를 바꾸어야 하는 어려움도 있다. 시행사인 건축주의 입장에서는 최대한 완벽한 사업계획에 따라 자금을 조달하고, 이윤을 달성하고자 한다. 시공사의 입장에서는 공사가 진행된 만큼, 기성급을 받기 때문에 위험 부담이 적을 수도 있다. 그러나 시행사의 사업 물량이 제대로 분양이 되지 않는다면, 이는 건설업체는 자금 회수가 어려워 자금 압박을 받게 한다. 모든 사업들이 다 그렇겠지만, 건설업은 시행사나 시공업체 모두 위험 부담이 있다. 시행사 시공사 모두 분양 입지 조건에 유난히 신경을 쓰는 것도 바로 이런 이유이다. 그러나 건설업의 경우 성공만 한다면, 다른 어떤 사업보다도 더 많은 이윤을 창출할 수 있다는 이점이 있다.

12. 생활의 여유는
레저가 가미된 산업을 필요로 한다

서울 근교에서 정말 깨끗하고 저렴한, 그러면서도 가족들이 하루를 즐기고 올 수 있는 조용한 곳이 있다면, 그리고 입장 인원을 제한한다면, 물이 있고, 아늑한 정원이 있고, 가족들과 하루를 여유로이 보낼 장소가 있다면 아마 대박이다.

　　　　　　아주 궁핍하지 않는 가정이라면 주말 동안 가족과 함께 나들이를 즐기는 것이 생활의 가장 큰 우선순위가 되었다. 스키장을 찾거나, 콘도를 찾아 휴식을 취하고 가까운 외국으로 여행을 떠나는 이 모든 것이 일상으로 자리 잡게 되었다.

　주 5일 근무 제도의 도입이 이런 생활패턴의 변화를 예견하기는 했지만, 이제는 삶의 여유를 즐기는 것이 일상이 되었다. 허리띠를 졸라매고 일만 하던 우리의 젊은 시절과는 많은 다른 모습이다. 새로운 아이템의 사업을 추진할 때는 이러한 생활의 변화를 주목해야 한다.

　주 5일 근무 도입 초기 민간연구소에서 다양한 경제 예측이 있었고, 유명 대학의 경영연구소 책임연구원은 "이제는 레저입니다. 레저 산업이 활성화될 겁니다"라고 말하며 레저 산업의 중요성을 역설하는 모습도 있었

다. 그리고 이것이 현실이 되었다.

생활패턴의 변화는 시간적 여유를 가져와 일상생활에 많은 변화를 주는 것은 물론, 새로운 레저 산업의 발달을 요구하고 있다. 레저 산업은 영상, 휴양, 오락, 게임, 여가, 음식 및 외식, 주말여행 등 주말을 즐길 수 있는 다양한 문화 산업이 총 망라된다고 할 것이다.

사람들은 주말에 가까운 위락시설이나 주말농장을 찾아 여유를 만끽하고 싶어 한다. 적당한 소득이 보장된다면, 주말여행을 할 수도 있고, 당일이더라도 등산을 하거나, 어린이 공원에서 아이들과 한 때를 보낼 수도 있다. 사람들은 정원과 물레방아가 있는 아름다운 식당에서 가족들과 맛있는 점심이나 저녁으로 시간을 보내기를 원한다.

사실 수도권에서 벗어나 주말을 알차게 보내려고 하루 일정을 짜보면, 이렇게 가족들과 보낼 수 있는 마땅한 곳이 없다는데 놀란다. 왜냐하면 1년 52주 중 3분의 1 정도는 가족과 함께 어디든 떠나는 일상인데, 웬만한 곳은 거의 다녀 보았기 때문이다. 막상 떠나려고 보면, 차는 막히고, 가서 마음의 여유를 두고 가족들끼리 편안히 여유롭게 보낼 만한 곳이 그리 많지 않다. 조금 유명한 곳은 사람들이 몰리고, 주차가 어렵고, 오가는 길의 차도 막히니, 차라리 집에서 그냥 보내는 경우가 많다.

주말에는 사업가들도 가족과의 일상 때문에, 서로 간의 운동도 피하려고 하는 것을 보면, 가벼운 레저시설이 더욱 필요함을 절실히 느낀다. 아침고요수목원, 허브아일랜드, 평강식물원, 산정호수, 세미원, 두물머리, 자연농원, 서울랜드, 대공원 등등, 가는 곳마다 사람으로 넘쳐난다. 이런 곳은 더더욱 이제는 신물이 난다. 어디 조용하고 아늑한 곳이 없을까? 정부에서는 등산로와 둘레길을 조성하고, 주민들의 여가생활을 돕고 있지만, 그래도 주말이면 어디로 나가볼까 생각한다. 그렇지만 차가 밀리고, 마땅히 다녀올 곳이 그리 많지 않다.

서울 근교에서 정말 깨끗하고 저렴한, 그러면서도 가족들이 하루를 즐기고 올 수 있는 조용한 곳이 있다면, 그리고 입장 인원을 제한한다면, 물이 있고, 아늑한 정원이 있고, 가족들과 하루를 여유로이 보낼 장소가 있다면 아마 대박이다.

서민들이 많은 비용이 드는 사업을 바로 시작하기는 어렵다. 몇 억 원이나 드는 시설비를 확보하기가 쉽지 않다. 타조나, 칠면조, 공작, 각종 희귀 가금류를 모아 놓은 식물과 동물이 있는 농촌의 음식점은 어떨까? 레저 산업은 어느 정도 사업을 시작하고 자금을 모은 사람이라면, 한 번쯤은 해 볼 만한 사업 부문임에는 틀림이 없다.

주 5일제 근무의 도입이 사람들의 주말을 보내는 레저문화에만 영향을 미친 것이 아니다. 이제는 사람들의 욕구 수준을 한 단계 올려놓았다. 회사 내의 회합이나 연수에도 보다 적극적이고 변화가 가미된 다양한 프로그램을 요구하고, 기업의 연수는 보다 고급스런 연수시설을 선호하게 만들었다. 이렇게 성공한 곳이 있다.

경기도 가평 있는 연수원은 예약제로 운영이 되는데, 이런 사람들의 욕구가 아주 절묘하게 맞아 떨어진 곳이라고 할 수 있다. 연수원 초기 부지를 매입할 때부터 연이 있어 연수원의 운영상황을 지켜봐 왔다. 서울에서 승용차로 1시간 이상의 거리를 달려야 함에도 아주 인기가 많은 곳이다.

처음 잔디구장을 매입할 때는 크게 볼품이 없었지만, 지금은 고급 연수 시설로 업계에 알려져 있다. 연수원 본관이 처음 신축될 때는 서른두 개의 방과 여덟 개의 크고 작은 강의실, 식당 등으로 만들어졌지만, 지금은 그것도 부족하여 3백 명이 올라앉을 수 있는 누각, 그리고 새로운 독립형 콘도, 대규모 강의실, 카페, 노래방 등이 들어왔다. 앞쪽의 산을 매입하여 산책로를 만들고, 연수원에서 산책로로 건너갈 수 있는 연수원 전용 다리를 건설하였다. 이미 여름 일정은 교회의 수련회로 모두 예약이 되어 있고, 다른 계절에는 대기업의 연수 등으로 거의 빈 일정이 없을 정도이다.

연수원을 이용하는 사람들의 선호 이유는 오락시설이 아니다. 아늑하고, 조용하고, 옆에는 맑은 시냇가와 수영장 보가 있다. 1만 평 가까이 되는 마당은 초록빛 잔디구장이 아늑하게 느껴지고, 저녁의 낙조가 흘러내리는 잔디구장을 걷는 여유로움과 3백 명이 한자리에 앉을 수 있는 누각과 정원수들이 마음을 편안하게 하기 때문이다. 전체적으로 흐르는 아늑하고도 아름다운 모습이 이용료가 조금은 비싸게 느껴져도 사람들을 끌어들이고 있는 것이다. 대기업에서 선호하는 이유는 조용하고 아름다운 풍경과 더불어 기업연수에 알맞은 최적의 시설과 조건들을 갖추고 있기 때문이다.

경기도 양주의 숯가마를 방문한 적이 있다. 관리인의 설명으로는 1년 이상 숯가마를 연구해서 숯가마 안의 벽체 전체를 황토 벽돌로 만들고 참나무 숯을 구워냈다고 했다.

참나무를 구워내는 가마가 4기인데 두 군데의 가마는 참나무 숯을 만들고, 두 군데의 가마는 사람들이 찜질을 할 수 있도록 설비가 되어 있다. 마을의 외진 숲속, 이정표도 없고 번듯한 시설 하나 없어 보이는 곳에 연기를 보고 겨우 찾아 들어갈 수 있다. 평일 오후 4시에 방문했는데 휴가철이 아님에도 불구하고 주차된 차가 굉장히 많았다. 하루의 평균 방문 인원이 5백 명에서 6백 명이라고 한다. 1인당 입장료가 5천 원이니, 연 수입이 얼마나 되는지 알 수 있으리라. 숯은 상자 단위로 판매하고, 또 거기에 잔치국수를 따로 판다. 고기를 구워먹기 위해서는 비용을 따로 내야 하고, 무좀에 좋다는 참나무 진액 또한 따로 돈을 받는다.

경기가 좋지 않아 서울 시내 음식점 매출이 50%에서 60%이상 떨어졌다고 아우성인데, 오히려 이곳은 호황을 누리고 있었다. 숯가마 안을 완전히 황토 흙으로 처리하였기 때문에 사람 몸에도 좋다고 하니 건강을 따지는 요즘 풍토로는 안성맞춤인 셈이다. 일주일에 한 번씩 오는 대머리 사업가의 이야기를 들으니, 남은 머리가 힘을 얻고 더 이상 빠지지 않게 되었다고 한다.

어떤 여성 한 분은 집이 인천으로 서울에서 가게를 운영하지만, 매일 퇴근 때에 꼭 숯가마 사우나에 들렀다가 집으로 간다고 한다. 회사에서 그곳까지 오는데 1시간 30분이 걸리고, 사우나에서 집까지 1시간이 걸리는데, 매일 일과처럼 사우나를 하고 집으로 간다. 중독이라는 표현이 맞는 것 같다.

숯가마에는 샤워 시설도 없다. 숯가마에 들어가서 땀을 흘리고 나왔을 때는 4시간 이후에 샤워를 해야 효과가 있어 따로 샤워시설을 두지 않는다고 한다. 인건비도 크게 드는 편이 아니다. 일꾼 한 둘, 관리인 부부, 사장 부부 뿐이다. 그 외에는 숯가마 운영에 참여하는 사람들이 있어 보이지 않는다. 사장과 관리원의 일이란 손님을 맞이하고 하루 종일 장작에 불을 지피고 숯을 꺼내는 일이다.

서울 근교의 유명 음식점과 모텔, 수목원, 잔디공원이 우후죽순처럼 생겨난다. 모두 주말 여가를 보내기 위한 시설들이다. 인테리어와 시설을 깔끔하게 잘 해 놓은 찜질방에는 음식점, 휴게실 등 가족들이 쉬다 갈 수 있도록 갖가지 시설이 종합적으로 다 만들어진 곳도 있다. 단체 손님이 방문하여 여가를 즐길 수 있도록 회합장소도 마련되어 있다. 서울 근교의 이런 위락 시설은 주 중에도 손님이 끊이지 않는 것을 볼 수 있다.

처음 사업을 시작하는 사람이라면, 대규모 자금을 투입하는데 어려움이 있을 수밖에 없다. 그런 경우 한 곳의 가게를 세내거나, 등산로 주변에서 음식업과 같은 자금이 적게 드는 업종을 선택하여 사업을 시작하는 것도 좋은 방법이다.

좀 더 여유 있는 사람이 주말의 나들이 손님을 위주로 혹은 가족단위의 구성원을 위주로 사업을 벌인다면, 희귀 동물과 식물이 너른 마당에 있는, 자연친화적인 음식점이나, 전원주택, 혹은 가금류가 있는 팬션 등은 어떨까? 조금만 투자를 한다면, 새로운 아이템의 사업을 얼마든지 벌이고, 더 나은 수익성을 기대할 수 있는 것이 바로 레저를 가미한 사업 부문임에는 틀림이 없다.

좀 더 여유 있는 사람이 주말의 나들이 손님을 위주로 혹은 가족단위의 구성원을 위주로 사업을 벌인다면, 희귀 동물과 식물이 너른 마당에 있는, 자연친화적인 음식점이나, 전원주택, 혹은 가금류가 있는 팬션 등은 어떨까?

13. 노인복지 사업에 눈을 돌려라

실버산업을 더욱 연구해서 이용료는 낮추면서도 수익성을 높이는 사업을 내놓는 다면, 사회적으로는 봉사를 하며 안정적인 수입원이 확보될 수 있는 사업이 될 것 이다.

　　의학이 급속도로 발전하면서, 사람의 생명도 많이 연장 되어 노인복지 문제가 이슈로 떠오르고 있다. 자금의 여유는 있는데, 크게 할 일이 없는 노인들의 경우, 일거리와 취미생활을 함께 유지할 수 있는 일들이 있다면, 그분들의 노후는 그리 소외되거나 외롭지 않을 것이다.

　65세 이상에서 90세에 이르기까지 연로하신 할머니들과 매주 만나다가 보면, 이분들의 삶의 아름다움은 바로 즐거운 취미생활에서 오는 것임을 알 수 있다. 여러 사람들과 대화를 나누고, 함께 노래를 부르고, 단체 여행 을 떠나는 일상이야말로, 그분들의 노후를 즐겁고도 안락하게 만든다.

　노년에는 이미 젊은 시절의 사업을 통하여 어느 정도 저축을 하고, 어느 정도 여유가 있기 때문에, 마지막 여생을 평화로이 보내며, 사회적 기여를 하며 사는 것이 인생의 마지막 낙이라고 할 수 있을 것이다. 따라서 연로

하신 분들과 함께 있을 때에는 그분들이 즐거워하는 시간을 가질 수 있도록 프로그램을 만드는 일이 중요하다.

통계청이 2003년 9월에 발표한 자료에 따르면 2001년 현재 한국인의 평균수명은 76.53세이며, 여성은 80.01세, 남성은 72.84세에 이르고 있다. 이는 1990년에 비하여 여성이 4.09세, 남성이 5.1세 수명이 늘어난 것으로, 이미 우리 사회의 고령화가 가속화되고 있음을 보여준다. 한국인의 평균수명을 경제협력개발기구(OECD) 30개 회원국과 비교하면, 남자는 30개국 평균 74.4세보다 1.6세 낮은 반면, 여성은 30개국 평균 80.4세와 비슷한 수준을 보인다. 평균 수명이 가장 긴 나라는 일본으로 2001년 기준으로 여성이 84.9세, 남성이 78.1세였다.

예전 같으면 60세를 살아도 많이 살았다고 할 텐데, 회갑연을 베푸는 가정이 거의 없는 것을 보아도 노인들을 대상으로 한 문화가 바뀌고 있음을 알 수 있다. 평균 수명의 연장은 이제 우리나라의 산업 역시 어떤 형태로 전개하여야 할 것인가 하는 예측 모델을 제시해 준다. 아직은 가부장적 사회의 성향이 강하고, 노인이 된 부모를 돌보아야 한다고 생각하고 있지만, 점차 세대적 사고의 차이[10]가 늘어나게 되면, 부모 부양에 대한 생각은 적어지게 될 것이다.

사람들의 수명이 늘어나면서 노인들에게 가장 필요한 것은 두 가지이다. 하나는 노인복지시설이고, 하나는 복지시설 가까이 있는 노인 전담병원이다.

지방자치단체에서 지역별로 노인복지관을 지어 운영하고 있지만, 강좌를 개설하고, 취미활동을 도우며, 일상적인 활동을 돕는 일일뿐이다. 숙식까지는 해결하기 어렵고, 복지 활동을 장려하는 방향으로 추진되는 것을 볼 수 있다.

만약 이에 더 나아가서 숙식과 복지 활동, 그리고 의료를 함께 접목한 시설이면 어떨까? 너무 돈에 약은 사업가들이 노인복지시설을 만들고 형편 없는 서비스로 사회적 물의를 일으키는 사례를 보면, 마지막 남은 여생을 편안하고도 안락하게 보낼 수 있도록 시설을 갖추어 서비스를 제공하는 것도 참 좋은 일일 듯싶다.

경제력이 있는 노인들의 등장은 실버 문화의 창출을 의미한다. 그러나 사업가들을 만나면, 우리나라에는 노인을 위한 시설과 사업이 잘 성공하지 못한다고 말한다. 아직까지도 우리의 문화가 자녀에 대한 기대와 유산 상속에 대한 욕구가 너무 강하기 때문이다.

실제로 많은 사람들을 만나다 보면 상속세는 얼마나 되느냐, 증여세는 얼마나 되느냐, 어느 것이 더 유리한가 하는 질문을 많이 받는다. 자녀들에게는 어떻게든 자신의 세대에서 겪었던 가난과 고통을 남기지 않으려는 욕심이 산재된 탓이다. 그러나 너무나 바쁜 일상 탓에 자식들이 부모의 노후를 돌보지 못하고, 안락한 생활을 보장해 주지 못한다면, 자식에게 유산을 물려주는 문화도 점점 사라지게 될 것이다.

최근 언론에 보도되는 파렴치한 자식들의 모습은 적게 공부한 사람들이 아니었다. 오히려 부모님 살아생전에 많은 유산을 물려받은 자식들이 오히려 부모를 괄시하고, 부모를 버리는 일까지 생겨난다. 이런 사회병리 현상은 부모가 자식에게 살아생전에 재산을 물려주지 않는 문화로 변화하게 만들 것이다.

실제로 예순이 넘은 몇 분 중에는 재산을 자녀에게 넘겨 준 후 어려움을 당한 지인들이 겪는 고통을 이야기한다. 그래서 재산은 죽을 때까지 갖고 있어야 한다는 이야기를 누차 하는 사람들도 있다. 그만큼 사회가 개인주의화되고, 물질만능주의가 사회의 의식 저변에 깔림으로서, 돈이 전부라고 하는 세상이 되기 시작한 것이다. 점점 부모와 가녀의 관계가 깨어지고, 가족의 의미와 중요성이 희석되어지는 것이다.

유아용품을 만들면 망하지 않는다는 사업가들의 이야기가 있다. 그러나 노인들을 위한 시설은 열악하기 그지없다. 어느 시점엔 정부에서도 노인들을 위한 복지시설을 더 많이 만들지 않을 수 없을 테고, 노인들 스스로도 노후의 안락한 여생을 지원해줄 시설에 몸을 의탁하는 것이 자연스러워질 것이다. 지금의 문화의 흐름을 보면, 그렇게 흘러갈 수밖에 없다. 문제는 노인들이 노후에 몸을 의탁할 곳이 많지 않다는데 있다.

마땅한 노인들만의 전용 휴식공간과 복시시설이 없어, 관악산과 파고다 공원에서 노인들이 하루를 서성거리며 보내는 현실을 생각해 보자. 후일 노후의 안식처를 어디에 둘 것인가를 고민하는 시대가 올 수밖에 없다. 아직은 활성화되지는 않았지만, 노인요양원과 실버텔이 조금씩 생겨나고 있다.

어느 사설 노인 병원을 운영하는 병원장이 사명감을 가지고 병원을 운영했지만, 정부의 노인요양원에 대한 지원기준 때문에 병원 운영에서 일정 병상을 유지해야 하는 어려움과 의료서비스의 질 때문에 고민을 토로하는 것을 본다.

실버텔이 여러 곳에서 만들어지지만, 실제 노인들이 즐거워할 수 있는 복지 프로그램은 부족하고, 전문가를 두기에도 재정여건 등 여러 가지 제약이 따르는 탓에, 사명감을 갖지 않으면 노인복지시설은 운영하기 어려운 면이 많이 있다.

자신의 연금을 기탁한다든지, 혹은 젊은 시절의 저축을 기탁함으로써 노후를 편안하게 보낼 수 있도록, 노인 전문요양원이 생겨나는 것은 바람직한 일이다. 국민연금공단에서 노인복지 문제나 노후를 책임지면 좋겠지만, 아직 재정 여력이 여기까지 미치지 못하는 것 같다.

어느 그룹에서 용인에 분양한 실버텔 입주가격을 보면 만만치 않다. 실버텔에 살면서 외국 여행이라도 한두 번 떠나려면, 상당한 비용이 필요할 것이다. 재력이 있는 이들만을 대상으로 하는 복지사업을 준비하는 사업가와 투자자들을 여럿 보았다.

실버산업을 더욱 연구해서 이용료는 낮추면서도 수익성을 높이는 사업을 내놓는다면, 사회적으로는 봉사를 하며 안정적인 수입원이 확보될 수 있는 사업이 될 것이다. 특히 일정금액의 기탁을 받거나, 기부금 모금활동을 통하여 사업장의 확충을 꾀할 수도 있다.

실버텔의 운영에서 복지 프로그램의 개발과 소일거리를 함께 만들고, 전원과 함께 생활하며, 자연을 벗 삼는 여유를 함께 마련할 수 있는 프로그램을 함께 마련한다면, 이는 더 큰 사업으로 확대될 수도 있을 것이다.

실버산업을 더욱 연구해서 이용료는 낮추면서도 수익성을 높이는 사업을 내놓는다면,
사회적으로는 봉사를 하며 안정적인 수입원이 확보될 수 있는 사업이 될 것이다.

14. 정보기술 산업(IT)에
투자하라

자본이 없고 사업을 새롭게 추진하려는 이들에게는 정보기술 산업을 접목한 사업을 권한다. 물론 고도의 기술과 세밀한 분석이 필요함은 두말할 나위가 없지만, 분명 내가 비집고 들어갈 틈새의 시장은 있기 마련이기 때문이다.

사업을 하려는 사람들이 반드시 알아야 할 것이 한 가지가 있다. 바로 정보기술(IT, Information Technology)에 대한 지식이다. 기존의 산업은 조선, 철강, 자동차와 같은 제조업으로 직접적인 생산 공정을 가동하여 유형적 가치를 창조했다. 그렇지만, 차세대산업은 컴퓨터, 모바일, 소프트웨어, 인터넷, 멀티미디어, 경영혁신, 행정개혁 등 정보화 수단에 필요한 유형과 무형의 기술, 즉 간접적인 가치 창출에 무게를 두는 새로운 기술 산업이다.

우리나라 역시 일찍부터 정보기술 산업에 경쟁력을 강화하여 왔고, 그 결과 세계적인 IT강국으로 자리 잡았다. IT산업이 시작되던 '90년대 초반에는 싱가폴에서 'IT2000'이란 계획을 수립하여 정보화를 국가적 전략으로 추진하기도 하였다. 미래학자인 엘빈 토플러의 '제3의 물결'이란 책이 대학생들 사이에 필독 도서로 선정되기도 하고, 정부에서는 국가의 물류정보망을 마련하고. 전자문서교환시스템(EDI, Electronic Data Interchange)으로 통관절차를 간소화하기 시작하였다. 또 어떻게 하면 효율적인 물류시스템을 구축해 13조 원이나 되는 물류비를 절감할 수 있을까 하는 연구에 혼신의 힘을 다하던 때였다. 초고속정보통신구축기획단이 발족되어, 정부 정책의 방향을 모색하기도 했다. 정부의 이러한 정책들이 추진된 지도 20여 년의 세월이 흘렀다.

인터넷을 연결하지 않고는 생활하기 어려워졌고, 회사에서는 모든 업무가 온라인으로 통해서 이루어지며, 스마트폰 하나만으로 오가면서도 모든 일을 처리할 수 있게 되었다. 상품 구매, 홍보, 신문기사 검색, 영어 학습까지, 모든 생활들이 인터넷으로 이루어지고 있고, 대학의 학사관리나 수강신청, 회사의 입사원서 제출 등은 이미 서면으로 이루어지지 않는다. 모든 일들이 인터넷 사이트에 필요한 사항을 입력하는 것으로 매듭지어 진다. 세계의 뉴스들은 실시간 검색이 가능해졌고, 중요한 이슈들은 페이스북과 인터넷 기사를 통해 순식간에 사람들 사이에 퍼져나간다.

이제 초고속 정보통신망이나 광케이블에 연결된 인터넷 도구들은 집안의 필수 품목이 되었다. 낮에 디지털 카메라로 찍은 사진들을 저녁에 이메일로 전송하면, 다음날 저녁 인화되어 사무실로 배달된다. 반도체 기술의 발달과 디지털 기기의 발달과 업그레이드 된 컴퓨터 성능이 인터넷 정보기술을 더욱 촉진시켰다. 인터넷 생활의 보편화는 사이버 문화를 발달시키며, 젊은 층들의 오락문화 또한 변화를 가져왔다. 이들은 노트북이나 컴퓨터를 필수품으로 여기며, 스마트폰으로 모든 메시지를 주고받는다. 지금 10대들의 문화는 컴퓨터 보다 오히려 스마트폰이 중심이다. 이들은 스마트폰을 통해 게임이라는 오락을 즐기며, 그들 나름대로의 사이버 공간을 즐긴다.

앨빈 토플러가 '제3의 물결'의 시대의 도래를 예견한 대로, 우리의 사회는 정보화가 생활화되어 있는 것이다. 40대의 사람들은 종이에 글씨를 쓰지만, 지금의 아이들은 컴퓨터를 원고지처럼 여기며 작업을 한다. 이들이 성년이 될 때쯤 우리의 생활환경은 어떻게 변해 있을까? 이들의 삶과 문화를 보면 미래의 사업이 어떤 것이어야 하는지 알게 된다. 이제 더 이상 정보기술을 떠난 산업은 상상할 수 없다.

인터넷 서점 yes24의 매출은 이미 매장이 있는 교보문고의 매출을 돌파한 지 오래이다. 사이버 공간을 통한 매출은 연간 수백억 원대를 넘어섰고 유명 인터넷쇼핑몰의 입점 가격은 거리의 상가 보증금이나 별반 차이가 없을 정도가 됐다.

향후 10년쯤, 우리의 생활은 어떻게 변할까? 모든 젊은이들이 스마트폰을 들고, 무선 인터넷을 즐긴다. 이들은 손끝 하나로 모든 것을 해결하려 하며, 정보의 전달 속도는 무한대로 빨라지고 있다. 이들의 삶의 변화와 생활의 질의 변화를 느낀다면, 향후의 사업 투자 부문이 무엇이 되어야 할는지는 명확하다.

현재 웬만한 중견기업은 대부분 인터넷 검색 기능을 가진 미디어를 제공하며, 쇼핑몰을 구축하여 상품 광고와 판매 전략을 수립한다. 인터넷 사이트는 중요한 광고 도구이며, 매출전략에 다른 상품 판매 수단이 되기 때문이다. 이제 이러한 인터넷 사이트의 증가와 함께 다양한 정보기술이 필요한 일들이 늘어났다. 방화벽의 구축, 전자서명과 전자인증 제도, 전자 정보의 제공, 멀티미디어, 네트워크의 연결 등 점점 더 그 사업 영역이 무한대로 넓어지고 있다.

사업을 하려는 사람들은 누구나 설명하지 않아도 이미 이와 같은 사실을 알고 있다. 문제는 내가 들어가야 할 사업 부문이다. 그리고 사업의 성공을 위하여 내가 추진하여야 할 전략들이다. 정보기술 산업은 적어도 기술적 능력을 갖춘 이라면, 이 분야는 아직도 무궁무진하다. 틈새를 잘 공략만 한다면, 새로운 사업의 아이템을 충분히 찾아낼 수 있다. 모바일 접목 기술은 이미 무궁무진한 시장을 만들어내고 있다.

환경공학을 전공한 젊은 공학도들이 만든 컨설팅과 환경 설비를 전문으로 하는 회사를 보면, 이십여 명의 직원 모두가 석·박사로 구성이 되어 있다. 정확한 환경오염도 측정을 위하여 대형 보일러 시설 등의 배기가스 배출량 측정을 시작하여 차량의 배기가스에 대한 분석을 시도하였다. 이제는 더 나아가 교통시스템을 관리할 수 있는 기술까지 개발되고, 대기업과 제휴 장기적인 성장 전략을 구축하는 것을 보았다.

스마트폰을 통한 차량의 위치 추적 기술을 적용 이를 개별 차량만이 아닌, 수만 대의 대규모 차량관리 시스템에 적용할 수 있도록 기술을 혁신하였다. 도시 내의 시내버스 운행시스템에 적용하도록 제안한 것이 대기업과 합작을 하도록 만든 계기가 되었다. 칩 하나만을 장착하면 차량의 주행속도, 배기가스, 운전자의 운행습관, 추돌사고 원인 분석 등 모든 것을 한꺼번에 파악할 수 있는 기능을 가진 기술들을 개발하였다. 물론 이들 대부분의 기술들은 특허가 출원되어 있다. 지금은 환경과 교통관리스템의 컨설팅 기능과 설비사업 부문을 분리하여 장기적인 사업의 발판을 마련하고 있다.

환경과 교통을 접목한 기술은 환경공학을 전공한 공학도가 차량의 배기가스 분석이라는 기술을 연구하는 과정에서 얻어진 결실이었다. 운전자의 차량이 각종 환경오염 배출시설과 달리 가만히 있지 않고, 차량의 주행과 주차 시 배기가스의 양과 오염도가 차이가 난다는 점, 운전자의 운전습관에 따라 배기가스 양이 달라진다는 점 때문에 차량의 이동경로와 흐름을 연구할 수밖에 없었다. 환경공학과 교통공학이 교묘히 접목된 기술이 타의 추종을 불허할 연구 성과물들을 만들어내게 된 것이다. 이러한 기술들은 건설업처럼 단기가 아닌 장기적이고도 안정적인 수입원을 만들어낼 뿐만 아니라, 자본이 제대로만 투입되어준다면, 무궁무진하게 진출할 수 있는 사업 분야이다.

가령 시내버스의 운송시스템의 예를 든다면, 버스의 배기량, 주행속도, 운전자의 운행습관, 신호 준수여부, 과속여부, 차량의 사고 분석까지 모든 기능을 수행할 수 있다. 시내버스뿐만 아니라, 택시, 승용차 등에 적용될 경우, 보험회사에서는 보험료 산정 기초자료까지 확보될 수 있는 것이다. 개인정보보호에 가입자가 동의할 경우, 보험료율을 낮출 수 있을 것이고, 더 나아가서는 사고에 대한 정확한 원인분석까지 가능할 수 있다.

환경과 교통을 주제로 하여 운영하는 한 기업의 예를 들었지만, 지식정보기술 시장은 무궁무진하다는 말이 맞을 것이다. 게임 산업과 같이 오락산업을 통하여 돈을 벌어들이는 방법도 있겠지만, 기간산업의 생산성 향상은 궁극적으로 국가의 물류비용을 절감, 국가 경제의 발전에도 기여할 수 있게 될 것이다.

더 나아가서 정보기술 산업은 이 좁은 한반도 땅만이 아니라, 전 세계를 넘나든다. 잘 구축된 인터넷 사이트는 많은 사람들에게 알려져, 유용한 정보를 제공하게 된다. 이 정보가 곧 돈이란 것을 안다면, 하드웨어든 소프트웨어든 새로이 가치를 창조할 수 있는 공간들이 충분히 있다는 사실을 알게 될 것이다.

자본이 없고 사업을 새롭게 추진하려는 이들에게는 정보기술 산업을 접목한 사업을 권한다. 물론 고도의 기술과 세밀한 분석이 필요함은 두말할 나위가 없지만, 분명 내가 비집고 들어갈 틈새의 시장은 있기 마련이다. 지식정보기술과 같이 무궁무진한 시장에서 유튜브(YouTube) 계정을 통한 개인 미디어를 파는 일까지도 말이다. 때로는 아이디어 하나가 큰돈이 될 때도 있다는 것은 명심할 필요가 있다.

15. 4차 산업혁명의
기술 산업은 그 범위가 넓다

혁신적인 4차 산업혁명의 패러다임을 읽는 것은 앞으로 실생활과 부의 유지를 위하여도 꼭 필요한 사항이므로 한 번쯤 각종 도서를 읽어보고 지식을 쌓아가는 것이 꼭 필요하다.

　　　4차 산업혁명이라는 용어는 2016년 1월 스위스 다보스에서 세계경제포럼(WEF) 회장 클라우스 슈밥이 처음 언급한 이후, 오늘의 산업사회를 일컫는 말이다. 4차 산업혁명은 물리적 영역, 디지털 영역, 생물학 경계가 허물어지는 융·복합 산업혁명이다. 제3차 산업혁명의 연장선상이 아니라, 그와는 현저히 구별이 된다. 속도(Velocity), 범위와 깊이(Breadth and depth), 시스템 충격(Systems Impact)에서 지금까지 겪던 것과는 완전히 다르다.

　우리는 지금 농업과 공업, 서비스업을 넘어 첨단기술 시대에 접어든 4차 산업혁명(The Fourth Industrial Revolution) 시대를 살고 있다. 4차 산업혁명 시대를 말하는 키워드는 인공지능(AI), 핀테크, 블록체인, 드론, 사물인터넷(IoT), 로봇, 자율주행차량 등이다. 이미 현실화된 부문도 있지만, 기술이 개발된 단계이거나 실생활에서 피부에 와닿기에는 시간이 걸리는 것들도 아직 있다. 그럼에도 스필버그의 영화에서처럼 공상적이던 미래가 현실에 바짝 다가서 있음을 지워버릴 수 없다.

해를 달리할수록 급속히 시대가 변화하고 있는 만큼, 부를 축적하거나, 유지하기 위해서는 시대의 흐름과 변화를 인식하지 않을 수 없다. 아마 시대의 변화를 일찍 깨달은 젊은이라면, 제4차 산업부문에 종사하고 싶어하리라고 본다. 앞으로도 4차 산업분야는 그 발전 가능성이 무궁무진하므로, 사업을 시작하거나 투자를 하려는 사람들이라면 반드시 알고 서두를 필요가 있다. 시대의 이러한 급격한 변화는 재능 있는 젊은이들에게는 또 다른 세상을 열어가는 기회의 장이 될 것이다.

지금까지 발표된 연구 논문이나, 시중에 발간된 4차 산업혁명 관련 서적들을 탐독하는 것은 미래의 투자의 방향을 설정해주기에 유익하다. 또한 미래에 어떤 일을 해야 하는지를 느끼게 할 것이다. 4차원 산업의 방향이 어떻게 흐르고 있는지, 시대의 조류를 살펴봄으로써 생각과 투자의 폭을 확대할 수 있는 기회를 만들어야 한다.

4차 산업혁명의 본질은 현실과 가상을 융합하고 온라인과 오프라인의 융합을 만들어 인간에게 새로운 가치체계를 만들어내는 것이다. 가장 단적인 예로 로봇은 오프라인에서 활약하지만, 로봇을 움직이는 것은 가상세계에서의 빅 데이터이다. 그 빅 데이터를 분석하고 활용하는 것은 인공지능의 역할이다. 이러한 4차 산업혁명을 가능케 한 것은 바로 5세대(5G)로 바뀐 스마트폰의 속도이다. 처음에는 3G였기 때문에 스마트폰으로 웹 페이지 한 장 넘기기가 힘들었던 때가 있었다. 그러나 스마트폰이 4G로 바뀌면서 스마트폰의 다양한 활용이 늘어나고, 어딜 가도 사람들은 스마트폰을 쳐다보고 사는 풍경이 연출되었다. 스마트폰을 사용할 때마다 발생하는 수많은 데이터들을 모은 빅 데이터들을 인공지능에 활용이 가능 토록 한 것은 바로 기존의 LTE보다 20배 빠른 5세대(5G) 이동통신이 선을 보이면서였다. 평창 올림픽에서 드론 퍼포먼스가 가능해진 것도 5세대(5G) 이동통신과 인공지능(AI), 가상현실(VR), 사물인터넷(IoT) 등 4차 산업혁명의 핵심기술이 구현될 수 있었기 때문이었다. 자율주행자동차 운행이 가능해진 것도 역시 5G의 속도로 상황 판단이 가능하기 때문이다.

금융시장에서는 자금결제, 송금, 자산관리, 대출 등 금융과 IT가 융합한 새로운 형태의 금융서비스가 제공되기 시작했다. 인터넷, 모바일, 빅 데이터, 인공지능 등의 첨단기술이 발달한 덕분이다. 이러한 새로운 금융서비스를 핀테크라고 말하는데, 금융(Financial)과 기술(Technology)를 결합한 합성어로, 정보기술을 바탕으로 한 새로운 금융서비스가 발달했음을 말한다.

금융시장의 놀라운 변화는 가상화폐의 등장을 말하지 않을 수 없다. 가상화폐는 디지털 화폐(Digital Currency), 암호화폐, 가상통화 등으로 불리는데, 정부에서는 가상통화, 전문가들은 암호화 기술을 이용하는 화폐라는 의미의 암호화폐라고 부른다. 가상화폐는 2008년 세계경제의 금융위기로 기존의 은행 및 화폐 시스템의 한계, 기존 변동환율제도의 문제점을 해결하기 위한 수단으로 등장했다. 정부의 중앙은행이 돈을 더 찍어내는 양적완화 정책을 폄으로써 돈의 가치가 급격히 하락하고 결국 기축 통화에 대한 불신이 이어진 것이다. 가상화폐의 대표적인 비트코인은 2009년 1월 사토시 나카모토라는 필명의 프로그래머에 의하여 세상에 모습을 드러냈다. 여기에 쓰인 기술이 블록체인[11] 기술이며, 학자들은 앞으로 금융업계가 블록체인을 도입하지 않으면 살아남을 수 없을 것으로 예측한다. 비트코인의 현재 시가총액이 약 20조 원으로 향후 10년쯤 뒤에는 엄청난 성장이 예상된다. 현재 블록체인 기술은 금융 산업에 사용되고 있지만,

향후 사물인터넷(IoT, Internet of Things), 인공지능 등의 기술과 융합하여, 유통, 에너지, 헬스케어, 콘텐츠 공유경제 등에 쓰일 수밖에 없다. 실제 블록체인에 기반을 둔 포털 서비스는 이미 실생활에 도입을 하여 운용하고 있는 해외의 사례가 있다. 아마 사물인터넷(IoT)은 빠른 시일 안에 도시, 자동차, 제조, 물류, 의료 부분에서 혁신적 변화를 겪게 될 것이다.

4차 산업혁명이라는 이런 혁신적 기술과 패러다임의 변화를 보며 우리는 무엇을 예측할 수 있는가? 기업과 부의 흐름은 어떻게 변화될 것인가? 앞으로 10년 이후의 우리의 생활은 어떻게 될 것인가? 가상현실과 사이버 기술의 발달은 개인정보 보호라는 측면에서 정부의 규제를 불러일으키고, 또 한 면으로 기축통화를 쥐고 있는 정부와 국제금융시장 충돌을 예측해 볼 수 있다. 부의 흐름이 어떻게 흐르고 이에 대한 투자를 설정할 것인가 하는 것은 투자자의 몫이다. 4차원 산업혁명에 관한 지식은 많은 책의 독서를 통해 심화할 필요가 있다. 5G, 인공지능, 로봇, 빅 데이터, VR, 스마트 팩토리, 자율주행자동차, 이 모든 것을 움직이는 것은 사람이고, 또 이런 것들을 필요로 하는 것도 사람이다. 사람의 생각의 변화와 판단 근거는 지식에 의하여 범위가 확대된다. 공교육과 자녀 교육에 대한 패러다임 역시 시대의 흐름에 따라 바뀔 것이고, 부를 얻기 위한 투자의 방향, 직업의 선택 또한 방향이 바뀔 것이다.

혁신적인 4차 산업혁명의 패러다임을 읽는 것은 앞으로 실생활과 부의 유지를 위하여도 꼭 필요한 사항이므로 한 번쯤 각종 도서를 읽어보고 지식을 쌓아가는 것이 꼭 필요하다.

제6장
부를 유지하기 위한 방법
(부를 지속적으로 유지하기 위한 구체적인 방안)

．
．
．

1. 가정의 행복에서부터 시작하자

2. 자녀에게 경제를 가르치라

3. 투자처는 고르고 또 고르라

4. 투자에는 능력 있는 전문가의 도움을 받으라

5. 즐기면서 마음에 드는 일을 하라

6. 사람에 대한 깊은 이해를 하라

7. 성실한 사람을 아래에 두라

1. 가정의
행복에서부터 시작하자

바른 가정생활은 남편과 아내가 자신의 직업에 안정적으로 충실할 수 있는 요건이 된다. 부자가 되기 위한 첫 출발은 가정의 안정에서 오는 것임을 알아야 한다.

외환위기 시기에 많은 사람들이 직장을 잃거나 사업에 실패하여 노숙자로 살아갔다. 경제는 위기 상황으로 치달았고, 사업에 실패한 많은 사람들이 집도 가정도 없이 거리로 내몰렸다.

꿋꿋한 아내라면 남편의 실패를 했더라도 아이들과 가정을 위하여 끝까지 견뎌냈을 것이다. 믿음직한 아내가 있는 가정은 재기가 가능하다. 남편의 사업 보증으로 아내 역시 빚더미에 올라앉은 채무자라 할지라도 부부간에 신뢰만 있으면 살아갈 수 있다. 빚 독촉에 시달리더라도 위기에 몰린 남편을 위하여 무엇인가 새로운 일을 찾아보도록 남편을 독려할 수도 있다. 성실하고 근면한 아내는 남편과 아이들에게 힘이 된다.

지방에서 사업에 실패하고 빚 독촉에 시달려 도망하다시피 서울로 월세방을 얻어 도피한 한 가족이 있다. 먹을 것이 없어 아이들과 함께 라면을 끓여놓고, 눈물을 흘리며 울었다. 교회에 출석하며 부부애와 믿음의 힘으로 가정을 꾸려나간다. 어두운 그림자라곤 전혀 보이지 않는다. 화목한 부부와 밝은 아이들의 모습 뒤에 이런 고난이 도사리고 있는지는 아무도 몰랐다. 서울로 고등학교를 전학한 아이가 전교에서 일등을 하고. 전액 장학금을 받아 국내 유수의 대학에도 합격하였다. 부부가 텔레비전 프로그램 객석에 출연하여, 대형 벽걸이 텔레비전을 타 오기도 한다. 얼굴 가득히 유머가 넘치는 부부의 다정한 모습이 고난의 역경을 이겨내게 하는 것이다. 아내는 불평하지 않고 남편 옆에 꿋꿋이 서 있다. 서서히 경제적으로 회복해 가는 이 가정을 보며, 끈끈한 가족애와 부부의 사랑의 힘을 본다.

가정의 가장이 난관을 이겨내게 하는 것은 가정의 힘이다. 가정이 화목할 때, 남편도 아내도 직장에서 힘을 얻고, 용기를 내어 사업장을 달려갈 수 있다.

무역업을 하는 한 분은 운동기구 도매업을 하는데, 주로 상품 판매가 저녁 퇴근 이후에 많이 이루어지는 관계로 야간에 술좌석이 많다. 이 술좌석에 합석하면 꼭 2차로 나이트클럽을 찾는다. 이래서야 가정생활이 제대로 되겠는가?

바른 가정생활은 남편과 아내가 자신의 직업에 안정적으로 충실할 수 있는 요건이 된다. 부자가 되기 위한 첫 출발은 가정의 안정에서 오는 것임을 알아야 한다. 가난하다가도 부자가 된 가정을 보면, 형편은 어려워도 화목하다. 부부간에 다툼이 없다. 가난한 가정일수록 부부지간에 싸움이 잦다. 이런 가정의 아이들이 학교에 가서 안정이 될 리가 없다. 부모가 다투는 모습을 자주 보는 아이들은 평안한 가정이 그리울 수밖에 없다.

아이들의 공부가 조금 뒤쳐지더라도 남편과 아내가 서로 이해하고, 애정과 사랑으로 뭉쳐져 있는 가정은 분명 행복하다. 교회에서 탈선한 아이들을 만나 그 이유를 물어보면, 부모의 이혼과 부모에 대한 신뢰성 상실이 가장 큰 이유이다. 마음을 기댈 곳이 없어, 집을 나와 전전하다 보면, 돈이 궁해진다. 쉽게 돈을 벌 수 있는 직업으로 유흥업소에서 일하는 것을 선택하기도 한다.

가정의 평안은 부를 향하는 지름길이다. 어려워도 조금씩 저축하고, 서로를 사랑하며 미래를 향하여 달려가는 가정이야말로 부를 얻거나 유지하는 최초의 도약의 발판이다.

어느 부동산 사업가가 두 번의 이혼 끝에 세 번째 결혼을 해서 안정적으로 사는 것을 보았다. 부동산이 활황이던 80년대 당시, 매일 엄청나게 벌어들이는 수익으로 안정적인 부를 쌓았다. 서른이던 첫 아내가 다른 남자와 눈이 맞아서 가정을 버리자 집에 들어가기 싫어, 매일 저녁을 술집에 가서 지내다시피 하였다. 대화할 상대가 그리워 친구들을 술집에 불러내고, 술에 찌든 생활을 계속하다 보니, 어떤 날은 하루에도 2천만 원이나 되는 술값이 지불 되었다. 그때 벌어놓았던 많은 돈을 허비했다고 한다. 첫 번째 아내와 이혼 한 후, 자식들 때문에 재결합을 하긴 했지만, 그분의 말을 빌리자면, 방안에 구렁이가 들어 앉아 있는 것 같아, 도저히 견딜 수 없어서 이혼을 하고 재혼을 하였다. 재혼을 한 여성 또한 돈을 보고 결혼한 사람이라, 고급 아파트 한 채를 다시 떼어주고 이혼을 했다. 그 후 지금의 부인을 만나 안정적인 생활을 꾸려가고 있지만, 그렇게 공부를 잘하던 아이들이 충격을 받아 진학을 포기하고, 가사를 도우며 살아가고 있다. 가정의 중요성은 아무리 강조해도 지나침이 없다.

연 매출이 2백억 원이 넘어가는 사업가가 있다. 전기 제품의 총판 대리점을 하는 사업가이다. 부인이 음식점을 차려달라고 하여 많은 돈을 들여가며 음식점을 차려주었다. 가게의 핑계를 대고 점차 귀가가 늦어지더니, 어느 날 다른 남자와 눈이 맞아 하는 수 없이 이혼을 하였다. 이혼 과정에서 이런저런 일들이 많이 벌어지는 것을 보았다. 지금은 여성의 이야기만

들어도 진저리를 낸다.

가정이란 이와 같이 중요한 것이다. 오죽했으면 선현들이 '수신修身 제가濟家 치국治國 평천하平天下'라는 말에 힘을 주고 제자들을 가르쳤을까?

가정이 편안하려면 자신을 잘 다스려야 하고, 자신을 잘 다스리면 가정이 편안해진다. 아내가 남편을 사랑하고, 남편이 아내를 사랑하는 그 기쁨이 있는 가정은 하는 사업도 힘을 얻을 수밖에 없다. 가족의 신뢰와 격려를 통해서, 따뜻한 말 한마디를 통해서, 가장은 힘을 얻기 때문이다.

가정이 편안하려면 자신을 잘 다스려야 하고, 자신을 잘 다스리면 가정이 편안해진다.

2. 자녀에게
경제를 가르치라

아이가 자신의 통장을 스스로 관리하고, 자신의 수입의 범위 안에서 씀씀이를 관리할 능력을 갖추는 것은 매우 중요하다. 아이들에게 자신의 능력으로 조금씩 돈을 벌고, 그 주어진 돈을 직접 관리하도록 교육을 시킬 필요가 있다.

부자들을 만나면 느끼는 것이 한 가지 있다. 자녀의 교육 방식이 서민들과는 많이 다르고 무엇을 '해라, 하지 말라'고 하는 방법도 차이가 있다는 것이다.

가정이 생활고에 찌들게 되면 아이들에게도 너그러워지지 못하고, 또한 넉넉하게 무엇인가 해 줄 틈과 여력이 없다. 짜증 섞인 목소리로 아이들에게 명령하거나 요구하는 것이 많아진다. 어려운 집안에서 자라난 아이들이 성격이 강한 것은 이런 환경 탓이 크다. 넉넉한 집안에서 자라난 아이들은 대체로 성격이 온화하다.

아이를 키우고 있는 가정은 형편이 어렵더라도 아이들에게만큼은 사랑으로 대할 필요가 있다. 금전적으로 많은 것을 해주지 못하더라도 정서적인 교육에 더욱 힘쓰며 훈육해야 한다. 그렇다고 사랑으로 키운다고 너무 귀엽게 키우다가 보면 버릇이 없어지고, 자기 자신밖에 모른다. 사회생활에 제대로 적응할 수가 없다.

아이들은 부모의 생활 자체를 보고 배우는 법이다. 아빠가 글을 쓰고 있으면, 아이들은 당연히 책을 보아야 한다고 생각한다. 아버지가 회사에서 돌아와 많은 책이 있는 서재와 책상 앞에 앉아 있으면, 아이도 커서 책을 벗 삼아 살아야 한다는 것을 은연중에 느끼며 자란다. 부잣집 아이는 장래 무엇을 해야 돈을 벌 것인가를 생각하며 자란다.

자녀 교육은 말에 있는 것이 아니라 실천과 모범에 있으며, 자녀의 부富에 대한 교육은 매우 중요하다. 필자는 아이들에게 용돈을 줄 때, 이들이 공부한 성과나 집안일을 얼마나 도왔느냐에 따라 그 달 용돈을 지급한다. 한 달 동안 영어 듣기를 하루에 한 시간 이상 할 때, 혹은 필요한 책을 다 읽고 독후감을 쓸 때, 학급에서 일정 성적 이상을 올렸을 때는 특별 성과급을 지급한다.

이 성과 시스템이 자녀들에게 좋은 영향을 미치게 될 것인가는 아이들이 성인이 된 후에 확인될 것이다. 분명한 사실은 체벌보다는 성취 유도가 아이들에게 더 나은 동기부여를 한다는 점이다. 필자의 자녀들이 돈에 대해서 소중하게 여기게 되었다는 것은 틀림이 없다. 자신의 공부에 대한 열정이 후일 부富로 보상된다는 사실도 깊이 인식한다. 필자는 아이들이 돈을 벌기가 쉽지 않다는 사실을 알고, 이를 체감하고 있어야만 한다고 생각한다.

어느 학부모가 자신의 아이가 전해준 이야기를 털어놓았다. 종로의 모 초등학교 학생이 반장 선거에서 아이들에게 이렇게 공약을 했다고 한다. 반장이 되면, 반 아이들 모두에게 2$씩 나누어주겠다는 것이다. 아이들이 이천 원이라면 놀라지 않았을 텐데, 외국 돈을 나누어준다고 하는 호기심에 모두 반장으로 투표하였다고 한다.

그런데 이 아이가 반장이 되어, 아이들에게 이렇게 이야기했다고 한다.

"너희들, 계열사가 무엇인지 알아?"

계열사란 이런 이런 것인데 하면서, 계열사에 대하여 자세히 설명하고 난 후, 반장이 아이들에게 했던 말이 더 걸작이었다고 한다.

"너희들이 나한테 잘 보이면, 나중에 내가 내 회사 계열사에 너희들 자리 하나 만들어 줄게"

어린 아이가 한 말치고는 당돌하지만, 부자들이 아이들을 어떻게 교육시키는지를 보여주는 일면이다. 만약 여러분이 대규모 회사를 거느린 계열사의 회장이나, 사장, 혹은 대주주라고 한다면 아이들에게 이렇게 가르치지 않을까?

"너는 장래에 이 회사를 이끌고 가야 해. 그러니까 너는 회사를 거느리기 위해서 실력을 쌓아야 하는 거야"라면서 말이다.

외환위기 이후 청소년들의 무분별한 신용카드 사용 문제가 제기가 되었다. 청소년들에 대한 경제 교육의 필요성을 실감할 수 있는 대목이다.

아이가 자신의 통장을 스스로 관리하고, 자신의 수입의 범위 안에서 씀씀이를 관리할 능력을 갖추는 것은 매우 중요하다. 아이들에게 자신의 능력으로 조금씩 돈을 벌고,[12] 그 주어진 돈을 직접 관리하도록 교육을 시킬 필요가 있다.

초등학생인 아이가 엄마와 함께 은행을 방문하여, 자신의 통장을 스스로 개설해 관리하도록 하는 것은 아이에게 돈에 대한 가치 개념을 인식시키는 중요한 기회가 된다. 돈을 버는 것이 어렵다는 것과 규모 있게 돈을 사용할 수 있는 것, 자신의 수입에 적당하게 지출을 조절할 수 있는 것, 이런 것들은 어릴 적부터 몸에 배어 있지 않으면 안 된다.

자녀는 될 수 있으면 강인하게 길러야 한다. 궁핍함을 알게 하거나 남들보다 어려워도 인내할 수 있는 힘도 갖추게 해야 한다. 자신을 절제할 수 있게 되는 것은 어려서부터 강인하게 훈육됨으로써만 가능한 일이기 때문이다. 많은 돈을 소유했을 때 이 돈을 어떻게 쓸 것인가에 대하여 결정할 수 있는 능력을 배워 가는 것, 이 역시 빼놓을 수 없다.

큰 딸아이가 초등학교 4학년 때 일이다. 가정에서 아르바이트를 한다고 하면서 부모로부터 강제로 빼앗다시피 일거리를 만들어 돈을 모으는 것을 보았다. 돈을 모을 동안은 아이스크림 하나 사지 않더니, 어느 날 그 돈을 몽땅 털어서 화장품 가게에 들러 너무 값비싼 선물을 들고 오는 것을 보고 깜짝 놀랐다.

"오늘 우리 엄마 생일인데, 지금 돈이 이것 밖에 없어요. 이 화장품 얼마 해요?"

화장품 가게 주인은 아이를 기특하게 여겨서 물건값을 깎아주고 좋은 제품을 예쁘게 포장해서 보냈다.

여러분이 학부모라면 이런 아이들의 고운 정성을 얼마든지 경험할 수 있다. 지금 비록 찢어지게 가난하지만 용돈을 모아 부모에게 선물하는 아이들, 이들은 커서도 올바르게 자라 자신의 가정을 잘 지켜나갈 능력을 갖게 된다.

지금 대학을 다니는 자녀들에게 경제를 가리키는 방법은 아이들에게 가족신용카드를 주고 일정 금액 범위 내에서 용돈을 쓰도록 하는 방법이다.

신용카드를 사용하면 사용할 때마다 문자를 통해서 알림이 온다. 처음 몇 달간은 절제가 안되는 것 같았지만, 지금은 스스로 불요불급하지 않으면 신용카드 사용을 자제하는 것을 본다. 신용카드 사용이 보편화된 사회이기 때문에 젊은 청년 시절부터 신용카드 사용에 절제하는 능력을 또한 가르치지 않으면 안 된다.

성경은 매를 들어서라도 아이들을 훈육하라고 가르친다. 아이들이 올바르게 자라갈 수 있도록, 그리고 올바르게 돈을 관리하며 벌 수 있는 능력이 몸에 체질화될 수 있도록 하는 경제 교육은 아이의 인생을 위해서라도 꼭 이루어져야 한다.

부자들을 만나면 느끼는 것이 한 가지 있다. 자녀의 교육 방식이 서민들과는 많이 다르고 무엇을 '해라, 하지 말라'고 하는 방법도 차이가 있다는 것이다.

3. 투자처는
고르고 또 고르라

돈을 번 사람들은 이 돈을 잠시도 그냥 그대로 두지 않는다. 끊임없이 투자처를 찾고 또 찾는다. 좋은 투자 대상이 있으면 검토하고 또 이를 검토한다.

예순이 넘어서도 유독 부동산에 관심을 보이시는 분에게 왜 그렇게 부동산을 보고 다니는지 물어보았다.

"이미 벌 만큼 벌었는데 뭐 하러 얼마나 더 벌려고 그렇게 뛰어다닙니까?"

이분의 대답은 간단하고도 명료했다. 부동산은 굴리고 또 굴려야 하기 때문이다. 돈을 번 사람들은 이 돈을 잠시도 그냥 그대로 두지 않는다. 끊임없이 투자처를 찾고 또 찾는다. 좋은 투자 대상이 있으면 검토하고 또 이를 검토한다.

사업을 해서 돈을 번 연세 지긋하신 분들은 절대로 현금수입업종이나 부동산 이외에는 투자하지 않는다. 젊은 사업가들이 벤처 열풍으로 새로운 사업에 손을 대기는 하지만, 경험이 있는 사람들은 안정적이며 확실히 수입이 보장되어야 손을 댄다. 부동산은 투자에 따른 위험성이 작고 반드시 이익이 예상될 경우에만 매입을 한다.

성공한 젊은 사업가들도 투자와 안정성, 수익성을 분석하고 또 분석한다. 잘 모르는 곳에는 투자를 하지 않을 뿐 아니라, 투자를 할 경우에도 몇 번이나 확인을 하고 명확하게 리스크가 없을 때만 투자한다. 투자자금 회수기간 또한 길어서도 안 되고, 또 묶어 놓는 법이 없다. 가능하면 단기적으로 이익이 발생해야 한다. 위험이 완전히 제거되고 난 뒤에도 일정 수익률이 보장되지 않으면 투자를 하지 않는다.

왜 이리 신중하냐고 묻는다면 부자들의 대답은 한결같다. 이렇게 주의를 기울여도 사고가 나고, 투자 자금을 회수하지 못하는 위험성이 존재한다는 것이다. 투자 원금을 떼이고 난 후 사람을 찾아 사방팔방으로 다녀보면 사업자는 어디론가 사라지고 원금조차 회수하지 못한다고 한다. 투자의 실패가 그만큼 많다는 것이다. 투자자는 이렇게 이야기한다. '조금만 돈을 한 번 떼여 보라'고 말이다. 그렇게 되면, 뵈는 것이 없다고 한다.

유능한 사업가는 투자에 실패한 경험이 적지 않다. 사람들은 이들의 액면만 보고, 과거에 실패한 사례들은 지나쳐 버리고 만다. 이들이 어떤 투자의사 결정을 하든, 거기에는 여러 가지 위험이 도사리고 있고 이 위험을 안고 투자를 하고 있다. 수익이 아무리 많이 예측되는 사업이라 하더라도 새로 사업을 벌이는 것은 어렵고 힘든 일이다. 돈을 얻는 것은 어렵지만, 돈을 잃는 것은 순식간이고 이런 위험성은 항상 존재한다.

어느 분은 투자를 할 때, 가장 안정적이며 수익률이 높은 것을 골라서 투자한다. 이는 자본의 안정과 투자에 따른 위험을 최소화하기 위한 투자의 분산과도 관련이 있다. 투자를 할 때는 투자의 안정성에 대한 문제를 누구보다도 깊이 생각한다. 모텔을 지어서 완성된 후에 매도하고, 선물과 옵션 계좌를 위탁 관리시키고, 자본이 없는 병원장과 공동사업 형태로 자본을 지원하기도 한다. 돈이 되는 사업이라면 무엇이든 검토한다. 때때로 골재상 운영을 검토하기도 한다. 아무리 치밀하게 분석하고 투자해도 실패는 있는 법인 모양이다. 게임장업에 투자하였는데, 사람을 잘못 만나서 투자금을 몽땅 떼였다고 한다. 기는 놈 위에 나는 놈 있다는 속담이 그대로 적중되는 말이다. 사업가인 어느 후배는 몇 천만 원짜리 인테리어 공사를 했지만, 공사대금을 받지 못하고 있다. 공사대금을 받으러 사업장에 들렀더니, 영업 방해라며 경찰을 불러 허탕을 치고 돌아왔다고 한다. 공사를 해도 대금을 회수하지 못하면 공사를 수주하지 않음만 못하다.

사업을 실패하고 재기하려고 하는 어느 사업가가 인도네시아에서 금 수입을 추진하기 위하여, 5년 동안 투자자를 찾아다녔지만, 아직까지도 찾지 못하여 사방팔방으로 뛰어다닌다. 계약조건은 국제 금 시세의 마이너스 5%의 수입 조건이었다. 이 정도의 조건이라면 한 달에 2회 이상 수입을 할 경우 엄청난 수익을 올릴 수 있다. 수입 조건이 까다롭기는 하지만, 금이 부가가치세 면세 업종으로 바뀌어 부담이 줄어들면서 여러 면으로 유통에 유리하게 되었다. 당사자는 산업체에 납품하여 생산에 투입될 수 있도록 희망하지만, 정작 본인에게는 돈이 없다. 계약서와 계약 인증 내용만 믿고 선뜻 투자할 사람이 나타나지 않는다. 질 좋은 금을 수입하기로 계약 체결은 하였다고 하지만, 아직까지 실제 수입이 이루어지기까지는 여러 어려움이 있어 보인다. 최근에 자본을 대려는 사람이 나타나 사업 재개를 서두르고 있다고 하는데, 그것도 성사되기까지는 아직도 넘어야 할 산도 많고, 더 많은 시간이 흘러야 할 것 같다.

금을 도매나 소매하는 업자들의 입장을 들어보면 현물인 금이 있다면 현금을 주고도 사겠다는 것이다. 지금까지 현물을 가지고 오겠다는 사람이 많이 있었지만, 한 번도 현물을 가지고 온 사람은 없었다고 주장한다. 금 현물이 정상적으로 들어오게 될는지를 누가 아느냐고 하는 것이다. 한 마디로 사기라는 것이다. 실제 아프리카 어느 국가에서 수십억 원 어치의 금을 수입해 오던 친구가 공항에서 귀국하는 비행기를 타려고 보니, 모든 금이 사라지고 없어졌다고 한다. 그래서 투자금을 몽땅 날리고, 건물 시행사 운영에 전념하고 있다. 금의 수입절차란 그런 것이다. 전문가가 아니고는 손댈 업종이 아닌 것이다. 투자자가 자신이 경험하지 않은 사업에 투자를 하는 것은 어렵고 수익성과 투자자금 회수에 회의를 가질 수밖에 없다.

사업을 하던 사람들은 한 번씩은 커다란 실패를 경험한 사례가 있기 때문에 사람을 믿기가 그만큼 어렵다. 이 예는 다른 사람이 전혀 하지 않던 사업을 자기 자본이 없이 시작하는 것이 얼마나 어려운가를 보여주는 단적인 예이기도 하다. 자본주의 입장에서는 투자처를 고르고 또 고를 수밖에 없다. 젊은 벤처 사업가 한 분도 역시 자신이 어느 정도 게임과 아이템을 개발하였지만, 투자자를 쉽게 구하지 못했다. 투자자의 입장에서는 이익금 분배, 게임의 개발 성공 여부, 경영의 참여, 만약의 실패에 따른 원금의 회수요건 등 제거되지 않은 위험 요소가 너무 많기 때문에 투자를 꺼리는 것이다.

성공과 대박이라는 글자가 머릿속에 지워지지 않지만, 그 사이에 추가로 들어가야 될 자금과 향후에 얻어지게 될 이익은 늘 고민해야 한다. 그래서 경영예측과 재무성분석[13]이 필요하다. 만약 투자를 하였다면 투자하는 순간부터 그 돈은 내 돈이 아니라고 생각해야 할 만큼, 벤처기업에는 선뜻 투자하기가 어렵다. 만약 이 사업을 지원하였음에도 중도에 사업을 포기하거나, 실패한다면 남게 되는 것은 사무실의 컴퓨터 몇 대 외에는 더 찾아갈 수 있는 자산이 남아있지 않기 때문이다.

부자들이 투자에 신중을 기하는 모습은, 부를 축적하려는 여러분들이 반드시 교훈으로 삼아야한다. 투자에는 신중을 기하여야 하며 잘 알지 못하는 사업의 투자는 금물이다. 잘 아는 사업이라 하더라도, 신규투자 시에는 향후 경기 예측과 경제성 분석 등에 신중을 기하여야 한다.

성공과 대박이라는 글자가 머릿속에 지워지지 않지만, 그 사이에 추가로 들어가야 될 것이
자금과 향후에 얻어지게 될 이익, 즉 경영예측과 재무성분석이다.

4. 투자에는
능력 있는 전문가의 도움을 받으라

사업의 타당성 분석을 위한 사전조사 비용은, 사업의 적정성 여부를 예견하기 위해서라도 당연히 지출해야 한다. 개인사업자라도 반드시 사업의 적정성 여부에 대한 검토 절차를 거치는 것이 후에 더 큰 비용의 지출을 줄일 수 있고, 실패를 예방할 수 있다.

　　　　　　　우리나라 기업이나 개인의 사업추진과정에서 특이한 점이 하나 있다. 사업을 처음 시작할 때, 사업의 타당성 조사와 분석을 정확히 하지 않는다는 점이다. 처음 사업을 추진하면서 이 사업이 제대로 수익이 날 것인가 분석하는 것은 매우 중요하다. 작게는 개인 기업의 경영 예측으로부터, 크게는 국가의 대규모 국책사업까지 타당성 분석의 대상이 된다.

　정부의 대규모 국책사업의 경우에도 항상 문제가 되는 것이 타당성과 경제성 문제이다. 이를 경제학 용어로는 경제성분석, 즉, 비용편익분석[14]이라고도 부르는데, 국책연구기관에서는 타당성 조사라는 말로 연구 보고서를 정부기관에 제출하고 있다. 대규모 국책사업의 경우, 이 평가와 분석이 잘못 되어, 적자를 면치 못한다는 시민단체의 주장을 볼 수 있다. 특히 환경문제가 중요한 사회 쟁점으로 대두되어, 환경영향평가가 제대로 이루어졌는지 여부가 초점이 되는 경우이다.

국책사업에 대한 경제성 분석평가 보고서, 즉 타당성 조사연구 보고서를 보면 사실 각 분야에서 고려해야 할 변수가 너무 많다. 이는 연구기관으로서는 당연히 고려해야 할 문제이지만 변수가 너무 많으면 예측 자료의 정확도가 떨어지게 된다. 경부고속철도나 신공항 고속도로, 신공항, 항만건설계획 모두 보고서의 첫 출발은 수요예측15)에서 시작한다. 문제는 이 수요예측 단계에서부터 정책 연구가 빗나가는 경우가 많이 있다는데 있다. 너무 과다하게 포장되지는 않았는지 투입재원에 비하여 너무 적은 이익을 얻는 것은 아닌지 수도권의 인구 증가율, 물가오름세, 소득수준의 변화, 인플레이션의 영향 등 고려해야 할 여러 가지 변수와 요인들이 의외로 많다. 이 말은 그만큼 경제성 분석이 어렵다는 말이다.

타당성 조사연구 부문에 관해서 국책 연구기관의 연구기획 책임자였던 지도교수와 깊은 논쟁을 벌인 적이 있다. 정부의 정책연구 보고서들은 연구원의 타당성조사 보고서를 그대로 인용할 수밖에 없기 때문이다. 국책 연구기관 연구과정에서 수요 추정의 부적정, 대안 제시에 따른 과다한 이익의 계상, 혹은 투자재원의 낮은 측정 등은 항상 논쟁의 도마 위에 오르는 부분이다. 이 경우 학자들은 주장한다. 더 나은 대안이 있으면 제시해 보라고 말이다. 그런데 중요한 것은 적용되어야 할 변수가 다양하고, 이 변수에 대한 통계 수치가 검증되지 않았음에도, 이 보고서를 작성하고 이를 인용하는데 문제가 있다. 연구기관의 의견은 될지언정 정책대안은 될 수 없다는 문제점이 상존하는 것이다. 정확하지 않은 누적 통계치와 현 시스템 상 정확하지 않은 통계자료의 인용 등은 항상 그 연구 결과물에 대한 신뢰성의 문제를 제기한다.

통계에 대한 문제점의 한 예로, 대학원에서 교통신호체계의 변수 적용에 관하여 문제를 토의한 적이 있다. 캐나다나 미국의 일부 도시에서는 교통신호체계의 차량 대기행렬의 길이에 따라, 교통신호주기의 변화를 적정하게 배분할 수 있다고 한다. 컴퓨터 프로그램에 의한 교통신호시간의 주기에 변화를 주면, 차량 대기행렬의 길이의 변화가 예측된 대로 정확하게 산출이 되기 때문이다. 오랫동안 통계수치와 변수를 활용하여 누적하여 관리해 왔기 때문이다. 우리나라는 전혀 다르다. 복잡하고도 커다란 도시에 예측할 수 있는 통계수치의 변수가 정확한 적용이 어렵기 때문에, 아무리 좋은 프로그램을 사용한다 하더라도 그 결과치 또한 신뢰하기가 매우 어려울 수밖에 없다.

국책연구기관이 정확하지 못한 예측 수치에도 불구하고 정책연구 방법이 도입되는 것은 사실상 더 나은 적정한 정책 대안이 없기 때문이다. 정부 국책기관은 나름대로 예측 가능한 수치를 대입하고 가장 근접된 추정치를 대응시키려고 노력했다고 주장한다. 국책연구기관에서는 이러한 방법으로라도 정책 추진 대안을 검토하지 않을 수 없는 것이다.

개인사업자나 신규 투사업자의 경우 공신력 있는 국책 연구기관이나 민간 연구기관의 도움을 받지 못하더라도, 새로이 사업을 시작하거나 추진할 때 전문 컨설팅 업체의 도움을 받는 것이 바람직하다.

남양주 청학지구의 2천여 평의 땅이 매물로 나온 적이 있다. 부동산 업자들은 이 땅이 너무 비싸다, 혹은 개발했을 때 별 이익이 없다, 혹은 주변 여건에 비하여 저렴하다, 또는 가격을 더 높이 책정해야 한다는 등의 논리를 폈다. 부동산중개업자나 사업을 하려는 사람 모두 적정한 가격이 왜 이 가격인지 여부를 생각하지 않고 설전을 벌인다. 주변조사와 함께 서면으로 타당성 조사를 한 가격을 제시한다면 모두가 공감대를 형성할 수 있으련만 여러 사람들의 구두 의견이 적정가격이 형성된다. 가장 적정한 대안은 경영전문컨설팅 업체로부터 경영분석, 즉 건물이 완공되어 분양이 되는 시점까지 투자비용과 산출이익을 수리적으로 분석하는 방법일 것이다. 분양면적 중에서 얼마만큼의 면적이 도로와 공유면적으로 편입되고 군사시설과 그린벨트 지역에 따른 2층으로 제한되기 때문에 기대되는 수익률이 얼마나 되는가 하는 점도 촘촘히 따져볼 필요가 있다.

대형 건설업체의 건물 시공의 경우, 아파트나 주상복합과 같은 건물 시공에는 사업 계획 수립 과정에서 이런 내용들이 토의되고 충분히 숙의熟議된다. 그럼에도 분양면적과 기타 여러 가지를 분석하여 보면, 전혀 타당성이 없이 과대 포장되어 사업 계획이 수립되는 경우도 있다. 예를 들면 오피스텔 건설 후 분양계획을 수립하였는데, 과연 후에 분양 예정 가격이 적정하게 측정되어 타당성 분석이 이루어졌을까 하는 의문이 든다. 노련한 건설업자나 시행사라면 바로 즉석에서 이런 예측자료에 대한 문제점들을 조목조목 짚어 나간다.

어떤 공장을 설립하는 회사의 전무가 수도권에서 지방으로 공장을 이전했을 때, 회사에 미치는 효용과 이익에 대하여 조세 문제의 검증에 대한 의견을 구해 왔다. 경영 컨설팅 업체에 지출되는 비용이 아까웠기 때문이다. 우리나라의 경영자들은 이 부분에 지출되는 비용이 낭비라고 여겨 가까이 있는 사람에게 의견을 묻는다. 몇 며칠 연구하고 고민하여야 하는 기회비용은 아랑곳하지 않는다. 항상 묻는 것도 자연스럽다. 듣는 사람 역시 대수롭지 않게 생각하고 받아들인다. 이것이 기업경영 의식의 현주소이다.

사업의 타당성 분석을 위한 사전조사 비용은, 사업의 적정성 여부를 예견하기 위해서라도 당연히 지출해야 한다. 개인사업자라도 반드시 사업의 적정성 여부에 대한 검토 절차를 거치는 것이 후에 더 큰 비용의 지출을 줄일 수 있고, 실패를 예방할 수 있다.

5. 즐기면서
마음에 드는 일을 하라

자신이 하고 싶어 하는 일들을 하는 사람들은 자신이 하는 일이 즐겁다. 심리적으로 안정이 되고, 금전적으로도 여유로워진다. 당장 들어오는 수입보다는 자신의 적성, 그리고 취미가 맞는 일에서 보람을 찾는다.

부자가 된 사람들에게서 느끼는 공통점의 한 가지는, 자신이 일에 만족을 할 뿐만 아니라, 그 하는 일을 즐기면서 한다는 점이다.

의정부를 넘어가는 수락산 입구에서 꽃집을 운영하는 여성 사업가가 있다. 꽃 가꾸는 일을 취미삼아 하며 돈을 번다. 지금은 란과 분재, 그리고 생화를 취급하고 있지만, 화원을 확대해 토종 야생화를 가꾸며 판매하고 싶다고 한다. 토종 꽃들에 대한 지극한 관심 때문이다. 심리학을 공부하고 대학에서 심리학을 강의하였지만, 꽃을 좋아하여 꽃집을 운영했고 이제는 주업이 되어버렸다고 한다. 일을 즐기며 돈을 버는 사람은 인생의 즐거움을 알며, 누리는 사람이다.

건축업을 하는 어떤 사업가 한 분도 일을 즐긴다는 말을 자주 한다. 밤늦게까지 일에 매달리지만, 놀러 다니는 것보다 일하는 것을 더 재미있어 한다. 이런 사람을 가리켜 우리는 '일을 만들어서 하는 사람'이거나, '일을 벌이는 사람'이라고 한다.

일을 즐긴다는 말을 일을 좋아하는 사람만이 이해할 수 있다. 이 일은 자신의 취미 생활과도 관련이 있다. 작가들은 밤늦게까지 형광등 아래에서, 이 책 저 책을 뒤적거리며 행복감을 느낀다. 그리고 시 한 편을 쓰고 밤새워 글을 만들고 새로운 아이디어를 구상하면서 행복해한다. 나 역시 퇴근 후의 이런 삶을 즐긴다.

전기 공사업을 하는 선배와 잠깐 대화를 나눈 적이 있다.

"공사 하는 사람은 그냥 하는 줄 아나. 사람들 만나봐라. 이 사람아, 자기 돈 다 털어 넣어도 좋으니 건물 올라가는 것을 보고 기뻐야 건물도 짓지. 그런 게 없으면 저런 건물을 어떻게 짓겠는가?"

이 말에 전적으로 동감이다. 돈을 들여서 대형 건물을 올리려는 사람들은 그 건물을 보고, 무엇인가 하나를 이루었구나 하는 꿈에 부풀어 그 건물을 짓는다. 그렇지 않다면 그런 무모한 일을 어떻게 하겠는가?

수십 층의 빌딩을 건축하는 사람도 똑같다고 한다. 물론 수익성을 따지거나 돈을 벌기 위한 것이 1차적인 수단이긴 하겠지만, 단순히 수익만 생각하였다면 그렇게 큰 건물을 올릴 수 있었을까? 정작 건물을 올린 당사자는 지금 재계에서 이름조차 사라졌지만, 그 성과는 건물로 남아있는 것이 아닌가?

어떤 일을 함에 있어 하루하루가 힘들게만 느껴진다면 그 일은 너무 지겨울 것이다. 하지만 이 일이 자신의 적성과 맞고 꼭 하고 싶은 일이라면 정말 즐거울 것이다.

이런 유형의 대표적인 직업군이 드라마 작가와 영화 제작자들이다. 프로덕션에서 일하던 친구를 통해, 이름 있는 영화 한 편을 제작하고 싶어 하는 어느 분을 만난 적이 있다. 그런데 유명한 영화감독 외에 스텝들은 실제 생활조차 제대로 안 되는 봉급을 받는다고 하는 말에 깜짝 놀랐다. 왜 그 일을 하느냐고 물으니 영화 자막 끝에 자신의 이름 한마디가 남는 것을 기대하기 때문이란다.

영화를 제작하는 일은 한 번에 터지면 대박이지만, 그렇지 못하면 평생 가난을 벗어나지 못한다. 어느 면에서는 투기성이 다분히 보인다. 그러나 젊은이들은 꿈을 가지고 영화에 매진한다. 이들은 그 일이 좋기 때문이다.

요즘 사업장을 새로 내겠다고 상담하는 사람들 중에 상당수가 가정에서 사업을 꾸려가겠다는 사람들이다. 외환위기 이후 사업이 잘 안되어 사업장을 집으로 옮기려는 사람들이 대부분이지만, 여성들 중에는 가정에서 부업으로 사업장을 운영하려는 사람들이 많이 있다. SOHO[16]라고 불리는 이 가정사업의 대표적인 예는 인터넷 쇼핑몰 운영이다. 어느 여성은 자신이 집에서 수놓은 바느질감을 취미 삼아 쇼핑몰에 올리기도 한다. 어떤 젊은 청년은 골프채 중고품 중개와 관련된 홈페이지를 만들어 꽤 짭짤한 수입을 올리기도 한다. 홈페이지를 관리하는 디자이너 한 사람을 채용하여 운영하는데, 한 달 수입이 여느 샐러리맨들의 배 이상은 된다. 골프채의 사진을 촬영하여 쇼핑 목록에 등록하면 직거래도 가능하다. 그렇게 잘 디자인된 쇼핑몰은 아니지만, 상당한 매출이 오르고 재미있다고 한다. 어떤 사람은 자신이 좋아하는 애완동물인 강아지를 매매하는 사이트를 구축하기 위해서 상담하기도 한다.

자신이 하고 싶어 하는 일들을 하는 사람들은 자신이 하는 일이 즐겁다. 심리적으로 안정이 되고, 금전적으로도 여유로워진다. 당장 들어오는 수입보다는 자신의 적성, 그리고 취미가 맞는 일에서 보람을 찾는다. 즐겁게 일하는 것에 더 비중을 두며, 이 일로 하는 고생도 즐거움으로 받아들인다. 즐겁게 일을 하다 보니, 금전적인 어려움도 가뿐하게 이겨내며, 더욱 열심히 하게 된다.

　노후가 되어서도 여유 있게 일을 즐기며, 쉬지 않고 사업을 구상하고 이를 실현할 수 있는 사람은 행복하다. 어느 항공사의 회장이 노후를 버섯 재배 연구에 매진하며 보내고 있다는 신문의 기사는 참으로 아름다운 모습으로 다가온다. 자신의 사업이 취미와 맞아 들어가 그 일을 즐기며 살아갈 수 있다는 것은 행복한 일이다.

노후가 되어서도 여유 있게 일을 즐기며, 쉬지 않고 사업을 구상하고 이를 실현할 수 있는 사람은 행복하다.

6. 사람에 대한
깊은 이해를 하라

사람을 이해하는 것은 자신의 부를 유지하고 지속시키는데 절대적이다. 자신의 부에 기여할 수 있는 사람을 선택하고, 배치함으로써 부의 충족을 더할 수 있기 때문이다.

사람을 진단하는 방법으로 MBTI[17]라는 기법이 있다. 1941년 심리학자 칼 융의 이론을 근거로 한 분석 기법으로 MBTI는 사람의 성격을 결정하는 요인을 다음과 같은 네 가지 관점에서 분석하고 있다.

첫째, 주의를 집중시키고 '에너지의 방향이 어느 쪽인가?'를 묻는 초점 활동에서의 외향성과 내향성. 둘째, '무엇을 인식하는가?'라는 측면에서의 정보 수집 기능, 즉 인식과정에 따른 감각(Sensing)과 직관(Institution). 셋째, '어떻게 결정하는가?'라는 의사결정기능과 판단기능에서의 사고와 감정. 넷째, '채택하는 생활양식은 무엇인가?'라는 외부 세계에 대한 판단과 인식을 주 분석 대상으로 삼고 있다. 그리고 네 가지의 선호 유형이 사람의 성격을 결정하는 요인이라고 인식한다.

MBTI는 네 가지 유형의 조합에 따라 사람의 성격을 16가지 유형으로 나누는데, 개인의 특성에 따라 결과가 각각 다르게 나타난다. 개개인이 선호하는 반응, 관심, 동기, 기술, 흥미 등의 패턴이 각각 다르다는 것이다.

사람은 누구나 분명한 성격 차이가 있다. 그리고 어떤 성격이 좋고, 나쁘고가 아니라 그 한 사람 자체로 이해해야 한다. 젊고 유능한 리더격인 사람은 외향적인 면을 인정해야 하고 하루 종일 말없이 내성적인 사람도 그 성격 그대로 받아들여야 한다. 인성은 동일한 것이 아니라 태어날 때부터 각자가 가진 독특한 성품이니까 말이다. 내성적인 사람을 두고 업무를 적극적으로 하지 않는다거나, 혹은 대내외적인 업무를 적극적으로 추진하지 않는다고 봐서도 안 된다. 사람의 성격의 특성에 맞는 업무를 부여하고, 보직을 적재적소에 비치할 필요가 있다.

내성적인 사람과 외형적인 사람에게 동일한 업무를 맡겨두면, 두 사람 사이에 금이 갈 수도 있다. 두 사람의 성격이 근본적으로 차이가 나기 때문이다. 한 예로 어떤 사장은 직원에게 업무지시를 하고 난 후 결론만 보고받기를 원하고, 어떤 사장은 세세한 경과 과정을 설명한 후에 결론을 듣기를 원한다. 또한 어떤 사장은 결론을 듣기보다는 업무의 진척도와 진행 과정을 조목조목 따져서 듣기를 원하기도 한다.

부자가 된 후, 자신의 부를 관리하기 위하여 직원을 채용하거나 위탁하는 경우에는 반드시 사람에 대한 이해가 필요하다. 얼굴 윤곽에서 피어나는 인상으로 단순하게 판단하기는 어렵고 대체로 일의 처리하는 과정에서나 대화에서 인성을 파악할 수 있다.

적재적소에 사람을 쓰는 것보다 어려운 일은 없다. 자신이 목표한 성과를 유지하거나 성취하기 위해서는 혼자서 모든 일을 다 할 수 없다. 이 경우 사람을 제대로 쓰는 것은 무엇보다 중요하다. 사람의 성격이 좋고 나쁘고 하는 문제가 아니다. 그 사람의 독특한 성격을 어떻게 이해하는가 하는 것이 중요하다. 업무를 총괄 기획하거나, 혹은 회사 전체의 장기적인 비전을 추진할 성격을 가진 사람을 회계 부서에 두게 되면, 그 직원은 업무 자체에 적응을 하지 못하여 회사에 불평을 가지거나 회사를 그만두게 될 수도 있다.

여생을 편안하게 보낼 무렵에 어떤 사람을 재산관리인으로 둘 것인가를 생각해 본다면, 이 일을 수행할 사람이 내 성격과 맞는가를 생각해야 한다. 이미 얻은 부를 유지하는 것뿐만 아니라, 부자가 되기 위해서도 마찬가지이다. 혹자는 어떤 성격이 나쁘고, 어떤 성격이 좋다고 이야기한다. 어떤 사람은 말이 많다거나, 혹은 나선다거나, 혹은 내성적이라는 등등으로 폄하할 수가 있다. 그러나 사람의 성격은 어떤 것이 좋고 나쁜 것이 아니라, 그냥 다를 뿐이다. 따라서 각 사람을 성품대로 적재적소에 배치하여 능력을 끌어올려 주면 나의 사람으로 포용할 수 있다.

사람을 이해하는 것은 자신의 부를 유지하고 지속시키는데 절대적이다. 자신의 부에 기여할 수 있는 사람을 선택하고, 배치함으로써 부의 충족을 더할 수 있기 때문이다.

인간관계는 부의 유지 관리뿐만이 아니라 우리가 살아가는 일상에서도 매우 중요하다. 어떤 사업가는 한 번 만나고 난 뒤에도 또 만나고 싶은 사람이 있는 반면, 어떤 사람은 다음에는 절대로 만나지 말아야겠다는 생각을 한다. 어떤 사람이 술좌석에서 한 번 실수하는 모습을 보면, 그 다음에 그 사람을 만나면 똑같은 실수를 반복하는 것을 보게 된다. 나로서는 매우 중요하게 여기는 사항을 가볍게 여긴다는 것도 깨닫게 된다. 그 사람과 나는 인간관계가 잘 맞지 않는 사람인 것이다. 잘 관찰해 보면 다음에도 똑같은 실수를 지속적으로 반복한다는 것을 알 수 있다.

사업가들이 새로운 사람을 만날 때, 내기 골프를 치는 이유도 사실은 그 사업가의 돈에 대한 속내를 드러내는 기회이기 때문이다. 내기 골프를 쳐 본 사업가들이 한결같이 하는 말이 하나 있다. 골프장에서 돈을 바라보는 모습이 사업상 그 사람이 돈에 대한 본성과 동일하다는 것이다. 한 번 속이는 사람은 절대로 가까이해서는 안 된다. 사업상 거래에도 똑같은 행동을 보이기 때문이다.

인간관계에서 처음 실수를 하거나 약속이나 말을 가볍게 여기는 사람을 그 허물을 덮고 지속적으로 교제를 한다는 것은 지극히 위험한 생각이다. 그 사람은 반드시 다음에도 똑같은 실수를 반복하고, 회사나 동료, 모임 등에서도 똑같은 실수를 저지르기 때문이다. 나의 주위에 어떤 사람을 두느냐 하는 것은 나의 인격과도 관련된 문제이기 때문에 친구로서 교제할 때도 중요하다. 특히 사업상 파트너로서 거래를 트거나 직원을 채용할 때는 더 신중하고도 신중해져야만 하는 것이다.

인간관계는 부의 유지 관리뿐만이 아니라 우리가 살아가는 일상에서도 매우 중요하다.

7. 성실한 사람을
아래에 두라

정직하고 성실한 직원을 부하로 두는 것, 이것은 성공의 열쇠를 쥐고 있는 것과 다름이 없다.

많은 경영자들이 직원들을 믿지 못하고 많은 사람들이 자신이 일하는 회사를 분신처럼 여기지 않는다. 서로가 좋은 사람을 만나는 것이 그만큼 어려운 것이다. 정직하고 성실한 사람을 직원으로 두면 얼마나 행복한 경영자이겠는가? 또 자신을 믿어주고 독려해주는 사장을 만나는 것은 얼마나 행복한 일이겠는가? 정직하고 성실한 직원을 부하로 두는 것, 이것은 성공의 열쇠를 쥐고 있는 것과 다름이 없다.

어느 교회에서 파트타임으로 일하고 있을 때, 미국에 정착한 시무장로 한 분을 뵐 수 있었다. 이분은 한국과 미국을 오가며 전자제품 제조와 수출입 업을 하던 분이었다. 나를 보면 항상 '백만 불짜리 웃음'이라고 이야기하던 그분이, 미국에서 운영하며 회사 경영상의 경험을 이야기를 해준 적이 있었다.

회사 내에서 고객이 직원에 대한 불편사항을 제보할 경우, 직원은 그 불편 내용이 당사자 자신의 것이라 하더라도 그 고객이 제보한 불편 내용을 숨김없이 그대로 결재를 올린다는 것이다. 그 불평 내용이 본인의 것이거나, 본인에게 불이익이 예측된다 해도 여과 없이 사장에게 보고를 한다는 것이다. 그만큼 직원들이 정직하다는 이야기였다. 이것이 선진국의 기업의 근무 환경이요, 정직한 삶의 문화이다.

정말 이 이야기를 듣고 충격을 받았다. 우리나라였다면 어떻게 했을까? 투서 내용을 숨기기에 급급하지 않았을까? 사장까지 보고되지 않았다면 찢어버리고 말지 않았을까? 이 이야기는 평생 나의 생활에 좌우명처럼 귓전을 맴돌고 있다.

어느 건설회사의 사장이 대화중에 이런 이야기를 했다.

"이형, 나 회사 키우고 싶어. 정말 믿을 수 있는 사람 있으면 한 사람 구해 줘."

관리를 담당하는 부장에게 몇 번이나 무인경비 시스템을 설치하라고 지시했는데, 이 지시를 이행하지 않아 현장의 장비를 몽땅 털려 2천만 원 이상의 손해가 났다는 것이다. 사장이 사사건건 현장을 가서 확인할 수도 없고 걱정이라고 한다.

한 번은 20억 원짜리 관급공사를 수행하게 되었는데, 공사 후에 최종 결산을 하니까, 현금 잔고가 1억 원도 채 되지 않았다고 한다. 서류는 맞는데 도저히 이보다 훨씬 더 많은 이윤이 남아야 함에도 불구하고, 도저히 납득할 수 없는 잔액만 예금통장에 남아 있었다고 한다. 이분은 지금 아내를 사무실에 출근시켜 자금을 담당하게 했다. 그만큼 사무실을 믿고 맡겨 놓을 수 있는 책임성 있는 직원이 필요했던 탓이다. 자금, 회계, 세무, 직원,

현장관리 등 회사 일을 내 일처럼 관리할 사람이 필요한데 이를 맡길 만한 사람이 없다는 것이다.

　모 건설회사의 관리이사는 정말 성실하다. 처음에는 관리부장을 맡고 있었는데, 지금은 이 회사의 중역이 되었다. 지금까지 만난 그 어느 사람보다 회사를 위하여 정직하게 일한다. 지금은 회사 내부 관리뿐만 아니라, 대외적인 일들도 함께 처리하고 있다. 회사의 사장은 사무실에 들러 서류를 검토하거나 결재하는 시간이 겨우 서너 시간밖에 안 된다. 거의 대부분의 시간을 현장에서 보내고 공사 계약관계 협의, 관계기관 협의 등에 소비하기 때문에, 실제 사무실에 나와서 일하는 시간은 얼마 되지 않는다. 회사의 상무 역시 거의 현장 일에 매달리기 때문에 실제 사무실에서 보내는 시간이 거의 없다. 그런데 사장의 부족한 시간과 공간을 관리이사가 성실히 메워주고 있었다. 스무 명 남짓한 내근 직원들의 인상도 매우 성실하게 보였다. 놀란 사실은 사무실의 직원 대부분이 11시까지 일하는 날도 비일비재하다는 점이다. 관리이사의 이야기로는 먼저 퇴근하는 것이 미안하게 느껴질 정도라고 한다. 직원들이 내 일처럼 남아서 일한다. 사장의 경영철학이 작용하는 원인도 있는 것 같다. 함께 근무하는 직원은 회사와 끝까지 운명을 같이 할 계획임을 역설한다. 좋은 사장에게 좋은 직원이 붙는 것은 당연지사일 것이다.

　회사는 관리이사에게 책임 있게 일을 맡기고, 일정한 의사 결정사항에 대해서 보고를 받아 방향을 제시하는 형태로 이루어진다. 그리고 이런 경영 방침이 회사에 대한 애사심을 강화시키는 것으로 보인다. 친인척은 직원으로 채용하지도 않는다. 회사의 입장에서는 성실한 직원을 두어 영업에 정진할 수 있고, 직원들은 자신을 믿어줌을 알고 신바람 나게 일한다.

많은 경영자들이 직원들을 믿지 못하고
많은 사람들이 자신이 일하는 회사를 분신처럼 여기지 않는다.
서로가 좋은 사람을 만나는 것이 그만큼 어려운 것이다.
정직하고 성실한 사람을 직원으로 두면
얼마나 행복한 경영자이겠는가?

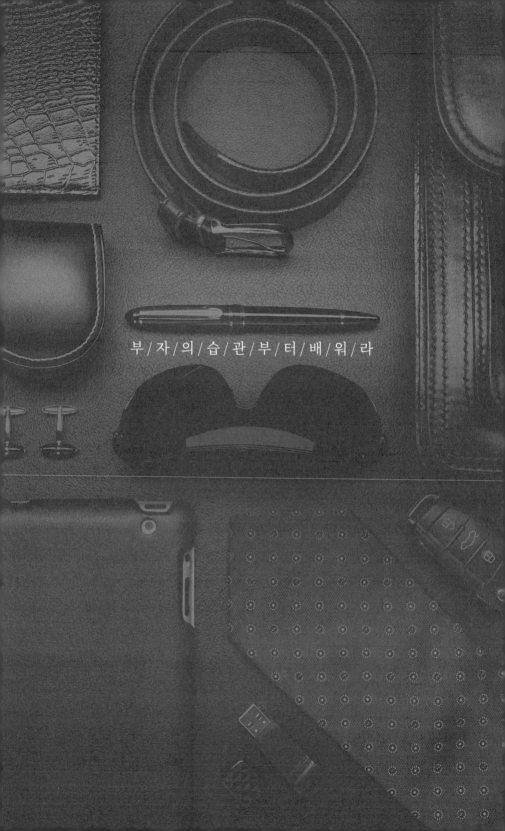

부/자/의/습/관/부/터/배/워/라

제7장

세금은 반드시 알아두어야 한다

(세금에 대하여 꼭 알아야 두어야 할 것)

세금에 대하여 꼭 상식적으로 알아야 할 것을 꼽는다면 어떤 것이 있을까? 사업을 하거나, 하지 않거나 세금에 대하여 상식적으로 알아둘 것들이 필요하다면 어떤 것이 있을까? 그냥 샐러리맨이라고 하더라도 주위의 친구들이나 지인들에게서 일어나는 일들을 보며, 세금에 대하여 꼭 알아두어야 할 지식들을 알아보자.

∙
∙
∙

1. 탈세가 아닌 절세가 포인트이다

2. 사업자 명의는 절대로 빌려주지 말라

3. 지출이 있을 때는 반드시 영수증과 자료를 챙겨라

4. 소득이 있는 곳에는 세금이 있다는 것을 항상 명심하라

5. 국세청에는 세금을 부과하기 위한 기본 정보들이 모인다

6. 거짓 자료는 끊어주지도 말고 받지도 말라

7. 어떤 사람이 회사의 대표를 맡으라고 한다면?

1. 탈세가 아닌
   절세가 포인트이다

절세에 대한 노력은 납세자로서는 당연한 일이다. 부자들 가운데 세금에 대하여 무지한 사람은 거의 없다. 오히려 조그만 가게를 운영하는 사람들일수록 세금이 얼마나 중요한 것인지 잘 느끼지 못한다.

부자들이 자신의 부를 유지하기 위하여 절대적으로 관심을 기울이는 부분이 있다. 바로 세금이다. 세법에 대하여 잘 알지 못하면, 덜 내도 될 세금을 추가로 부담하는 경우가 발생하기 때문이다.

세법을 잘 알고 부동산을 양도하면 세금 감면 규정을 적용받을 수 있다. 그래서 세금을 적게 낼 수 있는 방법을 연구하게 되는 것이다. 적정한 말로 표현하면 절세節稅이다. 사업을 하거나 부동산을 사고파는 사람들은 세금에 대하여 기본적으로 이해하여야 한다.

기업을 운영하면서 과세관청으로부터 세무조사를 한 번 받고 난 사람이라면, 세금이라는 이야기를 들으면 경기를 할 정도이다. 기업의 규모에 따라 다르겠지만, 세무조사로 추징당하는 금액이 수십억 원에 이르는 경우를 생각해보라. 자신의 자산 규모에 비하여 추가로 내게 될 세금 때문에 절망의 늪에 빠져 허덕이는 사람들도 있다. 세무조사라는 스트레스 때문에 몸에 질병이 찾아오고, 오랫동안 건강을 회복하지 못하게 되는 경우도 있다. 따라서 자신이 쌓은 부를 잘 유지하기 위해서는 세금이 어떤 영향을 미치는지 알아야 하고, 잘못된 거래 관행이 세금 때문에 어떤 결과를 초래하는지를 알아두어야 한다.

우리가 무심코 지나갈 수 있는 주의 깊지 않은 행동들 때문에 세금에 부담이 어떻게 늘어날 수 있는지 과거의 한 예를 들어 본다. 건물을 사고팔면 양도소득세를 납부하게 되는데, 양도소득세를 신고하면 이에 따른 지방소득세 10%를 별도로 내야한다. 이때 양도소득세를 신고한 날을 지방소득세를 신고한 날로 보게 되는데, 공교롭게도 양도소득세를 신고한 날짜 이전에 이사를 하게 되는 경우가 있다. 양도소득세와 관련된 지방소득세 신고서를 지금까지 살던 구청에 접수하고, 지방의 다른 도시로 그냥 이사를 해 버린 것이다. 이 경우 실제 양도소득세를 신고해야 될 곳은 전입지의 관할 구청이나 시가 된다. 납세자 입장에서는 전혀 무심코 생각해보지 못한 일일 수 있다. 새로 전입된 지방자치단체에서는 무신고로 인한 20%의 무거운 무신고가산세를 부과하게 되어, 말 그대로 내지 않아도 될 가산세를 물게 되는 억울함을 당하게 된다. 납세자 입장에서는 매우 억울한 상황이지만, 실제 이런 일이 발생한다. 가산세가 1천만 이상 고액이라면 이야기는 달라진다. 생각하지도 못한 무거운 부담을 안게 하는 것이다. 상식적으로 일어날 수 있는 일들이지만, 세금에 대하여 의외로 모르는 사람들이 많다. 세금에 대한 무지가 지출하지 않아도 될 돈을 쓸데없이 지출하게 되는 경우를 왕왕 만들어내는 것이다.

복합 건물을 지어 세를 놓는 분이 찾아온 적이 있었다. 이분은 3, 4층에 국민주택규모의 주택을 지어 1, 2층에는 상가건물인 근린생활시설을 신축하고, 일부는 주거 용도로 일부는 상가 건물로 쓸 계획으로 부동산 임대사업자등록을 신청하였다. 건설업체와는 계약을 하면서 부가가치세[18]를 별도로 지급하기로 하였다. 이분이 건물을 다 완공하고 부가가치세도 지급하고 난 뒤에 전화가 왔다. 주택 부분 부가가치세를 모르고 다 주었는데 어떻게 하면 좋겠느냐는 것이었다.

건설업체는 국민주택규모 미만의 주택을 건설할 때, 면세사업자가 되기 때문에 부가가치세를 받지 않아야 한다. 나중에는 서로 타협해 절반씩 손해를 보는 것으로 하고, 건축주가 지급했던 부가가치세 부담분 중에서 50%는 돌려받았다고 하는데, 그렇다고 하더라도 시공사의 입장에서는 50%의 추가 이득을 취한 셈이 된다. 세무사와 사전에 조금만 상담을 하였다면, 이런 문제는 발생하지 않았을 것이다. 사실 세금에 대한 이런 분쟁 사례는 우리 주변에서 심심찮게 발생하는 문제 중의 하나이다.

세금에 대한 기본적인 지식이 없거나, 납부해야 될 세금을 제 때 내지 않아 어려움을 당하는 경우도 있다. 거래처가 일반과세사업자 간이과세사업자, 혹은 면세사업자 여부에 따라 물건을 납품 받을 때 청구서를 받는 방법도 달라진다. 거래대금청구서를 세금계산서를 받을지, 계산서를 받을지, 간이세금계산서 즉 영수증으로 받아야 할지를 판단하여야 한다. 아마 대부분의 사람들은 세금계산서를 왜 받아야 하는지조차 모르는 사람들도 많다.

세금에 대한 무지는 자신의 자산을 제대로 관리하지 못하는 우매함과 같다. 전혀 모르는 사업체와 처음 거래를 시작할 때는, 반드시 사업자등록증[19]사본과 사업자등록증명원[20]을 받아두는 것이 좋다. 정부기관이나 정부투자기관에서는 거래처에 대금을 지급할 때, 납세증명서[21]를 첨부하도록 하고 있어, 못낸 세금이 있는지 여부를 판단한다. 세금관련 증명 제도를 잘 활용하면, 거래처의 사업장 운영과 세금체납 여부 등을 알 수 있다. 사업장의 이동상황, 신용도 등을 확인할 수 있는 방법은 납세증명서 하나만 받으면 알 수 있다.

부동산에 대한 투자를 희망한다면, 양도소득세와 종합부동산세제, 재산세, 취득세, 등록세 정도는 알고 있어야만 한다. 양도소득세는 실지거래가격을 적용하여 양도차익[22]을 산정하여 신고한다. 2채 이상 아파트를 소유하고 있을 때, 이를 매도하게 되면, 어느 것을 먼저 매도하는 것이 좋을까? 먼저 어느 아파트를 매도하는 것이 나을까? 건물을 매도할 때, 1세대 1주택을 적용받을 수 있는 주택이 어느 것인지, 양도차익이 어느 많고 적은 것인지에 따라, 어떤 아파트를 먼저 매도할 것인가 고민해 보아야 한다.

절세에 대한 노력은 납세자로서는 당연한 일이다. 부자들 가운데 세금에 대하여 무지한 사람은 거의 없다. 오히려 조그만 가게를 운영하는 사람들일수록 세금이 얼마나 중요한 것인지 잘 느끼지 못한다. 부자들은 자신이 얻어야할 부의 일정 부분을 세금으로 납부하기 때문에, 상대적으로 자신의 파이가 줄어들게 되었다고 생각한다. 부자의 이런 습관은 배울 필요가 있다.

2. 사업자 명의는
   절대로 빌려주지 말라

사업자등록을 위한 명의를 빌려주는 순간부터 세금뿐만 아니라, 사업자등록증을 빌려줌으로써 일어나는 각종 법적인 제재를 받을 수 있다. 절대로 다른 사람의 사업을 위해서 명의를 빌려주어서는 안 된다.

사업을 하는 사람들은 대부분 자신의 명의로 사업을 한다. 그러나 유통이나 조그마한 건설업을 하는 사업가들을 만나면, 때때로 실제 이름과 명함의 이름이 다른 경우가 있다. 특히 사행성 사업을 하는 사람들의 경우에는 사업자등록증의 이름과 실 사업자의 이름이 다르고, 자신의 명의로 사업자등록을 내었다하더라도 가명을 가지고 사업을 하는 경우도 더러 있다. 그래서 사업가들이 주는 명함을 잘 믿지 못하는 경우가 많다.

어느 정도 규모가 있는 사업자나 법인인 경우에는 그런 일이 적겠지만, 작은 법인의 경우에도 이런 일에 예외는 아니다. 법인의 대표이사라 하더라도 영업을 위하여, 부장, 과장으로 표기하는 경우가 많다. 조그마한 규모의 회사의 경우에는 오히려 이렇게 명함을 가지고 다니는 것이 영업에는 편리하기 때문이다.

문제는 여기서부터 시작된다. 조그마한 판촉물이나 유통업의 경우에는 거래금액이 크지 않기 때문에 별문제가 발생하지 않지만, 어느 정도 외형적으로 거래규모가 늘어나다가 보면, 외상거래가 이루어지고, 세금계산서도 조금씩 끊어달라고 하기 마련이다. 거래가 없이 발행되는 세금계산서는 정상적인 행위가 아니지만, 상거래 상 대부분의 사업가들이 이런 유혹에 빠지게 된다. 또 어떤 경우에는 늘 거래하던 사람이니 하고 믿지만, 전혀 알지 못하는 사업장의 세금계산서를 가지고 와서 돈을 달라고 한다. 과세관청으로 잘못된 세금계산서라는 연락을 받고 수소문하지만, 이미 사람은 간 곳도 없고, 사업자등록증과 명함도 다르다. 실 거래자는 늘 봐온 사람이니 잘 알지만, 벌써 연락이 닿지 않는다.

사행성 사업자들의 경우, 사업자등록을 내기 위하여 누군가에게 명의를 빌려달라고 해서 사업을 하는 경우가 많다. 밀린 세금도 내지 않고, 연락도 끊어진다. 이미 본인은 신용거래 제한이 있고, 세금도 밀려 있으며, 더 이상 자력으로 아무 것도 할 수 없는 상황이니 다른 사람의 명의를 빌려서 사업을 하는 것이다. 정상적인 사업이라 하더라도 거래 관계상, 혹은 세금 때문에 사업자등록을 다른 사람 명의를 빌리는 경우가 많다. 세무서에서도 이를 방지하기 위하여 사업자등록을 처음 신청하는 단계에서부터 사실 여부를 가린다. 그러나 사업자등록을 내는 명의자 본인이 자신이 하는 사업이라고 주장하는 경우에는 뾰족한 방법이 없다.

사업자등록을 위한 명의를 빌려주는 순간부터 세금뿐만 아니라, 사업자등록증을 빌려줌으로써 일어나는 각종 법적인 제재를 받을 수 있다. 절대로 다른 사람의 사업을 위해서 명의를 빌려주어서는 안 된다. 슬프게도 이런 일이 너무 많이, 그리고 자주 발생한다. 세무서 직원들을 붙들고 하소연을 하지만, 별 뾰족한 방법이 없다. 사업자등록은 절차상 본인의 의사를 확인한 후에 등록이 되고. 사업자등록신청서와 신분증까지 스캔을 떠서 전산으로 보관하기 때문이다.

사업장을 다른 사람의 명의를 빌리는 경우는 대부분 두 가지 경우이다. 자신의 이름으로 사업장을 운영하였지만, 도저히 더 이상 일어나려야 일어날 수 없는 상황이거나, 매출이 갑작스레 증가하여 세금이 너무 많을 것 같아, 사업자 명의를 바꾸어 거래하는 경우이다. 가까운 형제나 자매, 처제 등의 명의를 빌려 사업을 하는 경우, 형편이 어렵다는데 가족이니 도와줄 수밖에 없다.

나중에 분명히 정리라도 해 주겠지 하는 생각으로 명의를 빌려주어 법적인 분쟁이 된다. 타인인 경우에는 거래처의 미지급한 대금도 정리하지 않고, 세금까지 신고도 하지 않아 막대한 피해를 입히는 경우가 있다. 명의를 빌려간 사업자가, 파산 상태로 세금뿐만 아니라 거래처 물품 대금까지 지급하지 않기 때문이다. 이 일로 신용상의 피해와 오랫동안 민사소송에 시달리게 된다.

사업자 명의를 빌려주어 막상 피해를 당해보지 않으면, 왜 사업자 명의를 빌려주지 말라는지 그 이유를 잘 느끼지 못할 수 있다. 막상 이런 일을 당해보면, 그 고통은 이루 말할 수 없음을 느낀다.

사업자 명의는 절대로 빌려주어서는 안 된다. 나중에 가족 간에도 서로 얼굴을 부라리지 않으려면 말이다. 그리고 내 주머니의 돈을 쓸데없이 잃어버리지 않으려면 말이다.

3. 지출이 있을 때는 반드시 영수증과 자료를 챙겨라

정당한 거래에 대한 증빙자료를 제대로 확보해 놓는 것은 절세를 위한 상식이다. 필요하지 않은 비용의 지출을 줄이는 것이 부로 가는 지름길이라면, 절세 또한 주머니의 돈을 쓸데없이 지출되지 않게 하는 효과가 있음은 두말할 필요가 없다.

사업가뿐만 아니라 개인도 어떤 거래를 할 때는 거래관계의 증빙은 반드시 따로 보관해 놓아야 한다. 세금 때문이 아니라 하더라도 민사소송 등에서 거래관계의 중요한 증거자료가 되기 때문이다. 세금을 감면받거나, 사실을 확인하는 문제로 치닫는 경우에는 대금을 송금한 금융거래 자료가 중요한 증빙이 된다. 따라서 거래내역과 영수증, 대금의 입금에 대한 계좌송금영수증과 같은 것들을 반드시 확보하고 잘 보관해 놓아야 한다.

고액의 거래대금을 계좌로 송금하지 않고 현금으로 지급하였다면, 과세관청에서는 거래사실을 거의 인정하지 않는다고 보아야 한다. 고액의 대금을 현금으로 지급한다는 것이 거래의 관행상 오히려 이상하게 여겨지기 때문이다. 계약서와 영수증이 있다 하더라도 계좌로 지급된 금융거래 증빙이 없다면, 과세관청이 보는 시각은 시간이 지난 뒤 재작성하거나 다시 작성한 경우라고 인식할 수 있다. 따라서 작성 일자가 오래된 문서들의 경우에는 본인의 동의를 얻어 문서 감정을 실시하는 경우도 있다.

사업상 거래 관행은 사실 법령에 규정된 대로 그대로 이행하기가 어려운 경우가 많다. 거래 초기에는 사업자등록증 사본과 법인등기부등본 등과 같은 거래상대방의 기본 상황을 알 수 있는 기초 서류를 받아둔다. 납세실적증명, 납세증명서와 같은 서류로 거래처의 신용상태를 확인할 것이다. 그러나 서로 거래가 오래된 경우에는 자료도 확보하지 않고 그냥 납품을 받는 경우도 많다. 거래 관행상 물건을 납품하고 난 뒤에도 대금은 천천히 지급하는 경우도 있다. 대금을 우선 송금하고 세금계산서를 나중에 서로 맞추어 끊기도 한다. 세금계산서를 아예 발행하지 않고 서로 거래하는 경우도 있다. 이는 결코 좋지 못한 방법이다.

세금과 관련해서는 자료를 정확하게 맞추고, 또 그렇게 과세 관청에 신고를 해야 한다. 물건을 매입하여 재고로 보유하게 되는 일반사업자들은 세금계산서를 받고 난 뒤, 매입세금계산서로 부가가치세의 매입세액 공제를 받는다. 그래서 거래 쌍방 간에 세무서에 신고하는 세금계산서의 집계표 내용은 서로 맞아야만 한다. 일반과세사업자가 재고자산 매입에 따른 부가가치세 환급신청이 들어오는 경우가 있다. 가장 먼저 확인하는 것은 세금계산서의 교부와 발행, 그리고 정상거래 여부이다. 전자세금계산서 제도가 활성화된 후로는 과세관청에서 전산으로 바로 확인이 된다.

거래 자료와 증빙서류를 따로 잘 보관하여야 하는 것은 사업상 상거래에서만은 아니다. 집을 사고팔 때도 집의 매매 대금에 대한 증빙자료와 취득세, 등록세 등 제 세금에 대한 자료를 보관해야 한다. 부동산 중개수수료. 등기비용, 건물의 수선비 등의 증거서류 또한 반드시 보관해 놓는 것이 좋다. 양도소득세를 실지거래가액으로 신고하는 경우, 주택이나 오피스텔의 매매대금에 대한 계약서와 대금지급 서류, 아파트나 오피스텔의 수선비 등의 자료들 역시 보관해 놓아야 한다. 취득가액이나 매매가액에 대한 사실 확인의 중요한 증빙이 되기 때문이다. 수선비가 고액일 경우에는 세금계산서와 계좌로 보낸 송금 영수증 등을 반드시 제출해야만 비용으로 인정을 받는다.

고액이 소요된 대 수선비를 부가가치세를 절약할 양으로 현금으로 주면 깎아준다는 말에 세금계산서도 받지 않고, 현금으로 그냥 돈을 주는 경우가 많다. 후일 부동산 양도 시 비용으로 인정을 받지 못하게 된다. 아파트 매매계약서의 경우 관행적으로 부동산 중개소에서 금액을 더 적게 하여 별도의 계약서를 작성하는 경우가 많은데, 이는 취득세, 등록세의 축소 신고, 양도소득세의 축소 신고 등에 따른 위법한 행위이다.

대금이 지급되거나, 각종 용역 제공에 따른 거래에 대한 적격 증빙을 제대로 받고 관리하는 것은 일상사의 거래의 기본이다. 후일 과세관청이 해명자료를 요구할 때 요긴하다. 본인의 의도와는 무관하게 사인 간의 쟁송이 발생할 때 역시 중요한 증빙자료이다. 회사는 반드시 장부를 비치할 책임이 있다. 세법에서는 5년 이상을 이를 보관하도록 정하고 있다.

정당한 거래에 대한 증빙자료를 제대로 확보해 놓는 것은 절세를 위한 상식이다. 필요하지 않은 비용의 지출을 줄이는 것이 부로 가는 지름길이라면, 절세 또한 주머니의 돈을 쓸데없이 지출되지 않게 하는 효과가 있음은 두말할 필요가 없다.

4. 소득이 있는 곳에는
세금이 있다는 것을 항상 명심하라

사업을 하는 사업자나, 사업을 하지 않는 개인이라 하더라도 소득이 있는 곳에는
항상 세금이 있다는 사실을 인식하고, 자신이 얻은 소득이 세법상 과세대상으로
적용되는지 여부를 꼼꼼히 살펴보아야 한다.

　　　　소득이 있는 사람이라면 누구나 세금을 내게 된다는 것
은 상식이다. 그런데 문제는 바로 내가 소득이 있는 사람인가 하는 데 질
문이 있다. 나는 과연 세금을 내야할 소득이 있는 사람인가?

　사업장에서 일하는 근로자라면, 봉급액에서 세금을 뗀다. 지금 사업을
하고 있는 사람의 경우에는 당연히 각종 세무 신고로 세금을 납부하고 있
다. 즉 누구든 일을 하는 사람이라면 납세자라는 사실을 분명히 인식이 된
다. 학생이나 전업 주부의 경우에는 자신이 세금과 아무런 관련이 없다고
생각할 수 있다. 그렇지 않다. 자신이 생각하지 못하는 상황에서도 일시적
으로 소득이 발생할 수 있기 때문이다.

　가정주부나 학생이 든 저축예금의 이자에도 세금이 있고, 은행에 정기

적금을 들어도 이자에 대한 이자소득세가 붙는다. 주식을 사고팔아도 증권거래세나, 농어촌특별세를 낸다. 보유하고 있는 주식에서 배당을 받는다면 배당소득세가 있다. 지금 자신이 내야 될 세금을 은행에서 대신하여 납부하기 때문에 세금을 내는 납세자라는 사실을 깊이 인식하지 못할 뿐이다.

사업을 하는 사업자나, 사업을 하지 않는 개인이라도 소득이 있는 곳에는 항상 세금이 있다는 사실을 명심해야 한다. 자신이 얻은 소득이 세법상 과세대상으로 적용되는지 여부를 꼼꼼히 살펴보아야 한다. 세금에 대하여 사전 신고를 하지 않으면 감면을 받아야 할 금액을 받지 못할 수 있다. 고액의 가산세를 추가로 부담하여야 할 수도 있다.

재테크 지식이 조금이라도 있는 사람이라면, 은행의 예금이나 저축성 예금을 들 때도 예금이자뿐만 아니라, 예금이자에 대한 세금 감면 혜택 여부를 따져본다. 근로소득자의 경우 세액공제가 얼마나 되는지를 확인한다. 근로소득자는 일정비율과 금액을 한도로 공제가 되는 보험이나, 연금저축과 같은 상품가입을 선호한다. 금융상품의 경우에는 세법에서 비과세를 적용하여 예금이나 저축을 장려한다.

국민주택 규모의 주택이 한 채뿐인 사람이 주택을 사고팔 때, 1세대 1주택인 경우에는 비과세이므로 세금에 대한 부담을 느끼지 못한다. 수십 평의 고가의 주택을 사고판다면, 후일 발생할 양도소득세를 고민하지 않을 수 없다. 상가가 있는 빌딩 하나를 팔면, 팔고 남은 돈이 모두 내 것이 아니다. 세금을 내고 나면, 그만한 건물을 살 수 없기에 웬만해서는 빌딩을 팔지 못한다.

빌딩을 매각한 후, 당초의 빌딩을 매입할 때 지급했던 금액과 취득 시 부대비용, 건물을 감가상각비를 제외한 금액이 취득가액이다. 매도가액과 취득가액의 차액, 그 이익금의 일부는 세금으로 내야 한다. 빌딩을 판 후,

동일한 가액의 빌딩을 사지 못하는 이유가 여기 있다. 양도소득세는 부동산 시장이 활황이 되거나, 부동산 투기 붐을 보일 때, 부동산 거래를 줄여 투기를 억제하는 효과를 유발한다.

　일시적으로 소득이 발생할 수 있는 이유는 부동산 중개업자가 아님에도 1회성으로 부동산을 중개하고 수수료 명목으로 돈을 받거나, 원고를 기탁하고 원료를 받거나 경영자문을 하고 일시적으로 받는 수수료를 받게 되는 경우이다. 정기적이지는 않지만, 일시적으로 받는 소득을 기타소득이라고 한다. 세법에서는 일시적인 소득의 발생을 기타소득으로, 정기적이고 반복적인 소득은 사업소득으로 분류한다. 각각 일정 세율을 정하고, 세금을 납부하도록 하고 있다. 기타와 사업소득은 소득을 지급하는 자, 즉 개인이든 법인이든 소득을 지급을 할 때, 세금을 떼서 돈을 주는 자가 납부한다. 이것이 원천징수제도이다. 일용근로자도 하루 일당의 일정 금액 이상을 받는 경우에는 세금을 납부하여야 한다.

　직접 현금으로 받지 않는 경우에도 세금을 납부하여야 하는 경우가 있다. 돌아가신 부모님으로부터 재산을 물려받았거나, 살아계신 부모님으로부터 재산이나 현금을 받는 경우이다. 앞의 것을 상속세, 뒤의 것을 증여세라고 한다. 부동산 거래 시 일반적인 거래가액보다 현저히 낮은 돈을 주고 부동산을 매입했다면 부당이득세를 부과 받을 수도 있다. 채무의 탕감의 경우에는 법인의 경우에는 채무면제이익이라는 회계 처리상 계정과목을 두고 익금益金으로 가산을 하여 세법상 과세가 이루어지도록 하고 있다. 거래가 이루어질 때 세법상 과세 여부를 꼼꼼히 따져보고 결정을 해야 하는 이유가 여기에 있다.

5. 국세청에는 세금을 부과하기 위한 기본 정보들이 모인다

각종 정보가 국세청에 모이는 것은 정당한 과세를 위하여도 탈루세액을 놓치지 않기 위해서도 바람직한 현상이기는 하지만, 한 면으로는 납세자의 개별정보가 모두 국세청에 모여 있다는 점에서 납세자는 특히 거래 관행에 주의를 기울이지 않으면 안 되게 되었다.

샐러리맨으로 일하거나 공직자로서 일하다가 보면, 사실 세무서라는 곳도 평생 한 번도 방문하지 않고 살 수 있다. 그러나 사업을 하는 사람들은 국세청 건물이나 세무 관서의 건물만 봐도 쳐다보기가 싫고, 출입하기조차 싫어 한다. 조금 사업을 오래한 사람들의 경우 세무서에서 전화만 하면 왜 전화했느냐는 식이다. 그만큼 세무 관서라는 곳이 보기 싫은 곳이다.

국세청에는 거의 모든 정보가 모인다고 해도 과언이 아니다. 안 그래도 개별 세법뿐만 아니라 과세자료제출법 때문에 각종 자료가 국세청에 집중되고 있는데, 연말정산간소화서비스가 시행된 이후 신용카드 사용내역이나 의료비 사용내역과 같은 사적인 정보까지 국세청에 모이는 것을 보면, 정말 많은 정보가 집중되고 있다는 것을 실감한다. 거기다가 출입국 내역, 등기자료, FIU(금융정보분석원)의 자료. 심지어 골프회원권 보유 현황까지, 정말 많은 정보가 국세청에 모인다. 전자세금계산서의 도입으로 개별 업체의 거래내역까지 국세청에서 실시간으로 분석할 수 있게 되었다.

정부에서는 개인정보보호법에 따라 납세자의 개인정보에 대하여 보안을 강화하고 있고, 특히 국세청에서는 인터넷의 경우에도 내부망과 외부망을 분리해서 운영하며 보안을 철저히 하고 있다. 외부망에서 접근하는 홈택스 서비스의 경우에도 개별적인 최소한의 자료만 접근이 가능하다. 한마디로 국세청의 개인정보의 보호와 보안에는 큰 우려를 하지 않아도 될 것으로 보인다. 그러나 과세관청의 입장에서는 이러한 정보가 모이는 것이 당연하듯이 말하겠지만, 납세자의 입장에서는 그리 좋은 표정만은 아니다. 나의 모든 자료를 과세관청에서 다 알고 있다는 것은 사업자에게는 한면으로 참 기분이 언짢은 일임에는 틀림이 없다.

각종 정보가 국세청에 모이는 것은 정당한 과세를 위하여도 탈루 세액을 놓치지 않기 위해서도 바람직한 현상이기는 하지만, 한편으로는 납세자의 개별 정보가 모두 국세청에 모여 있다는 점에서 납세자는 특히 거래 관행에 주의를 기울이지 않으면 안 되게 되었다.

국세청 기획부서는 항상 탈세 행위에 대한 관심을 가지고, 이에 대한 정보를 분석하고, 어떻게든 탈세 행위를 근절시키고자 하기 마련이다. 국민을 보호하고, 정당하게 세금을 거두어들이는 정부로서 이런 일에 노력을 기울이는 것은 당연하다. 반면, 사업자들 입장에서는 세금에 관한한 전혀 예기치 않은 일들로, 그리고 다른 사람과의 금전 대차거래 때문에 과세관청으로부터 질문과 조사를 받는 경우가 발생한다. 이는 세무공무원의 질문조사권이라는 법에 명시된 정상적인 행위이지만, 납세자의 입장에서는 이 질문이 문서로 송달되면 여간 당혹스럽지 않다.

　가족 중에 누가 사망을 하게 되거나 재산을 물려받게 되면, 혹은 가족 중에 누군가에게 고액의 돈을 보낸 경우, 당사자가 아닌 가족들의 자금 흐름은 전혀 모르는 경우가 많다. 특히 사망을 한 경우라면 말이다. 따라서 고액의 자금을 운용하는 사업가나 개인이라면, 자금 흐름에 대하여 그 내용에 대한 기록을 잘 파악해 두는 것이 좋다. 납세자가 아니지만, 사업을 하는 지인과 금전 대차거래가 있는 경우가 있다. 지인의 사업장에 대한 거래 사실 관계를 조사하는 과정에서 이상한 자금 흐름이 나타나면, 과세관청에서는 세금의 탈루라는 시선을 가지고 당연히 그 이유를 묻게 된다. 금전 대차 과정에서 일정 금액의 이자를 받았다면 이자소득세를 내어야 하고, 그렇지 않다면, 그 자금의 흐름의 정당성에 대한 사실 여부를 해명을 해야 한다. 자금의 흐름으로 질문이 시작되면 분명한 것은 그 자금의 흐름에 대한 결과를 설명해야 하고, 이자소득과 같은 소득이 발생하였음에도 세금을 내지 않았다면, 이에 대한 세금을 납부하여야만 한다.

　과세관청에 많은 자료가 모이는 것은 세금 탈루를 검증하기 위한 필요 불가결한 수단이겠지만, 납세자나 국민의 입장에서는 자신과 관련된 모든 자료를 과세관청이 보고 있다는 점에서 매우 불편한 진실임에는 틀림이 없다. 납세자의 입장에서는 세금에 대한 신고와 납부는 더욱 정확해야 하는 것이다.

6. 거짓 자료는
끊어주지도 말고 받지도 말라

허위 세금계산서의 수취는 세금 추징에 따른 사업가 자신의 부담뿐만 아니라, 사업자 가족 또는 법인 대표자에게 엄청난 사회적 고통과 불이익을 초래하게 한다. 개인사업자나 법인사업자를 운영할 경우, 사업자는 이 점을 유념할 필요가 있다.

누구나 세금은 적게 낼 수 있으면, 최대한 적게 내고 싶은 마음이 들기 마련이다. 사업가 또한 당연히 최대한 세금을 줄여서 내고 싶은 것은 똑같은 심정이다. 그러다가 보면 어떤 편법을 동원해서라도 세금을 적게 내고 싶은 유혹을 받는다. 가령 다른 사람의 계좌를 빌리는 차명계좌를 통해서 거래대금을 받거나, 매입세금계산서를 실제 구입내역보다 더 받아서 매입비용을 추가로 처리하는 방법들이다. 세금을 줄이는 이런 방법들은 올바른 방법이 아니다. 세금에 대하여 절대로 하지 말아야 할 것들이다. 고의적인 탈세이다.

합법적인 테두리 내에서 정상적인 세금 절약은 좋은 방법이지만, 고의적으로 세금을 회피하는 수단을 동원하게 되면 이는 탈세가 된다. 지출하지 않은 비용을 과다 계상하거나, 실제 지출하지 않은 인건비를 지출한 것으로 처리하는 방법들을 동원하는 것도 그렇다. 물건을 매입하지 않고도 매입을 한 것처럼 서류를 꾸며, 세금을 줄이는 것은 탈세이다. 탈세금액이 크면 세무관서로부터 범칙조사를 받거나, 수사기관에 고발조치를 받게 된다. 거짓으로 자료를 만들거나 비용을 부풀리면, 무려 세액의 40퍼센트에 해당하는 고율의 신고불성실가산세를 추가로 부담하게 된다. 또한 범칙조사로 전환을 받게 되면, 수사기관의 수사를 받고, 납부할 세액 또한 기하급수적으로 늘어난다. 거짓자료는 끊어주지도 말고, 받지도 말아야 한다. 이런 일로 세무조사를 받다보면, 사업이 다시 일어나려야 일어날 수 없다는 사실을 알게 된다. 사업에서 항상 주의해야 할 일이다.

원단을 납품하는 사업가인 후배에게서 전화가 왔다. 이번에 납품을 하고 뭐 좀 될까 했는데, 세무서에서 1억 5천만 원의 매입 자료를 부인하여 몇 년 동안 벌었던 돈을 한몫에 다 털어 넣게 생겼다는 것이다. 자신은 직원들이 한 일이라 전혀 알지 못하는 일이고, 도대체 어떻게 된 일인지 모르겠다고 했다. 이야기로는 나중에 돈을 송금한 자료가 다 나타났고, 관련 거래처에서 정상적으로 물건을 매입한 내역들을 받아서 다행스럽게도 잘 설명을 했다고 한다. 직원들에게 증빙자료를 찾아내라고 엄청나게 다그쳤던가 보다. 90년대 초에 세금계산서를 일부 샀다가 혼이 난 경험이 있었기 때문에, 세금계산서 하면 증빙에 철저를 기하는 것을 알기 때문에 큰 걱정은 하지 않았지만, 세금계산서 자료 확보만은 허술히 처리하지는 않는다면서 안도의 한숨을 내쉬는 것을 본다. 사건의 발단은 납품하는 업체의 법인 대표이사들 간의 이익배분 과정에서 분쟁이 발생했고, 법인 공동대표 중 한 사람이 다른 대표를 세금계산서를 허위로 발행했다고 고발을 한 모양이다. 대표이사가 공동으로 등재된 법인은 경영권에서 분쟁 사례가 많은지라, 자세히 알아보고 거래하도록 만날 때마다 누누이 당부했었던 기억이 있다.

　사실 법인의 경우 세금계산서를 허위로 받게 되면 법인세와 가산세, 대표이사의 상여처분 등을 포함하여, 거의 매출누락액에 해당하는 세액을 추징당하게 된다. 법인세율과 소득세율이 인하되기 전에는 누락 매출액이 1억 원을 초과할 경우, 대표이사에 대한 인정상여 처분을 포함하게 되면, 추징세액이 거의 누락 매출액의 약 125%에 육박할 정도였다.

　세금 문제로 고통을 당한 사례가 있다. 연 매출이 30억 원에서 40억 원 정도로 20여 명의 직원과 함께 공장을 꾸려 가는데, 거래처로부터 세금계산서를 잘못 받아 많은 세금을 추징당했다. 회사를 창립할 때부터 거래해 왔던 납품회사였기 때문에 믿음이 있었다. 그런데 물건을 납품하면서 다른 회사의 세금계산서를 끊어주길래 받았더니, 세무서에서 자료상 자료라며, 매입세금계산서를 부인하게 되어 부가가치세와 종합소득세 1억 원 이상을 추징당할 상황이라는 것이다. 1억 원이라면 적은 돈이 아니다. 웬만한 중소기업에서 갑자기 1억 원에 가까운 금액의 세금고지서를 받게 되면, 자금 압박을 엄청나게 받을 수밖에 없다.

　사업자가 허위 세금계산서를 발급하거나 받은 금액이 많으면, 세무관서에서는 조세포탈범으로 수사기관에 고발을 한다. 고발 대상이 아니라 하더라도 범칙으로 전환이 되면, 세액의 50퍼센트 이상을 가산세와 별도의 과태료도 물게 된다. 허위 세금계산서의 수취는 세금 추징에 따른 사업가 자신의 부담뿐만 아니라, 사업자 가족 또는 법인 대표자에게 엄청난 사회적 고통과 불이익을 초래한다. 개인사업자나 법인사업자를 운영할 경우, 사업자는 이 점을 유념할 필요가 있다. 세금을 조금 의도적으로 아끼려다가 훨씬 더 큰 부담을 안는다는 것을 한 번쯤 생각하자.

7. 어떤 사람이
   회사의 대표를 맡으라고 한다면?

회사의 대표이사를 맡고 있었던 기간 동안 지출되었던 로비 자금이나, 지출 원인이 없었던 곳에 대한 자금의 집행 등은 후일, 대표이사에게 인정상여 처분으로 고액의 세금을 부담할 수도 있다.

　　　　　　　은퇴 후 사회에서 안정된 직업을 찾다가 보면, 한두 번 이런 제안이 들어온다. 내가 운영하는 회사의 대표를 맡으면 어떤가? 나와 동업을 하면 어떤가? 그리고 대표 자리를 제안한다. 이런 제안이 들어올 때면 고민이 된다. 회사의 대표를 맡아야 할까? 말아야 할까?

　예를 들면 이렇다. 지금 내가 다니는 직장은 사장은 아니지만, 그래도 회사 내에서 위상도 괜찮고, 직원들도 나를 좋아하는 편이다. 회사를 떠나지 않는다고 해도 누가 뭐라고 할 상황도 아니다. 다만 한 가지 다른 동기들은 모두 전무가 되었고, 나만 이상하리만치 잘 풀리지 않아 승진도 포기한 상태이다 나가서 어떤 사업이라도 벌이고 싶은데, 요즘 경기도 어려우니 쉽게 나서지도 못하고 있는 상황이다. 그렇다고 회사에서 나를 나가라고 하는 것도 아니다. 연봉도 직장에서는 괜찮게 받고 있는 편이니, 회사를 당장 떠나고 싶은 마음도 없다. 그런데 선배로부터 제의가 들어왔다. 회사의 대표를 맡으면 어떻겠느냐고 묻는다.

선배의 회사를 보면 이렇다. 선배를 안다는 것 외에는 특별히 아는 것이 아무것도 없다. 고향 선배이긴 하지만, 오랫동안 뵈어왔던 것도 아니다. 선배들 사이의 모임에서 잠깐 뵌 것밖에는. 그런데 선배가 제의를 해 온다. 선배를 소개해준 형처럼 여기는 회사의 사장님은 그 친구 사람 보는 눈이 정확하다고 말을 한다. 딴은 그렇다. 내가 사람을 사귀는 것을 좋아하고, 업무에는 냉철하리만치 치밀할 뿐만 아니라, 대인관계에서는 온화한 편이지만, 경우에 따라서는 그 많던 정도 억제하고 냉혹하게 인간관계를 자를 수 있는 사람이니까. 그런데 요즘 회사 내의 문제 때문에 소외감도 느끼고, 회사를 떠나야 하겠다는 생각을 몇 년 전부터 해 오던 터라, 이런 선배의 제의에 솔깃하지 않을 수 없다.

그렇다면 대표를 제안한 선배는 어떤 위치일까? 요즘 우리말의 표현을 빌리자면 말 그대로 회장(Father)이다. 나는 사장이고 대표이사이니 전문경영인이고, 회장님은 회사의 실소유주이며, 명목상 회장이고, 뒷자리에서 내 모든 것을 통제하겠다는 말이다. 나는 회사를 맡아야 할까? 말까?

세무나 재무 관련 업무에 종사해 보았던 사람이라면 분명한 의견을 제시한다. 관리이사는 괜찮은데 사장을 맡는 것은 신중하게 고려해 보아야 한다고 말한다. 그 이유인즉 이렇다. 회사 즉 법인의 대표이사는 법인의 등기상 대표이사로서 법인의 모든 업무에 대한 책임을 져야 한다. 영업, 재무, 노무, 기타 등등, 회사의 운영상에서 일어날 수 있는 모든 상황에 대하여 권한을 갖지만, 회사의 상황이 어려워질 경우에는 대표이사로서 일어날 수 있는 모든 책임을 소화해 내어야 한다. 실권도 없이 나는 과연 이런 모든 것을 부담할 능력이 있는가?

전문경영인의 영입은 몇 가지 측면에서 일어난다. 회사의 연혁이 꽤 있고, 회사의 역량 또한 상당한 생존능력을 갖추고 이윤 또한 상당히 많이 발생되는 부채가 거의 없는 우량회사에서 실제적인 경영주가 회사의 경영보다는 다른 일에 관심이 많아서 대표이사인 사장을 영입하는 경우가 있다. 다른 하나는 새로운 회사를 설립하여 회사의 경영을 전문인에게 맡김으로서 회사를 성장시키기 위해서거나, 회사가 지금 어려운 여건과 상황이 있어, 재무적 요건이 거의 퇴출 일로인 경우, 회사의 부활을 위하여 전문경영인을 영입하는 경우이다.

회사의 대주주는 회사가 안고 있는 다양한 문제점을 해결하기 위하여 전문경영인의 영입을 필요로 하게 되고, 대표이사에게 막중한 권한과 동시에 그 책임을 부여할 수밖에 없다. 회사가 처한 여건은 업종에 따라 매우 다르겠지만, 제조업이라면, 환경, 노무, 세무, 영업, 보안 등 다양한 인맥과 업무 영역을 필요로 한다. 모든 세상사가 다 그렇겠지만, 이 모든 일들은 인맥관계와 아주 부드러운 인간관계의 신뢰에 의하여 형성된다. 특히 재무적 상황에서, 회사의 대주주는 전문경영인에게 모든 사업을 맡겼다 하더라도, 정기적으로 재무적 보고를 받으려 할 것이다. 전문경영인은 회사의 영업전략과 모든 회사의 경영상황을 대주주에게 보고하는 것이 맞다. 여기까지는 교과서가 기술하고 있는 전문경영인과 대주주의 관계이다.

그렇다면, 실제는 어떨까? 우리나라의 경영 관례상 대주주는 회장이란 이름으로 모든 서류에 사사건건 결재를 하고, 경영의 전반에 간여를 하고 권력을 행사한다. 이것까지는 좋다. 그렇다면 재무적 관점에서는 어떨까? 대주주인 회장이 전권을 행사하지만, 그 책임은 경영인의 책임으로 돌아가는 구조가 될 수 있다. 그 대표적인 것이 회사의 자금에 대한 사적 사용이다. 이는 고질적인 우리나라 기업의 재무적 병폐이다. 기업의 돈은 기업의 것이다. 법인은 상법상 독립된 인격으로서 모든 돈의 흐름이 지출원인 행위에 따라서 지출되어야 한다. 그러나 실제로 기업의 재무구조를 들여다보면, 대부분의 조그만 법인들의 내부 상황은 대표이사의 가지급금과 가수금 형태의 법인의 돈이 들락거림을 알 수 있다. 이는 기업의 경영투명성 문제와도 관련이 있지만, 기업의 도덕성 문제와도 관련이 있다. 법인의 이러한 형태의 자금 운용은 어느 특정기업만의 문제가 아니다. 대부분의 기업의 흐름이 그렇기 때문이다. 우리나라 대부분의 기업들이 이런 재무 흐름을 보인다고 해도 과언이 아니다.

회계와 세무처리는 가지급금에 대하여 인정이자를 계산하고, 회사의 수익금으로 계상하여 법인세를 부과하지만, 이는 어디까지나 세법상 절차일 뿐이다. 법인의 돈이 임의로 들락거렸다는 것, 영업상 로비 자금으로 여기저기 썼다는 것은 세무회계는 가지급금 인정이자의 수익금 계상, 대표이사의 상여금으로 지급된 것으로 보는 인정상여 처분 등으로 세금을 부과한다. 반면 형법상의 논리로는 공금 횡령과 뇌물 공여 혐의 등으로 법적으로 빠져나갈 수 없는 책임을 떠안을 수 있는 것이다. 오래된 회사이고, 탄탄한 재무적 구조를 가지고, 앞으로도 영업이익을 지속적으로 창출될 수 있는 회사라면 문제가 없겠지만, 노무적 문제에 시달리고, 환경오염 문제 등 행정관청의 감독을 지속적으로 받아야 하는 회사라면, 대표이사를 맡는 일에 신중에 신중을 기할 필요가 있다.

기업 경영이 불안하고, 언제 부도날지 모르거나, 회사의 경영이 위기적 상황에 있다면, 아무리 최고의 실력을 갖추고 있다하더라도 회사가 문을 닫을 상황에 일어날 문제를 살펴보아야한다. 회사의 대표이사를 맡고 있었던 기간 동안의 모든 법적 책임은 대표이사가 안는다. 회사의 대표이사를 맡고 있었던 기간 동안 지출되었던 로비 자금이나, 지출 원인이 없었던 곳에 대한 자금의 집행 등은 후일, 인정상여 처분 등으로 고액의 세금을 부담하는 상황이 올 수도 있다.

　기업을 경영해 본 경험이 없는 사람이 명예 욕심을 가지거나, 작은 봉급에 연연해서 함부로 대표이사직을 수락해서는 안 된다. 법인의 사장, 즉 대표이사직이나 기업의 대표를 맡는 것은 신중해야 한다. 대표를 맡기를 권하는 기업이 사회적으로나 법적으로 위험 부담이 큰 업종일 경우가 많다. 기업주 자신이 대표를 맡을 때의 위험 부담을 회피하려고 다른 사람에게 대표를 맡기는 경우가 대부분이기 때문이다.

기업을 경영해 본 경험이 없는 사람이 명예 욕심을 가지거나, 작은 봉급에 연연해서 함부로
대표이사직을 수락해서는 안 된다.

부/자/의/습/관/부/터/배/워/라

제8장
망해봐야 부자가 된다?
(실패한 사람들의 이야기)

:
:

1. 무리한 주식투자는
패망의 지름길이다

하루 종일 컴퓨터 앞에서 가슴 조마조마하게 어디로 튈지 모르는 주가지수를 보고 애달아하는 것보다는, 이 시간을 이용하여 더 새로운 일을 계획하고 설계하는 것이 훨씬 더 효율적이다.

지금은 은퇴하신 중견 기업의 전무였던 분이 있다. 전무라지만 사실은 그 기업의 최고경영자와 다름없다. 이분의 주식투자 실패담이다.

기업의 구조조정이 한창 몸살을 앓을 무렵 종합투자금융 회사들 역시 구조조정에서 예외일 수는 없었다. 주가가 폭락해 액면가에도 미치지 못했다. 이때 종합투자금융사의 대표로 그룹 본사의 자금담당 책임자가 임명되었다고 신문에 보도되었다. 이 전무의 이야기로는 자금을 담당하는 핵심인사가 CEO로 부임하였기 때문에 모종의 회생대책이 발표되지 않겠느냐는 예측이었다. 종합투자금융회사는 모 그룹의 자금 조달과 관련이 되어 있기 때문에, 그룹의 입장에서도 매우 중요한 위치를 차지한다는 평가였다. 예견대로 얼마 후 몇백 원 하던 주가가 세 자리 금액으로 뛰어 올랐다. 역시 대단한 예견이란 생각을 갖게 했다.

이분이 어느 날 "나, 깡통 됐다"라고 이야기했다. 이 종금사의 주식에서 어느 정도의 차익을 실현하고 다른 기업의 주식을 매입했는데, 거래정지가 되면서 완전히 휴지조각이 되고 말았다는 것이다. 주식투자는 주식에 대한 정보와 이해가 밝다고 하는 사람도 하루아침에 거지가 되게 한다.

상담 차 찾아온 대기업 임원 출신의 어떤 분의 이야기는 더 기가 차다. 주식투자로 2억 원을 몽땅 날리고, 남은 2천만 원으로 가게를 얻어 장사를 해보려고 한다고 했다. 그러면서 주식투자는 절대로 하지 말라고 당부를 한다. 주식투자를 한다는 사람이 있다면, 두 손 두 발 다 들고 만류한다고 한다. 처음에 조금 벌었다고 달려들면, 개미는 절대 망하기 마련이라는 것이다. 아내의 만류를 뿌리쳐가며 주식을 했는데, 결국 모든 것을 다 날리고 빈털터리가 되고 말았다고 한다. 옆에서 그분의 부인은 이 이야기를 담담하게 듣고만 있었다.

주식을 해서 돈을 벌었다는 사람들의 이야기는 사실 많지 않다. 주식이 하향곡선을 그리는 시기의 투자는 매우 많은 손실을 유발할 가능성이 있다. 증권회사 직원에게 맡겨 놓으면, 주식을 너무 많이 사고팔아서 반타작을 해 놓는 경우도 있다. 적정 수익도 올리지 못하면서, 무리하게 친인척과 친구들까지 권장한다. 또 많은 자산을 주식에 투자해 놓으면, 불안해서 사업에 쏟아야 할 신경이 모두 주식시장에 가 있게 된다. 주식에 한 번 실패를 하게 되면 더 이상 다른 사업에 쏟아 부을 수 있는 열정과 여력을 잃게 된다.

주식은 자본주의 사회에서 기업 자금조달의 중요한 수단이며 개인에게는 중요한 재테크 방법이다. 그러나 우리나라 주식시장에서 투자란 극히 어렵다. 주가조작 파동에 기관들의 매수와 매도 전략에 놀아나고 향후에 일어날 주식시장의 변화를 전혀 예측할 수 없기 때문이다. 주가에 대한 투자 모델 분석도 전혀 불가능하다. 우리나라의 주식시장 문제는 이런 투자 예측 모델 설정이 어렵고, 외국의 주식투자 프로그램을 도입해도 맞지 않는다고 한다. 외국에서 오랫동안 투자예측에 대한 연구를 하다가 귀국한 학자들이 국내에 와서 외국의 주가 예측 프로그램을 적용시켜 보려고 하지만, 우리나라의 주식시장에 실제적인 적용이 어렵다고 한다.

우리나라의 주식 시장은 정상적인 기업의 자산과 건실의 정도, 당기순이익의 발생 정도에 따라 주가가 움직이지 않는다. 그만큼 내부정보에 의한 거래와 언론에 보도되는 것과 같은 주가조작 등이 많기 때문일 수 있고, 그 외에도 우리나라가 처한 무역환경에 따른 우리나라만의 독특한 주식시장 때문일 수 있다.

주식투자에서 이익을 남겼다는 사람보다 손해를 봤다는 사람이 더 많다. 특히 개인투자자는 말이다. 자영업자인 어떤 분은 사무실 운영 수익만 해도 최소한 한 달에 1천만 원 이상 순수익은 날 법하다. 나중에 고백하는 이야기를 들어보면, 주식투자에서 실패하여 많은 돈을 빚졌다고 한다. 강남에서 강북으로 이사를 했지만, 생활고에 시달리고 있다.

이렇게 이야기하는 분도 있다.

"주식 그거 왜 하나? 개구리가 어디로 튈지 모르는 것처럼 주식이 어디로 튈지 어떻게 아나?"

사실 맞는 말이다. 그 많은 신경을 쓰고, 하루 종일 컴퓨터 앞에서 가슴 조마조마하게 어디로 튈지 모르는 주가지수를 보고 애달아하는 것보다는, 이 시간을 이용하여 더 새로운 일을 계획하고 설계하는 것이 훨씬 더 효율적이다.

주식투자에서 20여억 원을 날린 여성이 남편으로부터 이혼을 당하고 피부관리실을 운영하는 것을 보았다. 주식은 절대로 무리하게 투자해서도 안 되고, 주식투자를 전업으로 삼아서도 안 된다. 경험이 없는 주식투자는 결국 남의 말만 듣게 되고, 나중에는 말 그대로 쪽박을 차게 되는 경우가 비일비재하다.

　전문가의 도움이 없는 무리한 주식투자는 실패를 가져오는 법이다. 정보의 부재, 경기의 변동 흐름에 대한 예측 능력 부재, 전문가들도 예측하기 어려운 주식의 흐름의 향방을 잡아 주식투자를 하는 것은 금물이다. 물타기 식의 주식투자는 패망을 가져온다.

　경험이 있는 전문가라면 웬만하면 주식투자는 우량주를 저가에 구입하여 장기적으로 보유하는 것이 바람직하다. 그러나 여기에서도 경기의 장기 흐름을 예측하고 전문가의 도움을 받을 필요가 있다. 특히 주식시장이 호전되어 활황인 경우에도 주식투자에서 실패한 사람들의 이야기를 교훈으로 간직할 필요가 있다.

전문가의 도움이 없는 무리한 주식투자는 실패를 가져오는 법이다.

2. 사업에 대한 무지는
실패를 초래한다

경험이 전혀 없는 새로운 사업을 투자하는 것은 아주 위험한 일이다. 한 번의 실패는 다시 재기를 어렵게 할 뿐만 아니라, 다시 회복하는 데에도 엄청난 시간과 열정을 소비하기 때문이다.

　　　　어떤 사업에 전혀 경험이 없음에도 새로이 사업을 전개하는 것은 매우 위험한 일이다. 이익의 실현 여부를 전혀 예측할 수 없는데다 이 사업의 추진 과정에서 도사리고 있는 위험을 예측하기도 힘들기 때문이다. 설령 거기에 많은 이윤이 예측된다 하더라도 사업 곳곳에 숨어 있는 위험을 충분히 인지하고, 이 위험을 충분히 회피할 수 있는 길을 마련하고 난 뒤에 투자하는 것이 맞다.

　사업을 하다가 실패한 사람 중에 이렇게 크게 사업에 실패한 사람도 별로 없을 것 같다. 이분은 대전의 부잣집 아들로 태어났다. 군에서 장교 생활을 마친 후, 여러 유형의 사업을 벌였다. 부동산업을 하다가 골재 채취 회사를 운영했고, 공연기획사를 운영하기도 했다. 또 제조업과 건설 회사를 운영하기도 했다. 말 그대로 해보지 않은 사업이 없다. 회사가 잘 나갈 때는 직원이 2백 명까지도 되었다. 현재는 금속 관련 사업과 아파트 시행 사업을 추진하기 위하여 열심히 뛰고 있지만, 지금은 말 그대로 홀몸이다.

한 개인이 경험이 전혀 없는 새로운 사업을 투자하는 것은 아주 위험한 일이다. 한 번의 실패는 다시 재기를 어렵게 할 뿐만 아니라, 다시 회복하는 데에도 엄청난 시간과 열정을 소비하기 때문이다.

이분이 처음 돈을 번 것은 부동산업이었다. 빌라를 신축하여 팔기도 하고, 좋은 요지의 부동산을 발굴하여 매입하여 되팖으로서 돈을 많이 모았다. 이렇게 번 돈으로 골재 채취 회사를 운영했지만, 골재 채취 중에 기계가 대홍수에 다 떠내려 가버렸다. 그래서 골재 채취 사업을 접었고, 다시 건설 회사를 운영하게 되었다. 토목공사를 수주하여 건설 장비를 투입하니, 진흙탕을 포크레인이 더 뚫고 나갈 수가 없어 건설업 역시 중도 포기하고 말았다. 이후 공연기획사를 운영하며, 연극을 공연했지만 경험이 없어 수익을 내지 못하고 문을 닫고 말았다. 이분의 삶에서 사업이 무엇일까 깊이 생각하게 된다. 또한 사업을 하는 사람들이 몇 번이나 돌다리를 밟아 간다는 말이 실감나게 느껴진다.

사업의 실패의 주된 원인은 사업에 대한 무지가 그 이유였다. 건설공사를 수주하였지만 건설업의 특성을 잘 모른 채 사업을 벌임으로서 제대로 착공조차 하지 못하고 중도에 사업을 그만두어야 했다. 대전 역전에 대대로 내려오는 땅이 많았지만, 연이은 사업 실패로 다 잃고 말았다. 사업은 결과가 이야기한다. 중간 정황으로 모든 것을 판단할 수 없다. 경험이 없거나 잘 알지 못하는 사업의 투자가 얼마나 위험한 일인지를 이 한 예에서 보게 되는 것이다.

사업을 계속할지 여부에 대하여 잠시 의논을 요청해 온 한 분이 있다. 이분은 22년간 중·고등학교 교사 생활을 하다가 명예퇴직을 하고, 현재 연금과 학교 강의료 등으로 생활을 하는 분이었다. 중학교 친구가 권해서 택배 회사 대리점을 운영하였다. 세금도 내지 못할 정도로 사업이 어려워져 다른 이에게 넘겨주었는데, 1년 사이에 9천만 원 가량 손해를 보았다고 하니, 단기간에 잃어버린 돈이 적지 않은 금액이었다.

처음에 사업을 시작할 때, 교직원 명예퇴직수당과 집을 담보로 한 은행 대출 등을 합하여 권리금을 주고 사업을 시작하였는데, 이렇게 크게 손해를 보고 그만두게 될 줄은 몰랐다고 한다. 택배회사의 경우 본사에서 조금도 손해를 보지 않으려고, 물건 하나만 없어져도 영업소에 책임을 묻고 수금 또한 제대로 되지 않는다. 이런 연유들 때문에 하는 수 없이 사업을 그만두게 되었다. 친구의 꼬임에 빠져 택배사업을 시작했는데, 택배회사가 이렇게 적자가 나고 어려운 줄 몰랐다고 한다. 사업에 대한 무지가 얼마나 큰 손해를 끼치게 되는지를 보여주는 한 단면이다. 모 대학교 부동산 대학원을 마친 경험을 살려 부동산 컨설팅과 분양 대행 등을 해볼 생각이라는데, 아내는 말도 제대로 붙이지 못하게 한다.

대기업의 중요한 간부였던 한 분이 있다. 제조업체를 운영하다가 실패를 하고 상담을 해 왔다. 핸드폰 기술과 관련된 무역업을 추진 중이라는데 여건이 좋지 않다고 한다. 왜, 좋은 직업을 두고 나와서 고생을 했느냐는 질문을 당연히 던지게 되었는데, 너무 생활이 지루하고 무언가 다른 일을 하고 싶어서 사업을 시작했다고 한다. 사무실을 나서는 그분을 문밖까지 배웅하고 들어서며 씁쓰레함을 지워버릴 수가 없다.

3. 잘못된 경영은 실패를 부른다

기업의 재무관리와 인사관리에 있어서 잘못된 경영은 실패를 가져올 수밖에 없다는 점을 깨달아야 한다. 이것은 한 개인의 사업장에 있어서도 마찬가지이다.

경영진의 가장 큰 책임은 인사와 조직 관리의 실패이다. 이 실패에 대해서는 경영진이 책임을 벗어날 길이 없다. 평상시에 자체 인력관리에 소홀함으로써 위기상황에서 적절히 대응하지 못하였기 때문이다. 이 실패는 바로 경영의 실패로 나타난다.

경영자가 신상필벌信賞必罰이란 말을 꺼려한다면, 이는 곧 경영의 실패로 나타나게 될 수밖에 없다.[23] 기업은 경제가 안온한 때에는 별문제가 없다. 장사도 잘되고 돈도 잘 벌리기 때문이다. 그러나 국가경쟁력이 약해지고 자동차, 전자, 반도체, 조선 등 몇 가지 품목 이외에는 수출이 전무할 때, 기업들의 생존은 시급한 문제가 된다. 위기를 기회란 말로 다스리지만, 이 위기를 극복한다는 것이 정말 어렵다는 것을 알게 된다.

임금이 체불되기 시작하면, 경영자에 대한 인격적 예우가 사라지고, 직원들은 하루아침에 적으로 돌변한다. 경영자가 제대로 기업 경영에 관심을 보이지 않으면, 커다란 위험에 직면하게 된다. 결국 나중에는 수습할 수 없을 만큼, 어려운 난관에 부닥치게 된다. 이 상황에서 경영자는 실패라는 오점을 남길 수밖에 없다.

기업의 재무관리와 인사관리에 있어서 잘못된 경영은 실패를 가져올 수밖에 없다는 점을 깨달아야 한다. 이것은 한 개인의 사업장에 있어서도 마찬가지이다.

어느 단체의 이야기이다. 여기에는 열 명 이상의 직원이 근무한다. 회장과 부회장 등 비상근 임원들이 있고, 비상근 운영위원들도 있다. 수입에 비해 직원에 대한 인건비의 지출이 많다고 판단되어 구조조정을 단행하지 않을 수 없었다. 직원 중에 간부급인 국장을 제일 먼저 내보냈다. 여기까지는 별 탈이 없었다. 협회의 수익이 줄어들었기 때문에 실무 책임자로서는 당연히 받아들여야 할 입장이었기 때문이다.

사측에서는 보다 더 큰 수익을 얻기 위하여, 새로운 사업 계획을 구상하였다. 이 구상을 실무팀장에게 제시하여 새로운 사업에 대한 구체적인 수익과 비용 등을 분석해 사업의 타당성 여부를 제출하도록 요청했다. 그런데 실무팀장 단계에서 새로운 사업에 대한 검토 능력이 없다고 보고가 되었다. 인사위원회가 소집되었고, 급기야 3명의 책임자를 해고하였다. 해직된 직원들은 노동위원회 제소와 동시에 소송을 제기하였다. 민주노총과 함께 집단 시위를 벌이기도 하였다. 끝내 임원진 중에 일부는 임원직을 그만두고 협회를 탈퇴해 버렸다. 아무것도 해결되지 못하고, 너 죽고 나 죽자는 식의 분쟁만 가속되었다.

과거 우리나라의 중소기업들은 인력관리나 경영관리 문제에 대하여 심각하게 생각하지 않았다. 필요성조차 느끼지 않았기 때문이다. 최근의 기업환경과 여건의 변화는 기업 내부의 심각한 구조조정을 요구하지 않을 수 없게 되었다. 인사 부서에서 인력 관리에 더욱 철저를 기할 수밖에 없게 된 것도 복잡해진 사회 환경과 기업의 급속한 변화 때문이었다.

우리나라와 같이 근무 분위기가 인정에 끌린다거나, 약간의 여유를 두는 듯한 제반 정서는 전통적인 한국사회의 특징일 수 있다. 이 점은 기업의 근무 환경을 좋게 만드는 긍정적인 면도 있지만, 한 면으로 느슨한 근무 분위기를 조성하여 근로의 효율성을 떨어뜨린다는 단점으로 작용한다. 정감만 가지고 회사를 운영할 수는 없다. 유능하고 똑똑한, 그러면서도 회사를 위해서 헌신적으로 일할 수 있는 사람이 필요하다. 유능한 인재의 확보는 결국 자본주의 사회에서는 당근, 즉 돈이라는 성과보상 안에서만 가능한 일이다. 성실하고 능력 있는 사람들을 제도권 안에서 스카우트하는 것은 기업의 이윤추구를 위해서는 반드시 필요한 일이다. 이 변화를 받아들이지 못하는 직원들이 퇴보를 당하는 것은 너무나도 당연한 일이다. 그런데 우리나라의 사회적 정서상 이런 문제를 받아들이기 어렵다는데 기업의 고민이 있는 것이다.

경영진의 가장 큰 책임은 인사와 조직 관리의 실패이다.

4. 무리한 보증은
파멸을 가져온다

보증을 설 때는 신중을 기하고 조심해야 한다. 보증을 잘못 서게 되면 파탄에 이르고 가정까지도 위태롭게 만든다.

기업을 운영하는 사람들은 서로 엇어 보증을 서는 경우가 많다. 건설업체의 경우 공사 준공에 대해 서로 지급 보증을 서 주는 경우가 있는데, 이것은 기업을 유지하는 과정에서 필요 불가결한 행위이기도 하다. 하지만 이 보증에는 자칫 거래 업체의 부도나 채무 불이행이라는 위험이 따른다.

성경은 이런 보증을 서는 위험에 대하여 엄중히 경고하고 있다. '남의 보증을 선 사람은 자기의 옷을 잡혀야 하고, 모르는 사람의 보증을 선 사람의 경우에는 자기의 몸을 잡혀야 한다'[24]라고 기록한다. 항간에 떠도는 말에도 '사람이 나쁜 것이 아니라 돈이 사람을 나쁘게 만든다'라는 말이 있다. 다른 사람의 보증을 설 때나, 돈을 빌려줄 때 그만큼 신중을 기하라는 말이다. 한 번 보증을 잘못 서 손해를 입은 경험을 하게 되면, 그 다음부터는 어떤 일이 있어도 보증을 서지 않게 된다. 외환위기 이후, 많은 샐러리맨들이 보증으로 피해를 입는 사례가 속출했다.

보증으로 어려운 상황에 처한 사람들이 상담 차 찾아오는 경우가 있다. 주로 보증을 선 것이 문제가 되어 더 이상 직장까지 다닐 수 없게 되었다거나, 사업을 수행할 수 없게 된 경우이다. 이미 사건이 다 벌어지고 난 뒤에야, 세무 관계의 제반 처리, 즉 국세의 신고, 납부, 환급 등에 대하여 의견을 물어온다.

보증을 설 때는 신중을 기하고 조심해야 한다. 보증을 잘못 서게 되면 파탄에 이르게 되고 가정까지도 위태롭게 만든다. 보증으로 인하여 이혼을 하고 난 후, 재산 분할 문제로 상담 차 찾아온 이들이 여럿 있었다. 보증은 가족 간에도 동의가 필요하고, 친구지간에도 신중을 기할 필요가 있다. 필요불가결하게 보증을 서야할 경우에는 보증을 설 사람의 신용상태를 꼼꼼히 점검하고 충분히 검토하여야 한다. 부부지간에도 남편의 대출 보증 때문에 금융기관에 다니던 부인이 월급을 압류 당하고, 회사에서 퇴출당한 사례가 적잖이 있다.

보증과 비슷한 사례로 세금 관계에서 제2차납세의무란 것이 있다. 남편의 사업에 부인이 이사나 법인의 감사로 등재된 경우, 혹은 친족 또는 특수관계자의 소유 주식수가 100분의 51이상이 되면, 과점주주로 판정되어 소유 주식의 비율만큼 세금을 부담해야 한다. 회사가 부도가 나거나 세금을 내지 못할 경우에도 과점주주로 판정되면 제2차납세의무자가 된다.[25] 법인사업체에 근무하는 직원은 사무실에서 주식을 배분한다고 해서 무조건 받을 일이 아니다. 비상장주식의 경우 과점주주가 되어 법인이 부실하다면, 일정 지분율에 대하여 제2차납세의무를 져야 하기 때문이다.

보증을 선다는 것은 보증을 선 사람을 위하여 책임을 순식간에 떠안는 것과 같다. 요즘은 신용보증기금과 같은 여러 가지 제도권에서 인별 보증을 시행하고 있으므로, 보증을 요구하는 사람도 적고 사고 위험도 적다. 그렇지만 금융권의 고액 보증을 요구하는 경우에는 신중을 기할 필요가 있다.

국내 대학교 산학관에서 벤처기업을 운영하는 어느 분이 사업장 운영에 대해 상담을 하러 찾아왔다. 이분은 초음파 기술로 세관을 하는 기술을 개발한 사람이었는데, 벤처 기업체로 등록을 하고 있었다.

오십을 전후한 중년의 나이지만 서울대학교 공학과를 졸업한 수재였다. 사업을 시작하기 전에는 대기업에도 근무했고, 단란한 가정을 이루고 있었다. 그런데 교회에 다니면서 아는 교인에게 보증을 서준 것이 잘못되어, 10억 원 정도의 빚을 지게 되었다. 이 일로 아내가 이혼을 요구했고, 부득이 모든 것을 내놓고 혼자 살게 되었다.

이분의 문제는 이뿐만이 아니었다. 벤처기업 추진 과정에서 일이 잘못 꼬였던 모양이다. 설명에 의하면 사업 추진에 돈이 필요했고, 사람을 소개받아 보증을 하고 자본금을 늘렸는데, 투자한 사람들이 모두 돈을 빼내가고 말았다. 사업체를 몽땅 다 뺏긴 상태가 되었고, 추가로 얼마를 더 지급한다는 조건으로 각서를 쓰고, 최종 결별을 했다. 폐업신고도 못하고 사업장을 그대로 두었는데 어떻게 하면 좋겠느냐고 물었다. 만약 설명된 요건대로라면, 자본금에 대한 대표이사 상여처분, 잔존재화에 대한 부가가치세 과세 처분 등으로 상당한 조세 부담이 일어날 수밖에 없었는데, 다행히 후배 세무사가 적절한 조언을 해주었다. 지금은 어려움을 딛고 지방에 있는 공장에서 기술 개발과 영업 등 경영의 총괄 책임자로 일하고 있다.

5. 자본이 없으면
   일어설 수 없다

아무리 좋은 아이디어라도 자본을 확보하지 못하면, 세상에 그 빛을 보일 수 없는 법이다. 아무리 좋은 사업 아이템이라도 자본이 뒷받침되지 않으면, 사업은 성공을 보장할 수 없다.

환경공학박사 학위를 취득하고 연구원에서 일을 하다가 독립하여 컨설팅 회사를 차린 친구들이 있다. 모두 석·박사들로 직원들을 구성하여 회사를 운영하고 있는데 기술력은 누구보다 뛰어나다고 자부한다. 환경을 전공했지만 배기가스 측정 연구과정에서 교통관련 프로그램을 접목하는 연구로 기술력의 선두에 서게 되었다.

이 친구들이 항상 고민하는 것이 자본력이다. 아무리 좋은 기술을 개발하고 특허를 등록해도 대기업과의 경쟁에서는 밀린다는 것이다. 지금은 환경설비 분야는 자본력 때문에 회사를 분리해 내고, 컨설팅을 주로 하여 대기업과 합작으로 어느 지방자치단체의 교통시스템 개선 작업에 착수하고 있다. 아무리 좋은 기술력을 가져도 자본 때문에 대기업에 밀릴 수밖에 없다는 이야기를 한다. 보가에 좋은 아이디어라도 자본을 확보하지 못하면, 세상에 그 빛을 보일 수 없는 법이다. 아무리 좋은 사업 아이템이라도 자본이 뒷받침되지 않으면, 사업은 성공을 보장할 수 없다. 사업을 처음 출발하는 이들에게 하고 싶은 말이 있다면, '세상은 그렇게 호락호락하지 않다'고 하는 말이다. 이 말을 유념 있게 생각해볼 필요가 있다.

여러 해 전 한 젊은 여사장이 상담을 하러 찾아온 일이 있었다. 벤처타운에서 핸드폰과 휴대폰 탑재용 게임을 개발한다고 하는데 보기에도 정말 아름다운 캐릭터들이었고, 향후에 유아를 대상으로 한 사업성이 충분히 있는 아이템이었다. 게임을 개발하기 위하여 통신업체와 이미 약정을 체결하여 놓았지만, 추가로 소요되는 개발비가 문제라고 했다. 당시 사업 추진 현황과 사업 추진 계획을 듣고 투자하고 싶은 욕구가 강렬하게 일어났다. 하지만 경제적 여력이 없었을 뿐만 아니라, 사업을 하는 후배를 지원했다가 자금을 회수하지 못하였던 선례가 있는지라 쉽게 지원할 수 없었다.

이 여사장의 설명으로 당시 게임 산업의 인건비가 최고 수준임을 처음 알았다. 게임업계에서 두 번째라면 서러워할 직원들의 연령은 겨우 이십대 초반인데, 초임 연봉이 대기업 수준이라고 한다. 다른 기업에서 스카우트해 가면 배 이상의 연봉을 받게 된다고 하니, 능력 있는 직원들의 연봉 수준이 어느 정도인지 가늠해 볼 수 있었다. 후일 어떤 사업가가 이에 대한 지원을 검토한 적이 있었는데, 투자비에 대한 회수 기간, 투자 후의 수익 배분, 수익의 구성 문제 등으로 성사되지 못하였다는 이야기를 들었다.

오랫동안 사업을 한 사람들은 자신의 투자비가 공중에 날아가 버린 경험을 한두 가지씩 이야기한다. 이 때문에 투자에 대하여 신중해지지 않을 수 없는 것이다. 투자 실패의 쓰라린 경험은 아무리 돈이 많은 사람이라고 해도 섣불리 투자를 못하게 만든다. 나중에 이 젊은 여사장이 결국 투자자를 확보하지 못하였다는 소식을 접하고 참으로 안타까웠다. 추가 소요비용이 겨우 1억 원에서 1억 5천만 원 정도였는데 아무도 투자자가 나타나지 않았다고 한다. 오죽했으면 프로그램 저작권까지 넘기는 조건으로 투자를 희망했지만, 투자가 성사되지 못하였다고 한다.

투자자의 이야기는 간단하다. 투자를 하고 난 이후, 앞으로도 추가 비용이 얼마나 더 들지 알 수가 없고, 현재 별문제가 없다 하더라도 앞으로도 추가적으로 일어날 수 있는 문제들을 예측하기 어렵다는 것이다. 직원 관리부터 이익금 배분 문제, 사업에 실패하였을 때의 책임과 채권 회수 문제 등, 이런 여러 가지 문제가 해결되지 않은 상황에서, 아무리 좋은 사업이라해도 선뜻 투자가 쉽지 않다는 것이다.

벤처기업이 처음 회사를 설립해서 은행을 찾아가 보면, 쉽게 대출 받기가 참 어렵다. 어렵게 초기 자금을 확보했다고 해도 벤처기업들이 다 성공하는 것도 아니며, 운영하는 것 자체가 힘이 든다. 의욕만을 가지고 모든 일을 해결할 수는 없다. 제도권 안에서 리스크를 부담하고 자금을 지원하지 않는다면, 벤처기업을 운용하기란 상당히 힘이 든다. 한 젊은 여사장의 투자의 실패는 사업이 얼마나 어려운가를 보여주는 한 예일 뿐이다. 아무리 좋은 아이디어를 가졌다고 해도 이에 따른 자본을 확보하지 못한다면 사업은 망할 수밖에 없다. 차라리 통신회사에서 요구할 때 팔았다면, 권리금이라도 제대로 건졌을 텐데. 부족한 자본력으로 사업을 버티는 것이 얼마나 어려운지를 보는 또 하나의 사례일 따름이다.

국가 역시 마찬가지가 아닌가? 정부에서는 외국 자본을 끌어들이려고 아우성이지만, 노동조합은 자신들의 권익만을 주장한다. 노동자의 입장에서는 자신의 파이를 빼앗기지 않기 위해서 그렇게 해야겠지만 노동조합의 파업 때문에 다국적 기업들이 사업장을 폐쇄하고, 더 좋은 조건의 국가로 사업장을 옮기겠다는 소리를 귀담아 들을 필요가 있다.

6. 변화에 민감하지 않으면
실패 한다

개인이나 기업이나 이 사회적 변화에 민감하지 않으면, 현실에 안주하게 되고, 어느새 자신도 모르게 안주한 현실에서 서서히 데워지는 냄비 안의 개구리처럼 수명을 다하고 만다.

        아무리 좋은 사업이라도 무리한 사업의 확장이나 주변 환경의 변화를 제대로 인식하지 못하면, 이 사업은 바로 실패하기 쉽다. 또한 자신의 전문분야가 아닌 영역의 사업에 손을 대는 것도 바람직하지 못하다. 어느 정도 연륜이 싸인 경영자라면, 적어도 그 업계의 자질구레한 문제점까지 정확하게 인식하고 있기 마련이다. 그래야만 이에 대응할 수 있고, 실패의 쓰라림을 예방할 수 있기 때문이다.

    지금 세상은 바쁘게 변화하고 있다. 주변 환경이 변화하고 있고, 국외적인 여건뿐만 아니라, 국내적인 여건도 수시로 변화하고 있다. 정치적 상황이 변하고 있고, 정부의 정책 흐름이 변하고 있다. 아마 그 가운데 가장 민감하지 못한 부분은 역시 정치이고, 정부의 개혁 프로그램이 아닐까 싶기는 하지만 말이다.

기업은 자전거를 타고 가는 것과 같다. 만약 자전거를 타고 가다가 페달을 밟지 않으면, 자전거는 그 자리에 멈춰 서 버린다. 그리고 자전거 운전자는 넘어져 버리고 만다. 기업을 경영하는 경영자의 마음도 이와 같다. 항상 위험이 도사리고 있고, 이 위험을 피해 나가야 한다. 그리고 끊임없이 기업이라는 실체를 끌고 달려가야 한다. 달려가지 않으면 그 자리에 멈추고 넘어질 수밖에 없다.

개인이나 기업이나 이 사회적 변화에 민감하지 않으면, 현실에 안주하게 되고, 어느새 자신도 모르게 안주한 현실에서 서서히 데워지는 냄비 안의 개구리처럼 수명을 다하고 만다. 그래서 항상 기업의 경영주는 세상의 변화를 읽고, 사업에 다가오는 위기감을 항상 인지하고 있어야만 한다. 그렇지 않으면 어느 순간 많은 자산이 나의 주머니로부터 빠져나가고 있다는 사실을 경험하게 된다. 개인 역시 마찬가지이다. 지금 세상의 변화를 읽고, 그 속에서 내가 어떻게 살아갈지, 어떤 새로운 투자처에서 자산을 벌어들일 수 있을지 고민을 해야 한다.

어느 병원장의 사업장 운영의 예는 주변 환경의 변화에 대응하지 못해 실패한 하나의 예가 될 수 있다. 기업뿐만 아니라 개인도 주변 환경과 여건의 변화에 민감하지 않으면, 살아나갈 길이 없음을 알 필요가 있다.

마포구 전철역 근처에 한의원이 있다. 이 한의원을 매번 방문할 때마다 느끼는 것은 여느 건물과는 다르게 참 깔끔하다는 것이다. 당초에는 2차선 도로 길가에 사업장이 위치하고 있었으나, 월드컵이 유치되면서 건물이 철거되어 바로 뒤편의 주택을 매입해 새 단장을 하였다. 그렇게 잘 되던 한의원이 새 단장을 하면서 영업에 난항을 겪게 됐다.

병원도 손님을 유치하기 위해서는 세련된 영업 전략이 필요하다. 의사로서는 대학교수까지 지낸 실력파이고, 치료에 있어서도 남부럽지 않은 능력을 갖추었음에도, 한의원이라는 병원 운영에 있어서는 성공적이지 못했다. 아무리 훌륭한 실력을 갖추고 있다고 해도 이 능력을 잘 활용하거나, 사업을 위한 좋은 입지를 잡지 못한다면 실패로 이어진다.

이분의 병원 확장을 보고 몇 가지 문제점을 지적하여 준 적이 있다. 사업가에게는 참고가 될 내용일 것이다.

첫째, 무리한 부채를 차입하여 사무실 확장을 꾀했다. 본인의 소득이나 향후에 병원의 확장으로 늘어날 소득에 비하여 - 물론 환자가 더 많이 늘어날 것이라 예측했겠지만 - 무리한 은행 대출로 소득의 대부분을 은행 이자로 지급하고 있었다. 새로 인테리어를 했기 때문에 무려 10억 원 이상의 많은 돈이 들어갈 수밖에 없었다. 이는 한의원의 재무구조를 더욱 어렵게 하였다.

둘째, 주변 환경의 변화를 심각하게 인식하고 있지 않았다. 건물 앞의 도로가 확장되어 건물이 철거되었음에도, 바로 뒤의 건물을 인수하여 옛 위치를 움직이지 않았다. 그대로 사업장을 유지하였던 것이다. 병원을 옮기기 전, 옛 건물 앞의 도로는 2차선으로 건너편으로 건너가기 위한 거리가 짧았다. 또 바로 건물 입구에 횡단보도가 있어 환자가 방문하기 편리하였다. 그러나 도로가 4차선으로 확장이 되고 난 뒤, 차량 통행량이 늘어났을 뿐만 아니라, 보행자 신호등 대기 시간이 늘어나, 환자가 병원을 이용하는 데 불편해진다는 점을 간과하였다.

병원 입장에서는 진작 사업장을 다른 곳으로 이전하고, 더 많은 고객을 위하여 봉사할 준비가 되어 있어야 했다. 그럼에도 불구하고, 원장은 바로 뒤의 건물을 그대로 인수하여 현 장소에서 위치를 변화시키지 않고, 그대로 사업의 확장을 꾀하였다. 주변 여건의 변화를 받아들이지 않은 것이다. 이는 결국 고객이 다른 병원으로 이동한 직접적인 원인이 되었다.

최근 몇 년 사이 갑자기 경기가 악화되기 시작하였다. 그러자 치료보다는 보약을 지어가려는 사람들의 수가 줄어들어 수입이 점점 줄게 됐다. 문제는 여기에만 그치지 않았다. 사업 확장에 따른 무리한 부채의 차입으로 결국 벌어봐야 많은 돈이 이자로 지출되어, 병원 운영에 대한 의욕을 상실하였다는 점이다. 내방하는 환자가 점점 줄어들게 되니 의욕이 상실되고, 어떻게 하면 돈을 더 많이 벌 수 있을까, 돈을 버는 다른 방법이 없을까, 혹은 한의원을 그만 두고 다른 일을 하는 것이 낫지 않느냐는 생각을 자주 하게 되었다.

결국 긍정적이고 진취적인 생각이 떠남으로써, 미래를 회의적인 시각으로 보게 된다. 미래가 전혀 기대할 것이 없다는 생각 때문에 마음에 여유까지 없어지는 악순환이 계속되는 것이다. 후에 전통주류에 관심을 두고 꽤 많은 자금을 투자했으나, 이도 여의치 않아 결국 병원으로 다시 돌아와 일하는 모습을 보았다. 자신의 전문 분야가 아니라고 꽤나 말렸음에도, 많은 시간이 흐른 뒤에야 자신의 영역이 아님을 알고, 더 작은 곳으로 한의원을 옮겨 병원 일에 전력을 기울이는 모습을 보았다.

아무리 좋은 사업이라도 무리한 사업의 확장이나 주변 환경의 변화를 제대로 인식하지 못하면,
이 사업은 바로 실패하기 쉽다.

7. 무분별한 투자는 실패를 가져 온다

어느 정도 사업 경험이 있는 사업자라면, 기본적인 사업 운영방법 및 절차에 대해서 스스로 잘 판단할 수 있다. 그러나 사업의 경험이 없는 사람이 하고자 하는 사업의 내용조차 잘 모른다면, 그 사업은 실패할 수밖에 없다.

　　　　교직에 있다가 퇴직한 어떤 분이 사업을 하겠다고 찾아왔다. 사업을 처음 시작하는데 다른 사람들이 고시원이 잘된다고 해서 고시원을 할 계획이라고 했다. 건물을 얻어서 계약까지 끝냈고, 이제 어떤 절차를 밟아야 하는지를 물으러 온 것이다.

　사실 직장생활만 하다가 처음으로 사업을 시작하는 사람들은 어떤 절차를 밟아서 사업장을 개설하여야 하는지조차 모르는 경우가 많다. 경영관련 서적을 찾아보고, 사업장 개설이나 사업장 운영을 위한 절차 등을 설명하는 자료들을 읽어도 이는 어디까지나 이론일 뿐, 구체적인 사업장 개설이나, 특정 업종의 운영요령을 세부적으로 설명하는 서적들을 따로 구하기가 어렵다. 요즘은 인터넷이 발달하여 필요한 지식을 검색하면 금세 얻을 수 있으니, 인터넷을 활용하는 것이 좋은 방법이다.

사업을 처음 시작하기 위해서는 세무 관계 이전에 경영분석26)이 필요하고, 충분히 흑자가 예상된다고 하면, 사업을 시작하기 위한 절차를 밟아야한다. 흑자가 예상된다 하더라도 예상 수익률27)을 꼭 염두에 두고 사업을추진하여야 한다. 향후에 기대되는 수익률이 본인이 원하는 금액 이상이라면 투자가치가 있다고 보고 사업을 추진하면 되겠지만, 그렇지 못하다면 더 이상 사업을 추진해서는 안 될 것이다.

음식업으로 사업을 시작한다면 구청 민원실에서 영업신고 필증을 먼저받아야 한다. 말이 신고이지 일정 요건이 있기 때문에 허가와 별반 차이가없다. 구청에서 음식업 신고 필증의 명의는 변경이 가능하다. 건설업을 한다면 건설업 면허를 받아야 할 것이고, 학원을 운영한다면 교육청에서 학원 사업자 등록을 필하여야 한다. 그 다음에 세무서에 방문해서 사업자등록 신청을 하게 되는데, 관할 관청의 허가나 신고 필증, 임대차 계약서를제출한 뒤 신청하면 된다.

사업장을 마련하였지만, 허가 절차에 따른 문제점 등으로 사업을 아직까지 개시하지 못한 경우에도, 사업 계획서를 첨부하면 개시 전 사업자로등록이 가능하다. 이 경우에는 세무서 직원의 면담이나 사업장에 대한 현지 확인 절차를 거치게 된다.

고시원의 경우 단순히 학생들이 공부만 하는 장소라면 독서실로 분류되어야 할 것이나, 고시생들이 잠을 잔다면 숙박업이 적용된다. 숙박업의 경우에는 여관과 모텔 등은 등록을 하여야 하지만, 고시원은 자유업으로 되어 있어 구청에 신고할 필요가 없다. 다만 다중 집합장소로서 소방시설 인가를 받아야 하는 행정절차는 별도로 남아 있다.

임대차 계약서가 보증금은 따로 하고서라도 월세만 해도 2백 5십만 원이 넘는다. 이 정도의 월세가 지급된다면, 적어도 한 달에 4백만 원 이상은 벌어야 사업이 유지가 된다. 이 정도의 매출이 예상된다면, 당연히 일반과세자[28]로 분류되어 매출액의 10%를 반드시 부가가치세로 납부해야 한다. 연간 매출액이 4천 8백만 원 이상이 되면, 간이과세자로 적용할 수가 없기 때문이다. 이 업종의 경우 임대료와 건물 수선비 외에는 매입세액이 거의 발생이 안 된다. 그나마도 집주인이 부동산 임대업자로 간이과세자[29]가 되어 있다면, 임대료에 대해 세금계산서를 끊을 수 없게 되어, 임대료에 대한 매입세액의 공제조차 어렵다. 어느 정도 사업 경험이 있는 사업자라면, 기본적인 사업 운영방법 및 절차에 대해서 스스로 잘 판단할 수 있다. 그러나 사업의 경험이 없는 사람이 하고자 하는 사업의 내용조차 잘 모른다면, 그 사업은 실패하기 마련이다. 사업의 경험이 없이 사업을 추진하면 어떻게 되는지를 너무나 여실히 보여주는 사례였다. 초등학교 교사였지만 보증을 잘못 서는 바람에 퇴직금으로 빚을 갚고, 고시원이 잘된다는 말만 믿고 이를 인수했는데, 임대료가 원체 비싸 10%의 부가가치세를 내고 나니, 별반 남는 것이 없어 고민을 한다.

몇 개월이 채 되지 않아 다시 찾아 왔다. 사업을 다른 사람에게 넘기게 되어서 폐업신고를 하러 왔다고 한다. 도저히 적자를 감당 할 수 없어 손해를 보고 넘겼다는 것이다. 부부가 함께 스물네 시간을 매달려 봤지만, 처음에 주었던 권리금의 몇 천만 원은 족히 손해를 보았고, 그나마 운영할 사람이 나타난 것만 해도 다행이란다. 현재 틈틈이 학교에 시간강사로 나가는 아르바이트를 하며, 부동산 중개업소에서 일하고 있다고 한다. 아마 다시 재기를 하려면, 꽤 많은 시간과 노력이 필요할 것 같다.

가정주부인 어느 분은 남편이 건실하게 직장생활을 하고 있었지만, 좀 더 돈을 벌어보겠다는 욕심에 독서실을 계약했다가 장사가 안 되어 낭패를 당했다. 동대문에 사업장을 하나 가지고 있는데, 사업장을 확장하기 위해서 새로운 사업인 독서실을 하다가 그만 잘못된 것이다. 계약기간이 만

료되기 전에 투자비의 절반도 건지지 못한 채 사업장을 다른 이에게 넘겨 주어야 했다.

눈물을 글썽이는 한 여인의 모습에서 투자의 잘못이 어떤 결과를 초래하는지를 볼 수 있었다. 무분별한 투자는 실패의 원인이다. 사업가나 부자가 되려고 하는 사람들은 이 점을 깊이 새겨야 한다.

사업을 처음 시작하기 위해서는 세무관계 이전에 경영분석이 필요하고, 충분히 흑자가 예상된다고 하면, 사업을 시작하기 위한 절차를 밟아야 한다. 흑자가 예상된다 하더라도 예상 수익률을 꼭 염두에 두고 사업을 추진하여야 한다.

8. 경험의 미숙은
실패의 원인이 된다

사업을 해 보지 않은 사람들은 잘 알 수 없지만, 모든 성공한 사업가에게는 그 사람만의 노하우가 서려 있기 마련이다. 음식점 하나라도 신중하게 사업의 타당성 여부를 검토하고 접근하여야 한다는 점을 잊어서는 안 된다.

최근 기업에 다니던 샐러리맨들의 조기 퇴직자가 많아지고, 이들이 주로 새로 시작하는 일들은 적은 자본으로 쉽게 할 수 있는 음식점이 대부분이다. 그러나 음식점을 연 사업자들이 문을 연지 얼마 되지 않아 가게 문을 닫는 것을 종종 본다.

사업을 해 보지 않은 사람들은 잘 알 수 없지만, 모든 성공한 사업가에게는 그 사람만의 노하우가 서려 있기 마련이다. 음식점 하나라도 신중하게 사업의 타당성 여부를 검토하고 접근하여야 한다는 점을 잊어서는 안 된다.

대로변 바로 뒤편의 가게를 세내 음식점을 개업하고, 사업자로서 기본적인 지식을 얻으려 사무실을 방문한 한 여성분이 있다. 어떻게 사업을 시작해야 하는지, 세금 관련 신고는 어떻게 하여야 하는지 이런 일에 대한 안내를 받기 원하였다.

음식점은 큰 대로변의 바로 뒷골목 주택가에 자리하고 있어, 유동 인구가 별로 없는 편이었다. 가게 인테리어는 제법 돈을 들인 듯 깔끔한 분위기를 자아냈다. 음식점의 메뉴는 한치 비빔밥, 한치 물회, 한치 덮밥 등 한치로만 된 요리들이었다. 음식점 위치가 장사가 잘 될 곳이 아닌 데 하고 생각했는데, 아나나 다를까 손님이 별로 없었다. 주방 아주머니 한 분이 함께 일하고 있었지만, 음식을 먹으러 온 사람들은 한 둘 밖에 없었다. 차라리 현재 음식점의 위치에서는 칼국수 집을 하는 게 매출이 더 많이 오를 것으로 생각되었다. 주변의 잘되는 음식점들을 알려 주면서 한 번 방문해 보고, 손님이 많은 이유를 생각해 보라고 일려주었다. 수락산 앞의 바지락 칼국수, 성북동과 혜화동의 칼국수, 파전과 문어, 홍어, 수육 등 값싸면서도 맛있는 요리들을 먹어보고, 비교 판단해 볼 것을 권고해 주었다.

얼마 후 예상대로 폐업신고를 하러 왔다. 너무 장사가 안 되어 넘겨주었단다. 그 음식점에서 너무 손해를 봤지만, 다른 사람에게 넘긴 것만으로도 다행이라고 했다. 딴에는 일식집을 운영하던 경험을 삼아 인테리어를 깔끔하게 꾸미고, 손님을 많이 확보하려고 했던 모양이다. 그런데 입지 조건 때문인지 예상외로 장사가 안 되어 사업을 그만두고 한참을 쉬겠다고 했다. 그러던 어느 날 점심시간에 느닷없이 찾아와서는 가게를 새로 얻었는데, 꼭 같이 한 번 보러 가잔다. 방문해 보라던 음식점들을 다 한 번씩 가보았다고 하며, 이제 칼국수 맛은 충분히 낼 수 있다고 자신감이 넘쳤다. 권리금을 싸게 주고 얻었다며, 기어이 한 번 장소를 보자고 해서 같이 가봤다. 지난 번 장소보다 반절되는 겨우 열 평 남짓한 가게였다.

이 글을 쓰기 며칠 전 인테리어 공사가 시작되는 것을 보았다. 이번에 월세를 얻은 곳은 위치로 보나, 장소로 보나 지난 번 음식점 보다 모든 것이

유리하였지만, 역시 주변 상권이 문제였다. 정부기관인 구청, 소방서, 경찰서가 주변에 위치하고 있었지만, 4차선 도로의 횡단 보도를 건너야 한다는 것이 흠이었다. '싼 게 비지떡'이라는 말이 이런 상태를 두고 한 말이라는 생각을 하지 않을 수 없었다. 앞길에 2차선 샛길 도로가 있고, 지난 번 보다는 유동인구가 많은 점으로 보아 훨씬 장사가 잘 되리라고 생각은 들었지만, 손님이 앉을 좌석이 적은 것이 문제였다. 가게를 살펴보고 옆 음식점에서 수제비를 함께 먹으며, 웃음을 머금었다.

"이 집에 수제비는 괜찮은데, 김치가 영 맛이 없네요. 나는 이보다는 더 잘할 수 있겠어요"

이 말이 감동 깊게 느껴졌지만, 왠지 음식점이 크게 붐빌 것이라고 생각할 수 없었다. 주변의 상권이 형성될 지역이 아니었기 때문이다. 과거에 어떤 사업을 해 보았다고 해서, 세밀히 주변 환경을 살피지 않고, 그대로 영업성과를 나타내리라고 기대해서는 큰 실패에 직면한다. 우리 주위에서 비일비재하게 보는 모습들이다.

요즘 같이 경기가 어렵고 내수 시장이 죽어 있는 경우, 처음 사업을 시작하는 사람들은 많은 경험이 있는 사업가의 의견을 신중하게 경청할 필요가 있다.

9. 무리한 욕심과 투자는 화를 부른다

한 사람의 무리한 욕심은 반드시 후유증을 낳는다. 끝내는 인생을 불명예로 이끌고 만다. 사업장을 운영함에 있어서도 무리한 욕심을 버리고 올바르게 사업을 하는 것은 무엇보다 중요하다.

　　　　　　　과다한 욕심은 패망의 지름길이다. 우리는 주위에서 이런 사례를 무수히 본다. 자신의 소득에 비해 과다한 지출이나 투자를 해, 고통 받는 직장인들이 많이 있다. 국회의원과 공직자들도 안 좋은 일로 신문 지면에 오르내리기도 한다. 모두 무리하게 욕심을 부린 결과이다.

　한 사람의 무리한 욕심은 반드시 후유증을 낳는다. 끝내는 인생을 불명예로 이끌고 만다. 사업장을 운영함에 있어서도 무리한 욕심을 버리고, 올바르게 사업을 하는 것은 무엇보다 중요하다. 맑고 밝은 의식이 정신을 건강하게 해 줄 뿐만 아니라, 올바른 갈 길을 제시한다는 사실을 잊어서는 안 된다.

기업 역시 예외가 아니다. 국내 굴지의 기업들이 도산한 이유 역시 바로 무리한 사업의 확장이었다. 최근 우리나라 대기업들이 무리하게 대형 부동산에 손을 대는 모습을 본다. 한 면으로 어두운 생각을 버릴 수 없다. 포트폴리오가 제대로 구성되지 않은 특정 부동산 부문의 무리한 자금 투자 때문이다. 63빌딩은 지어진 후 주인이 바뀌었고, 고층건물을 많이 올린 두바이 역시 경제 흐름이 썩 좋지 않다. 최근 잠실의 초고층을 짓고 있는 기업 역시, 그렇게 좋은 이미지를 선보이고 있지 못하다. 그럼에도 모 자동차회사에서는 세계 최고의 건물을 짓겠다고 설계를 한다.

현재의 많은 수익이 실현되는 기업이 또 다른 사업의 무리한 투자로, 잘 유지되고 있던 조직까지 실패를 경험한다. 물론 기업의 생존전략상, 장래의 수익이 창출될 새로운 사업을 찾아 나서는 것은 당연하다. 그러나 무리하게 부동산에만 모든 자금을 쏟아 붓는 것은 지극히 위험한 신호라는 생각이 든다.

기업이든 개인이든 새로운 사업 영역으로 확장할 때에는 신중해야 한다. 수익 예측과 투자 가능 능력, 건실한 사업에 대한 투자가 이루어져야 한다는 점은 새삼 말할 필요가 없다.

어느 대기업의 경우 새로운 기업을 매수할 때, 기존 기업을 담보로 대출을 내어 계속 점포를 늘여가는 모습을 본다. 현재 백화점의 매출이 괜찮아 별문제가 없어 보인다. 만약 한 군데의 매출이 급격히 떨어지거나 사업상 재해를 입게 되면, 그룹 전체로의 영향뿐만 아니라 우리나라의 경제에 영향을 미치지 않을까 가끔 우려가 될 때가 있다.

분명하게 말할 수 있는 것은 개인이든 기업이든 국가이든 무리하게 욕심을 부려서도 안 되고, 무리하게 투자를 해서도 안 된다는 점이다. 적어도 야에서 최고의 이익을 달성할 수 있는 가능성이 있는지 여부를 확정해 보아야 하는 것이다. 돌다리는 몇 번이나 디뎌보고 건너는 것이 물에 빠지는 것보다 낫다. 지금 우리 국가의 현실을 보면 문득 생각나는 것이 이것이다. 무리하지 않는지.

한 개인의 무리한 욕심과 투자는 한사람의 패망만 가져오면 되지만, 기업의 방만한 경영과 무리한 투자, 그리고 국가기관의 방만한 운영의 몫은 결국 주주와 임직원, 그리고 마지막엔 국민의 몫이 되는 것이란 사실을 우리 모두 심각하게 느껴야만 한다.

무역업을 하는 친구는 나름대로 사업에는 자신감이 있다고 자부하는 사람이다. 어려운 가정에서 태어났지만 지방 국립대학까지 졸업했고, 여행사에서 일한 경험이 있었던 탓에 영어도 유창하다. 이 친구가 주로 하는 사업은 수세미와 같은 주방용품을 중국에서 제조하여 독일이나 유럽으로 수출하는 일이었다. 중국 현지에서 제3국으로 수출하기도 하고, 국내로 수입하여 창고에 쌓아두었다가 내수시장에 내다 팔기도 한다.

어느 날 느닷없이 만나자고 했다. 지금까지 주욱 무역업을 큰 어려움 없이 잘하고 있었기 때문에 의아하게 여겼다. 갑작스럽게 만나자는 이야기가 혹시 무슨 문제가 있어서 그런 것은 아닌가 하고 걱정스런 생각도 들었다. 아니나 다를까 세관 통관 과정에서 여권을 압수당했고, 집에도 들어가지 못했다. 사무실은 친구의 아내가 나가 있었다.

세관에서 사건조사를 받고 있는 중이었다. 그 와중에 여권 분실신고를 내고 다시 여권을 재발급 받아, 현지 업무의 정리를 핑계로 중국에 출국했다가 입국한 것이 화근이었다. 정부의 정보체계를 너무 허술하게 생각한 탓이었다. 결국 실형을 선고받았다. 신용보증기금에 대출을 받으려 집을 저당 잡힌 상태였는데, 대출금의 미상환으로 아파트 매각 공고가 나갔다. 신고하지 못하게 된 부가가치세와 종합소득세 역시 고지되어 함께 압류가 되었다. 창고에 판매하고 남은 재고가 조금 남아 있어, 그의 아내가 생계를 유지하는 데는 지장이 없었다. 현재는 판촉물을 납품하는 사업을 운영하는데, 썩 잘 되지는 않는 것 같다. 사업에 있어 순간적인 실수가 어떤 결과를 초래하는지 명백하게 보여주는 슬픈 한 모습이다.

　사업은 절대로 무리하게 추진해서는 안 된다. 쓸데없이 욕심을 내서도 안 된다. 정부기관의 행정절차가 일반인이 생각하는 것처럼 그렇게 허술하지 않다. 사업의 무리한 욕심이 어떤 결과를 가져오는지를 너무나 잘 알고 있지 않는가? 그러면서도 욕심이 날 때가 있다. 그러나 자제해야 한다. 한 개인의 사생활도 이에 벗어나지 않는다. 쓸데없이 무리한 욕심을 가지고 사는 것은 아닌지. 가끔 생각하며 스스로를 점검해 보게 하는 대목이다.

사업은 절대로 무리하게 추진해서는 안 된다. 쓸데없이 욕심을 내서도 안 된다.

한 사람의 무리한 욕심은 반드시 후유증을 낳는다.
끝내는 인생을 불명예로 이끌고 만다. 사업장을 운영함에 있어서도 무리한
욕심을 버리고, 올바르게 사업을 하는 것은 무엇보다 중요하다.

부/자/의/습/관/부/터/배/워/라

제9장
왜 가난한가?
(실패한 사람들이 버려야 할 태도)

1. 가난에는 이유가 있다

가난한 생활, 그 이유는 무엇보다 자기 자신이 잘 알고 있다. 사업에 실패한 사람은 가슴에 손을 얹고 물어 보라. 자신만이 아는 이유가 분명히 있다.

부자 예찬론자는 아니다. 금전 만능주의자도 아니다. 그렇다고 굳이 가난하고 구차하게 살 필요는 없다는 생각이다. 그래서 돈의 중요성은 강조하고 또 강조해도 부족함이 없다. 무일푼으로는 한 발자국도 바깥을 내디디지 못하기 때문이다. 전철을 타도, 버스를 타도, 우리가 알지 못하는 사이 신용카드를 통해 비용이 지출된다. 돈은 중요하다. 그런데 가난하다. 왜 가난한가?

가난에 무슨 이유가 있겠느냐고 묻겠지만, 문제는 가난한 사람이 많다는 점이다. 고대 바빌론 시대에도 오죽했으면 부자 학교를 만들어 운영했을까? 어느 때나 그만큼 가난한 사람이 많았다는 말이다. 거기에는 아무리 정부에서 지원을 해도 가난을 벗어날 수 없는 사람이 있기 때문이다. 무엇이 문제일까? 바로 의식의 문제이고, 사고방식의 문제이다.

우리 사회는 노동을 하더라도 열심히 노력만 하면 어느 정도 생활을 유지할 수 있다. 우리 사회가 가진 하나의 구조적인 장점이고, 또한 긍정적인 모습이다. 어떤 일을 하든 일하면 잘 살 수 있고, 또 남부럽지 않게 잘 살 수 있다는 말이다. 누구나 잘 살 수 있는 사회적 여건에도 불구하고, 가난한 사람이 많다는 데는 어떤 이유가 있는 것일까? 가난하게 사는 그 이유는 무엇일까?

부자가 된 사람들의 삶에는 그들 나름대로 삶의 특질이 있다. 그들의 삶이 그것을 보인다. 바로 우리가 흔히 말하는 "부자가 더해"라는 말이다. 그런데 가난한 사람들은 어떤 특성을 보일까? 우리는 이 점을 알기를 원한다.

사람들을 만나다 보면, 대체로 저 사람은 가난한 사람, 저 사람은 죽어도 돈을 못 벌 사람, 저 사람은 그래도 나름대로 살 만한 사람, 저 사람은 비정상적으로 돈 번 사람 등등, 각자가 가진 삶의 특질이 눈에 보이기 시작한다. 연륜이 지나면 그렇게 알게 된다. 그런데 왜 가난할까? 가난한 데는 분명히 이유가 있다.

자신의 성품이나 인성이 분명히 샐러리맨이 맞는데, 돈을 더 많이 벌어보겠다고, 맞지도 않은 사업을 벌여 망하는 사람들이 있다. 일상적으로 반복되는 일이 싫어, 새로운 사업에 투자를 하다가 무리하게 쪽박을 차는 경우도 있다. 안 하니만 못한 투자를 하는 경우도 있다. 사업과 투자의 실패는 슬프지만 본인에게 찌든 삶과 가난을 안겨줄 뿐이다.

오늘날 '부유하다'는 의미는 과거처럼 종을 많이 부리거나, 곳간에 쌀이 풍부하다는 말이 아니다. 돈을 인출해서 쓸 수 있는 범위가 얼마나 되느냐 하는 것이다. 즉 내가 활용할 수 있는 자금을 얼마나 동원할 수 있느냐 하는 자금 동원력의 문제이다. 사이버 증권 사이트를 연결하면 수 초 사이에 엄청난 돈이 빠져나가는 것을 볼 수 있다. 대량의 돈이 쉽게 흐를 수 있도록 개방된 이 시대는 돈의 흐름을 잘 알아야 한다. 함부로 사업을 벌이고 모아놓은 자산에 손을 대는 것은, 흐르는 물에 돈을 그냥 내다 버리는 것과 같다.

가난한 생활, 그 이유는 무엇보다 자기 자신이 잘 알고 있다. 사업에 실패한 사람은 가슴에 손을 얹고 물어 보라. 자신만이 아는 이유가 분명히 있다. 여기에 소개하는 일련의 실패 사례들은 멀리 있는 사람들의 이야기가 아니다. 바로 여러분 자신의 이야기이다. 이 이야기 속에 실패의 원인이 들어있다. 실패의 원인을 분석하는 것은 재기를 다짐하는 기회가 된다. 부하거나, 성공이라는 이름표를 달기 위해서는 먼저 사람들이 실패한 사례와 이유를 분석할 필요가 있다.

"왜 가난한가?" 스스로 물어 보라. 다른 여느 사람들처럼 냉철하게 살지 않기 때문은 아닌가? 가지지 못한 사람이 부자처럼 행동하며, 허례로 살아 온 것은 아닌가? 너무 낭비벽이 심했던 것은 아닌가? 솔직해지자. 우리는 때때로 구두쇠가 될 필요가 있다. 언제까지? 돈을 벌 때까지. 이 점을 이해하면 부자가 될 수 있다. 실패의 유형과 사례들이 우리 자신에게 있지는 않은지 살펴보고, 이제 그 생각들을 하나씩 정리해 보자. 필요 없는 것이라면 버리고, 새로운 것은 취하자. 이것이 부자로서의 출발임을 명심하자.

가난에는 분명 그 이유가 있지만, 불행하게도 가난한 사람들은 자기 자신에게 그 원인이 있다는 사실을 잘 인식하지 못하고 있는 것 같아 안타깝다.

2. 무지와 흐린 판단력
때문이다

가난한 사람들의 생활고는 이해하지만, 더욱 큰 문제는 바로 무지에서 오는 답답함이다. 가족들 누구도 이런 문제에 아무런 답을 주지 못한다.

어떤 노인 한 분이 상담 차 사무실을 방문했다. 이 노인은 평생에 주택이 한 채 뿐인데, 양도소득세에 해당이 되는지, 신고를 해야 되는지에 대하여 물었다. 이 경우는 1세대 1주택에 해당이 되었기 때문에 신고하지 않아도 판정이 되는지라 원칙에 의한 답변만 했다. 그런데도 묻고 또 묻고, 묻고 또 물었다. 너무 끈질기게 고통을 줄 정도로 물어서 하는 수 없이 해당 부서에서 자세히 설명을 듣고 돌아가시도록 안내하였다.

다른 부서를 방문해서는 처음에는 드러내지 않았던 이야기를 했다. 이 주택이 무허가 건물이라는 것이다. 그러나 무허가 건물이라 하더라도 관할 구청에 무허가건물확인서를 발급받으면, 주택의 존재 사실이 확인이 되니, 주택이 있다면 당연히 1세대 1주택으로서 비과세 요건이 된다.

후일 이 노인의 양도소득세 과세 문제로 3개월 동안 시달려야 했다. 서울에 살다가 경기도로 이사한 후에 주소지 관할 세무서[30]에서 양도소득세를 부과하겠으니, 과세를 하지 않아야 될 사유가 있으면 소명하라는 안내문을 내보낸 모양이다. 징수할 세액이 3천만 원이나 되니, 안내문을 받은 사람의 입장에서는 가슴이 철렁할 수밖에 없었다. 당시 3천만 원이라는 돈은 보통 사업가들에게도 적은 돈이 아니었기 때문이다.

노인은 관할 세무서에 상담을 하여도 나처럼 친절하게 이야기해 주지 않는다며, 매일 전화로 한 차례씩 묻고 또 묻기를 반복하였다. 반은 협박을 하는 것 같기도 하고, 한편으로 막무가내로 어린아이처럼 떼를 쓴다. 꼭 관할 관서에 전화라도 해달라고 하는데, 최종적인 업무 역시 소관부서 직원들이 따로 있는지라 참으로 난감했다. 결국 전화를 들고 얼굴을 모르는 업무담당 직원에게 업무에 대한 확인 요청을 한다. 자료를 다 제출받기는 하였다. 이미 재개발로 건물까지 철거된 상태였기 때문에, 현장 확인이 어려워 직원 역시 임의로 비과세 처리가 곤란했던 모양이다.

먼저 본인 명의로 받아 놓았던 무허가 건물 확인서와 후에 인수를 받은 명의자의 확인서, 건축물의 용도, 재개발 내용 등을 잘 살펴보라고 하였다. 그런데 난데없이 건물 주인이 부동산 임대업 등록이 되어 있는 것이 아닌가? 부동산 임대업이라면 상가건물인데, 무허가 건물의 일부분을 주택과 음식점 용도로 세를 준 모양이다. 당초 전혀 말하지 않았던 부분이었다. 상담은 그래서 어렵다. 정확한 자신의 상황을 이야기하지 않기 때문이다. 상담요령을 잘 몰라서일 수도 있겠지만, 우선은 자신에게 유리한 이야기만 하기 때문이다.

상가규모가 주택보다 클 경우에는 주택으로 보지 않기 때문에 주택 이외의 부분에 대하여는 양도소득세를 과세한다. 마침 부동산 임대 면적이 주택 면적보다 작았기 때문에, 1세대 1주택으로 비과세 요건에는 별문제가 없었다. 주택으로 판정되었음에도 당사자는 그래도 불안한 모양이다.

업무 담당자를 찾아가 설명을 하고, 답변을 들으라고 설명하였지만, 3개월 동안 거의 매일 하루에 한 번씩 전화가 온다.

"안 나오는 거지요? 세금 안 나오는 거지요?"

참 어렵다. 가난한 사람들의 생활고는 이해하지만, 더욱 큰 문제는 바로 무지와 이해하려고 하지 않는 데서 오는 답답함이다. 가족들 누구도 이런 문제에 아무런 답을 주지 못한다. 이것은 불행이다. 나중에는 오죽했으면 이제 전화 그만하시고, 담당 직원에게 전화를 해 놓았으니, 직원과 상의하세요 라고 하였을까?

상담 오신 이분을 나무라거나 나쁘다는 것이 아니다. 안타까울 뿐이다. 가족도 있고 주위에 아는 사람이 많이 있을 텐데, 충분히 설명을 해도 그 설명을 이해하거나 받아들이려고 하지 않으니, 이 얼마나 딱한 노릇인가? 후에 담당 직원으로부터 잘 정리된 것으로 들었지만, 이분은 가난과 무지가 결코 생활에 유익이 아니라는 사실을 보여주었다. 불행한 일일뿐이다. 결국 부를 축적할 기회가 주어진다 해도 이를 활용할 능력이 없기 때문이다.

사무실에 어떤 아주머니께서 상담을 오셨다. 달동네에 열세 평 단독주택에 살고 있었는데, 딸의 결혼을 앞두고 집이 너무 좁으면 시댁에 설움을 당할 것 같아 22평으로 옮겨 이사를 했다. 그런데 먼저 살던 집이 팔리지 않아, 몇 년이 지난 이제야 주인이 나타나 매매계약을 체결했다. 양도소득세 1백 5십만 원이 고지되었다. 지금까지 세탁기 한 번 안 돌리고, 전기세 아끼려고 손빨래를 하면서 살아왔는데, '이 돈이 어디 있느냐'며 엉엉 운다. 댁의 어른 명의로 된 집이었는데, 지금 아무것도 안 한다고 하며, 어떻게 하면 좋겠느냐는 것이다.

"세금 안내면 징역 가지요? 징역 가는 것 아니예요? 돈도 없는데, 우리 아저씨 잡혀가면 어떻게 해요?"

세금 때문에 잡혀가지는 않는다고 설명을 하며 달랜다. 다만 양도소득세 부과는 구제 방법이 전혀 없었다. 당시 가장 절세 할 수 있는 세금계산 방법이 기준시가인데 다른 대안이 없었다. 그저 눈물 흘리기만 하는 그분을 담당자가 설명을 해서 돌려보내긴 했지만, 현금 1백 5십만 원이 그렇게 큰돈으로 여겨지기는 처음이었다. 마음은 안타깝기는 하지만, 어떤 정에 끌린다고 해결해 줄 수 있는 문제도 아니나, 사실을 이해시키고 납부를 독려하는 수밖에 별다른 뾰족한 방법이 없었다.

세금에 대하여 조금이라도 아는 사람이라면, 비과세 요건에 맞게 사전에 건물을 매도하였을 것이다. 이런 일상적인 일들은 세금에 대한 무지에서 오는 일들이다. 오늘 하루 일상이 빠듯한 사람들에게는 막상 상황이 벌어지지 않으면, 세법을 찾아보고 또 세법을 알 필요성을 느끼지 못한다.

가난한 사람들은 가난을 딛고 일어서려는 의지와 노력, 그리고 지식이 필요하다. 이 장에서는 단순한 세금 문제를 예로 들었지만, 돈과 관련되어는 더 큰일이 벌어질 수 있다. 세금뿐이 아니다. 사업도 그렇고, 세상의 매사가 그렇다. 더욱이 돈에 대해 무지하다면, 더 많은 부를 얻을 기회를 잃어버리게 된다. 무지로 인한 기회를 놓치면, 가난이 악순환 된다는 사실이 법칙처럼 다가와 있다. 옛 어른들은 자식들에게 그렇게 공부를 시키려고 하지 않았던가? 그것을 나의 자녀들은 알는지 의문이다.

3. 필요 없이
흥분을 잘한다

불같은 성격의 소유자들은 경영주가 되기 어렵다. 그 성격으로 쉽게 기회를 잃어버린다. 상대편을 쉽게 적으로 만들기 때문이다. 다른 사람에게 고용되어 평생 남을 위해 살다가 그것을 족하게 여기기 쉽다.

어떤 사람이 매우 흥분한 상태로 씩씩거리며 사무실을 황급히 방문한 적이 있다. 이유인즉, 민원실에 설치된 컴퓨터가 너무 느려서 민원업무 처리를 할 수 없다는 것이다. 직원과 전화로 다투다가 흥분해서 사무실까지 찾아왔다. 직원을 대신하여 정중히 사과를 하고, 차도 한잔 나누니 감정이 격했던 직원과도 기분 좋게 헤어질 수가 있었다. 사람들은 불평과 불편에 대한 의사 표출을 흥분으로 나타낸다. 경기 전반이 암울하고, 사업을 하는 사람들이 어려운 상황에 처해 있는 요즘과 같은 때는 조금만 자극해도 사람들이 극도로 민감하게 반응한다.

세무서 민원실을 방문하면 납세자를 위한 컴퓨터가 설치되어 있고, 이 컴퓨터를 통해 홈택스서비스[31]를 이용할 수 있도록 하고 있다. 전자납부를 하거나, 혹은 양도세액 계산이나 증명 발급을 받을 수 있도록 편의를 제공하고 있는 것이다. 지금은 개선이 되었지만, 인터넷 도입 초기에 민원실에 비치된 컴퓨터의 성능은 그다지 좋지 못해 불평이 없잖아 있었다. 사무실에 성능 좋은 컴퓨터의 보급도 부족했기 때문이었다. 민원인과 직원들 모두 어려움이 있었는데, 가끔 문제점을 설명하려고 해도 우선 다짜고짜 불평을 먼저 털어놓는 사람들이 있다.

조금 여유가 있는 사람들은 이렇게 정부기관에 와서 흥분하며 따지는 사람들이 잘 이해가 가지 않는다고 한다. 세상을 살아가기에 부족한 사람들이라는 것이다. 정부기관의 관리들을 쓸데없이 적으로 만들 필요가 있느냐는 것이다. 조용히 충분히 납득이 갈 수 있게 설명을 할 수도 있을 텐데, 왜 관료들의 비위를 거스려 스스로를 불편하게 만드냐는 것이다. 오히려 정중하게 대하면 나중에 도움을 받을 수 있는 일도 생길 텐데, 관료들을 불편하게 하는 것은 너무 짧은 생각이라고 한다. 또한 원수는 외나무다리 아래에서 항상 만날 수 있기 때문에, 어떤 도움을 받아야 될 일로 만날 수 있을지 모른다는 것이다. 민원인에 대한 정보를 더 많이 가지고 있다는 사실을 잊어서는 안 된다고 말한다.

흥분을 잘하는 사람들의 가장 큰 특징은 성격이 급하다는 것이다. 이미 흥분하고 난 뒤, 흥분을 가라앉혀 보지만, 정작 자기 자신에게 남는 것은 아무것도 없다. 다른 사람에게 마음의 상처를 주게 되거나, 오히려 자기 자신이 마음의 상처를 입게 된다. 상대편은 아무런 상처를 입지 않은 경우가 태반이다. 서로 화해를 했다 해도 마음속의 응어리가 사라지지 않는다. 말없이 헤어졌다 해도, 가슴속에는 앙금이 요동치며 남아있는 것이다. 일정이 급한데 컴퓨터가 느리니, 어떻게 해결 방안이 없겠느냐고 조용하게 요청한다면, 설명을 하고 어떻게든 해결 방안을 찾도록 도와줄 것이다.

불같은 성격의 소유자들은 결코 부자가 될 수 없다. 상대편을 쉽게 적으로 만들기 때문이다. 다른 사람에게 고용되어 평생 남을 위해 살다가 그것을 족하게 여기기 쉽다. 그렇지 않다고 하더라도 이런 부류들은 크게 성공하거나, 또한 많은 돈을 벌지 못한다. 어느 순간에 자신이 화를 냄으로써 고객의 표정을 일그러뜨리게 하고, 다시는 자신이 운영하는 사업장을 방문하지 못하게 한다.

여유가 있는 사람들은 차분하고 신중하다. 특히 돈을 다루는 금융기관이나 세무관서를 방문하는 때는 더 차분하고 침착하다. 세무사의 조언을 받기도 하지만, 의외로 당사자가 직접 처리하는 사람들이 많다. 그리고 이들은 세금이 바로 자신의 소득과 바로 연결되어 있다는 사실을 강조한다. 법에 따라 적정하게 세금을 절세하는 방법을 연구하는 일이 자신의 소득을 호주머니 속에 남겨 놓을 수 있는 중요한 방법이라고 여기기 때문이다. 돈이 있고 여유 있는 사람들은 세무서원의 말단 직원조차도 자극하지 않으려고 노력한다. 이들이 자신의 자산 관리에 있어 조언자라는 사실을 알기 때문이다.

돈을 벌고 그 돈을 번 후에 여유로이 살아가는 부자들을 보면 공통점이 있다. 그들은 결단력이 있으면서도 경우에 따라서는 추진력이 매우 강하고 냉철하지만, 자신의 이해가 걸린 대인관계에 있어서는 매우 온화하다고 느낄 정도로 자존심을 누그러뜨리고 산다는 점이다. 우리는 부자들의 이런 면을 배울 필요가 있다.

4. 남의 말을
잘 듣는다

가난하게 사는 사람들은 어떤 사람이 수익을 많이 내었다고 하면, 여기에 혹하여
그 사업과 동일한 업종에 투자를 한다. 이런 유형의 사람은 독자적으로 의사를 결
정하지 못하며 결코 큰돈을 벌 수 없다.

　　　　　가난한 사람들의 투자생활에 있어 가장 취약한 점을 꼽
는다면 바로 남의 이야기를 잘 듣는다고 하는 점이다. 우리가 통상하는 말
로 '귀가 여리다'는 말이다.

　사업을 해서 부자가 된 사람들은, 귀가 여린 사람들을 냉혹할 정도로 비
판한다. 부자들은 돈에 대한 관념에서만은 냉혈동물처럼 냉철하다. 아마
여러 번의 사업 실패와 사업상 돈을 떼여본 경험이 있는 탓일 것이다. 돈
에 대한 확고한 의지는 투자에서도 비춰진다. 자신이 투자하는 사업이 확
정적인 수익을 창출할 것으로 예상하지 않는 투자란 결코 있을 수가 없다.

　가난하게 사는 사람들은 어떤 사람이 수익을 많이 내었다고 하면, 여기
에 혹하여 그 사업과 동일한 업종에 투자를 한다. 이런 유형의 사람은 독

자적으로 의사를 결정하지 못하며 결코 큰돈을 벌 수 없다.

어떤 사업이 잘된다고 하면, 그 말을 곧이듣고 투자분석을 해보지 않은 채 사업에 뛰어드는 유형이다. 부동산 경기가 활황일 때, 다세대를 지어서 분양을 하면 많은 이윤이 남는다고 한 때 유행처럼 번진 적이 있다. 공직자들의 경우 일부는 성공의 보상을 받았지만, 빚만 지고 현직까지 그만둔 경우가 여럿 있었다.

건설 경기가 무르익을 때, 시행사를 하면 떼돈을 번다는 말을 듣고 너도 나도 시행사를 차리고 싶어 하는 사람들이 있었다. 섬유업체를 운영하는 몇몇 사업가와 치과의사가 상가건물을 지어 분양이 제대로 되지 않거나, 건축업자에게 사기를 당하여 빚보증에 시달리는 것을 보게 된다. 자신이 해보지 않은 일에 사업이 잘된다는 말만 듣고 무작정 투자하는 사람보다 무모한 사람은 없다. 귀가 여려서는 안된다는 말이다.

냉철하게 현실을 바라보고 사업성 검토를 한 후 사업을 시작하는 것은 부자가 되기 위한 버팀목이다. 이 사람 저 사람의 이야기를 듣고 사업을 추진하는 사람들은 줏대가 없어 망하기 십상이다. 다른 사람의 이야기를 잘 듣는 귀가 여린 사람은 엉뚱한데 투자하게 되어 결국 가난하게 살 수밖에 없는 것이다.

부동산 컨설팅이라면서 좋은 부동산 매물이 나왔으니 한 번 와서 상담을 받아보라고 하는 전화를 받아본 경험이 있을 것이다. 또 함께 근무했던 직장동료나 친인척이 한 번 구경이라도 하자며 이끌기도 한다. 이 컨설팅 회사를 가보면 깔끔하게 잘 꾸며져 있고 놀랍게도 설계사 도장이 찍힌 청사진 도면을 보여준다. 또한 국토이용계획을 들고 나와 그럴듯한 설명을 한다. 부동산을 사놓고 한두 해 개발되기만 하면 떼돈을 번다는 것이다. 투자만 하면 큰 이윤을 남길 수 있다고 귀가 솔깃할 정도로 이야기한다. 하지만 이런 유혹에 넘어가게 되면 큰 낭패를 당하게 된다. 귀가 여린 사람이 이 감언이설에 솔깃해 손해를 본 경우를 여럿 보았다.

건설업체 사장의 이야기를 빌리자면 유명 업체 임원의 명함을 사고파는 사기꾼들이 있다고 한다. 명함 뒤에 공사 수주를 약속했다고 대표이사 명의의 사인을 하고는 이 명함을 들고 오기도 한다는 것이다. 실제로 이렇게 명함을 들고 찾아오거나, 전화가 오는 경우가 있다고 한다. 종로의 모 다방에서는 대표이사의 명함 하나에 얼마씩 거래된다고 하니, 귀신 곡할 노릇이 아닌가? 명함을 함부로 돌리지 않는 것은 이런 이유에서이기도 하다.

사람의 말을 쉽게 곧이곧대로 믿는 것은 지극히 위험한 일이다. 직장생활을 처음 하는 사람들이나, 특히 필자처럼 오랜 직장생활을 했던 사람들은 세상 물정을 몰라 너무 사람을 쉽게 믿는다. 다른 사람의 말을 너무 쉽게 받아들이는 것은 자신의 주머니를 그냥 내어 보이는 것과 같다. 이는 돈을 버는 데 있어서는 실패의 한 원인이라는 사실을 유념해 두기 바란다.

사람의 말을 쉽게 곧이곧대로 믿는 것은 지극히 위험한 일이다.

5. 현실에 대하여
절망한다

가난의 근본적인 이유는 실패한 좌절감과 무기력감을 극복하지 못했기 때문이다.
절망하거나 좌절한다면 아무것도 이룰 수 없다.

왜 가난하게 사는지 그 이유를 농축하여 설명하자면 아마도 이 말이 적절하지 않을까 싶다. 너무 현실에 안주하고 목표의식이 없으며 미래의 희망을 갖지 못하고 절망이 가득하다는 것 말이다. 가난하게 살 수밖에 없는 이유는 현실적 문제보다도 그릇된 마음가짐이 더 큰 듯하다.

성공한 사람들은 부유하든 가난하든 어린 시절부터 성공을 꿈꾸며 오로지 한 목표를 촛대로 하고 살아간다. 원대한 꿈일수록 이루기 어렵고 그만큼 힘이 든다. 오로지 그 한 목표를 바라보며 지속적으로 전진할 때만 달성할 수 있는 것이다.

목표를 가지고 사는 것은 매우 중요하다. 부모는 자녀들에게 장래의 꿈이 무엇이냐고 끊임없이 질문을 한다. 원대한 꿈을 가지고 열정적으로 살아가는 것을 잊지 말라는 뜻일 것이다. 흑인들의 대부 마틴 루터 킹 목사의 녹화된 유세 장면을 보면 '나에게는 꿈이 있습니다'라는 다짐을 대중들과 함께 몇 번이나 이야기하며 마음에 새겨질 때까지 확신을 유도하는 것을 볼 수 있다.

가난의 근본적인 이유는 실패한 좌절감과 무기력감을 극복하지 못했기 때문이다. 절망하거나 좌절한다면 아무것도 이룰 수 없다.

사업 자금을 빌려주고 회수하지 못하여, 오랫동안 의욕을 상실한 채 다른 일에까지 영향을 받은 경험이 있다. '불행은 혼자 오지 않는다'라는 말이 그때처럼 절실하게 느껴진 적이 없었다.

실패는 실패일 뿐이며, 실패한 그 사건 자체에 영향을 미치는 것으로 족하다. 성공을 생각하는 사람들은 이 실패를 딛고 일어나 재기를 다짐할 수 있어야 한다. 그렇지 않으면 실패가 또 다른 실패를 초래하게 되어 더한 어려움을 겪게 된다. 극한 경우에는 당사자의 자살이나 가족들의 죽음으로 끝을 맺는 경우도 있다. 좌절은 가정을 파탄에 빠뜨리며, 인생을 벼랑 끝으로 몰아간다. 세무서에서 체납세액의 독촉을 받았다고, 자신의 몸에 신나를 뿌려 응급실에 실려 가는 한 어머니를 보았다. 다행히 별 탈 없이 회복이 되었지만, 이 어머니의 행동을 목격한 아이들의 상처는 무엇으로 치유할 것인가?

실패가 예상되거나 추진해도 잘 안될 것 같은 사업은 더 큰 손해를 보기 전에 조속히 정리하는 것이 좋다. 실패에 대한 절망감은 새로운 사업 추진의 발목을 잡을 수 있기 때문이다. 실패는 현실에 대한 절망을 안고 오며, 가난을 벗어나지 못하는 사람들에게서 발견할 수 있는 말에는 특징이 있다. 부자들에 대한 소외감과 자신의 처지를 비관하는 말들이다. 자포자기한 사람들은 더 이상 새로운 사업을 시작하지 못한다. 재기를 다지는 사람만이 뼈를 악무는 결의로 자존심을 버리고서라도 돈을 벌기 위하여 사투를 벌인다. 이 사람들만이 무력감을 극복하고 새 힘을 얻는다.

자유 직업으로 일하는 사람들, 회계사나 공인중개사, 세무사, 변호사들을 만나면 공통점이 있다. 이 공통점은 별다른 것이 아니라, 그들 나름대로의 고집과 아집을 가리킨다. 속된 말을 빌린다면 '깡'이다. 성공한 사람들은 자기의식과 정체감이 중요하게 생각한다. 경력자도 어렵다는 세무사 시험이나 기술사 시험에 합격한 사람들의 면면을 보면, 대부분 강한 의지와 집착력이 있는 사람들이다. 그리고 다른 사람과의 관계에서 철저히 자신을 드러내며, 자신의 위치를 확고히 지켜나간다.

부자들은 현실에 안주하거나 절망에 빠진 사람들이 아니다. 절대로 자신이 처해진 현실에 대하여 절망하지 않고, 어려운 상황을 박차고 일어서며, 가혹하리만치 자신의 생을 채찍질하며 사는 사람들이다.

실패는 성공할 수 있는 기회가 된다. 실패의 자리에 억눌려 절망을 극복하지 못한다면 더 이상 가망이 없다. 가난하게 사는 이유는 소망을 잃어버리기 때문이다. 자신이 올바르고 바르게 판단하여 추진해 나간다면 성격이 나쁘다는 이야기를 듣는 들 그게 무슨 상관이란 말인가?

모든 친구들이 대학을 진학했지만, 대학을 떨어져 절망한 적이 있었다. 이듬해 대학을 합격했지만, 가정형편이 어려워 대학을 진학하지 못하는 슬픔이 있었다. 고교를 졸업한지 칠 년 후, 체력장 시험장에 두 명의 인솔 교사가 고등학교 동창이었다. 대학을 졸업했고, 그 후 다시 칠 년만에 대학원을 두 번이나 연거푸 다녔다. 그래서 열 권 이상의 책을 집필할 수 있었고, 이 책도 그 중에 하나가 되었다.

일찍 양 부모님을 여의고 가정 형편 때문에 세 형제가 사업에 뛰어든 후배가 있다. 고등학교를 중퇴하고 절망하는 사업가인 그에게 할 수 있는 일은 학업에 대한 열정을 깨우치는 일이었다. 검정고시를 마치고, 대학 입학 자격시험을 보고, 그 후 대학을 졸업하고, 현재는 대학원 석·박사 통합과정에서 박사과정 논문학기에 있다. 이 얼마나 장한 일인가?

만약 나 자신이 어려운 가정 형편 때문에 절망하고, 좌절했다면, 학업 때문에 자격지심을 갖는 한 사업가의 고민에 대하여 희망을 부여할 수 있었을까?

절망하거나 좌절한다면 아무것도 이룰 수 없다. 절대로 절망하지 말라. 꿈을 가지라. 그리고 일어서라. 그리하면 길이 열린다. 이것이 성공으로 가는 지름길이 된다는 점을 명심하자.

부자들은 현실에 안주하거나 절망에 빠진 사람들이 아니다. 절대로 자신이 처해진 현실에 대하여 절망하지 않고, 어려운 상황을 박차고 일어서며, 가혹하리만치 자신의 생을 채찍질하며 사는 사람들이다.

6. 부정적인 말을
   많이 한다

마음에서 부정적인 말이 많은 것은, 그만큼 부정적인 생을 사는 것과 같다. 가난을 벗어나지 못하는 이유는 '나는 안 돼', '나는 할 수 없어'라는 부정적인 말들이 요인이다. 실패가 또 다른 실패를 불러오는 것처럼, 가난이 또 가난을 연속으로 몰고 올 수가 있다.

'왜 나는 부자가 되지 못하였을까?' 조금만 생각하면, 그 이유는 간단하고 명확해진다. 삶 속에 부정적인 생각과 말이 너무 많기 때문이다. 이런 연유로 말과 행동, 그리고 생각을 바꾸었다. 긍정적인 말만을 말하기로 결정한 것이다.

학문을 연마하느라 몇 년 동안 눈코 뜰 새 없이 바빴다. 모든 돈을 거기에 쏟아 부었다. 보고 싶은 책이란 책은 다 사 모았다. 나름대로 삶의 구체적인 방향의 정립에 모든 것을 쏟아 부었다. 그래서 돈에 관심은 있었지만, 돈을 버는 방안을 구체화하기는 어려웠다. 너무 학업에 집중한 탓이기도 했다.

학업이 끝난 뒤에는 '나는 안 돼', '너무 밑천이 없어', '할 수 없어', '이제는 너무 늦어 버렸어'라는 부정적인 말들이 많았다. 하루 아침에 주식으로 수천만 원을 날려본 일 또한 있다. 이 때도 '우리는 왜 이럴까?' 혹은 '나는 왜 아무것도 되는 게 없어?'라는 말이 입에 배었다.

직장에서 승진시험이나 혹은 자격시험에 도전하는 사람들을 바라보면서도 아무런 희망과 꿈이 생겨나지 않았다. 그러다가 '이렇게 살아서는 안 돼', '아이들을 위해서도 무엇인가 해야 돼', '돈을 벌어야겠어'라는 생각이 꿈틀거리기 시작했다. 그리고 '평생 여기에서, 이렇게만 살 수 없어', '무엇인가 준비를 해야 해'라는 생각들이 머릿속을 헤집고 다녔다.

절망하는 나를 아내가 다독이며 진취적인 생각들로 채우기 시작했다. 이제부터 희망만 이야기하자는 아내의 요청에 합의했다. 나로서는 힘들었지만 보다 폭넓은 사고를 위하여, 대학을 졸업한지 칠 년이나 지난 후에도, 대학원을 두 개나 더 다녔다. 인문 계열보다는 실생활과 관련이 있고, 근무하던 부서와 직접적인 관련이 있었던 교통관리와 회계학 석사과정을 더 공부하였다.

현재의 직업을 유지하면서도 시작할 수 있으며, 재능이 돈으로 연결되는 일을 찾기 시작했다. 그것이 집필이었다. 수많은 책을 읽고, 독자들에게 편안히 읽혀질 수 있는 원고를 준비하기 시작했다. 물론 여기에는 어떤 지인의 충격적인 말 한마디가 작용했다.

"써도 돈이 되는 책을 써"

글 쓰는 일은 새벽 두세 시까지 작업을 하여도 피곤하지 않았고, 오히려 여유 있게 즐길 수 있는 일이었다. 몇 년을 애쓴 결과 몇 편의 종교서적과 업무와 관련된 실용서적을 완성시켰다. 이 원고들은 이미 여러 권 출간되었거나, 마지막 탈고를 기다리고 있다.

부정적인 삶에서 벗어나 스스로의 잠재 능력을 발견했고, 많은 사람들에게 얻어진 삶의 경험들이 읽혀질 수 있도록 책을 탄생시킬 수 있었다. 그 중 하나가 바로 여러분이 읽고 있는 이 책이다. 집필은 인생의 새로운 시작이었고 하면 된다는 의식의 변화가 찾아준 삶의 변화였다.

마음에서 부정적인 말이 많은 것은, 그만큼 부정적인 생을 사는 것과 같다. 가난을 벗어나지 못하는 이유는 '나는 안 돼', '나는 할 수 없어'라는 부정적인 말들이 요인이다. 실패가 또 다른 실패를 불러오는 것처럼, 가난이 또 가난을 연속으로 몰고 올 수가 있다.

많은 사람들이 사업이 어렵다고 '죽겠다', '안 돼'라는 말을 한다. 잘 지내던 거래처도 이런 이야기를 듣는 순간 떠나 버릴 위험이 크다. 현명한 사업가들은 사업이 잘 안 돼도 '그저 그래', '모두 그런데 나라고 잘 될 리 있나', '그래도 유지할 만 해'라고 얼버무린다. 사업이 잘 안된다고 하면 그때부터 어음 회수가 닥치고 현금을 주지 않으면 물건 공급을 받기 어려워진다. 말이 얼마나 중요한지 알 수 있는 대목들이다.

부자가 되려는 사람들에게 부정적인 말은 금물이다. 실패한 과거를 회상하며 얽매이는 것보다 최악의 상황은 없다. 현실에서 새로운 대안을 찾아내며, 미래를 위해 약진하는 것만이 살길이다. 가난한 사람과 부자가 된 사람들의 차이의 한 면은 백지장만큼이나 가깝다.

7. 과거의 영화에
집착한다

가정까지 깨어진 사람들도 나중에 보면 옛날 잘 나가던 때의 이야기를 추억 삼아 늘어놓는다. 은근히 자신의 고 학력과 과거에 잘 나가던 때의 영화榮華를 이야기 하는 것이다.

사람들을 만나다 보면 현재 자랑스럽지 못한 자신의 모습을 덮으려고 과거에 대해 자랑을 하는 것을 가끔 보게 된다. '과거에 나는 어땠는데, 나는 뭐했는데'라고 하면서 은근히 자신을 추켜세우려고 한다. 그런데 이런 부류의 사람들은 결코 현재의 불행을 떨쳐버리고 다시 일어서지 못한다. 과거에 아무리 부자였다고 하더라도 현재의 위치, 즉 가장 낮은 곳에서부터 출발할 줄 알아야 한다.

18평이나 20평의 좁은 아파트에서 30평이나 40평의 넓은 아파트로 이사가 살기는 쉽다. 그러나 40평이나 50평 아파트의 넓은 평수에서 생활하던 사람이, 형편이 어려워져 20평 대의 좁은 아파트에 이사하여 살기란 쉽지 않다.

아주 부자였던 사람이 사업이 망하게 되어 좁고 비천한 집으로 이사를 하게 되면, 산다는 것 자체가 너무 힘겹고 어려워져 현실로부터 도피하고 싶어진다. 경제적으로 갑자기 어려워지고 마음마저 힘들어지면 가정 또한 파괴되기 쉽다.

가정까지 깨어진 사람들도 나중에 보면 옛날 잘 나가던 때의 이야기를 추억 삼아 늘어놓는다. 은근히 자신의 고 학력과 과거에 잘 나가던 때의 영화榮華를 이야기하는 것이다. 몇 마디만 해 보면 이런 사람들이 어떤 부류의 사람들인지 분별이 된다. 적어도 부자가 될 자질을 가진 사람인지 아닌지가 말이다. 부자가 되려고 노력하는 사람들이라면, 건강한 사고로 미래를 향하여 끊임없이 달려가며 노력한다. 자존심이나 혹은 우월 의식이 조금이라도 남아 있는 사람이라면, 재기를 하기 위해서는 더 많은 노력이 필요하다.

적어도 가난을 탈피하기 위해서는 철저하게 자신을 깨어 버리려는 노력과 의지가 필요하다. 고급 공직자였든, 아니면 중견 그룹의 임원이었든, 아니면 부자였든지 간에 과거의 직위나 위치가 중요한 것이 아니라 현재의 처해진 상황이 중요한 법이다. 다시 재기의 발판을 다지기 위한 일자리를 찾는 마음 자세가 필요한 것이다.

어떤 한 분야에서 성실하게 일한다면, 그 성실함이 결국 자신을 인정받게 한다. 더 나아가 성공의 지름길을 달리게 한다. 가난하게 사는 사람들, 가난을 벗어나지 못하는 사람들, 가난을 이겨내지 못하는 사람들 역시 자신의 의지에 따라 부자가 될 수 있다. 다만 시간이 좀 걸릴 뿐이다.

가까이 있는 어떤 사업가를 한 예로 들어본다. 이분은 사업이 망하고 난 뒤, 이혼을 하고 다시 직장생활을 했다. 재기를 다지기 위해서 이 사업 저 사업, 선배들을 도와주기도 하며 새로운 사업을 추진하려고도 안간힘을 썼다. 그렇지만 함께 어울리는 사람들의 면면을 보면, 성실해 보이는 사람들이란 생각이 들지 않는다. 아직까지도 유명 대학을 졸업한 자긍심이 가득하며, 자신의 일은 잘 추스리지 못하면서도, 다른 사람의 일에까지 쓸데없이 따라다니며 관여를 한다. 항상 자신이 잘 나갔던 사업가라는 점을 부각시킨다. 그래서 전화를 끊어버렸다.

이런 부류의 사람들은 사회를 제대로 경험하지 못한 사람이다. 몇 년을 지켜봤지만, 아직까지 재기를 하지 못하고 있다. 사회는 냉혹하다. 절대로 거저 주는 법이 없다. 이런 냉혹한 사회 현실을 잘 모르는 사람은 결코 성공할 수 없다. 돈을 벌고 부자가 되기 위해서는 무조건 부지런히 일어나 근면과 성실로 노력하여야 하는 것이다.

적어도 성공의 위치에 서고, 자신이 생각하는 부자가 되기 위해서는 현실에 냉철하게 대응해야 한다. 그리고 자신을 돌이켜 보고, 과거의 집착에서 벗어나 끊임없이 자신을 단련해야 한다. 이것이 부를 축적하는 사람들의 기초적인 의식이다.

어렵게 살던 사람이 과거에 집착해서, 더 나은 미래를 향해 매진해야 할 현재를 놓쳐버리는 것은 슬픈 일이다. 현재 처해진 여건에 만족하며 사는 것도 그리 좋은 일은 아니다. 자신의 상황을 정확히 인식하고 미래를 향해서 끊임없이 달려갈 사람만이 성공의 열쇠를 쥐게 된다. 이 진리는 많은 사람들에게서 얻어지는 분명한 사실이다.

8. 소중하게
땀 흘린 값어치를 모른다

가난한 사람들이 적어도 부자가 되지 못하는 특징이 하나 있다. 그것은 노력한 돈,
즉 땀 흘린 돈의 값어치를 모른다고 하는 것이다. 공짜를 좋아한다는 말이다.

돈이 우리에게 보이는 분명한 진리가 하나 있다. 쉽게 굴
러 들어온 돈은 쉽게 내 손을 흘러 나가며, 어렵게 번 돈일수록 쓰기가 어
렵고, 아깝게 느껴지고, 주머니 속에 쌓인다는 것이다. 이것은 돈이 어떤
것인지를 우리에게 알려주는 말이기도 하다. 부자라는 의미가 돈을 많이
소유한 사람을 일컫는다면, 돈을 많이 모으는 사람, 즉 부자가 어떤 사람인
지를 생각나게 하는 대목이기도 하다.

가난한 사람들이 적어도 부자가 되지 못하는 특징이 하나 있다. 그것은
노력한 돈, 즉 땀 흘린 돈의 값어치를 모른다고 하는 것이다. 공짜를 좋아
한다는 말이다. 남들보다 땀 흘리지 않고 쉽게 벌어들인 돈을 좋아한다는
말이기도 하다. 그래서 가난하게 되는 사람들을 보면 도박에 빠지거나, 경
마와 같은 사행성 오락에 빠진다. 마치 일확천금을 노리듯이. 주말 실내 경

마장에 가보라. 가난에 찌든 모습에 꽤째재한 얼굴로 그냥 빈티가 나는 남녀들이 왜 그리 경마장에서 많이 쏟아져 나오는지. 이들에게서 한 점 웃음과 여유란 발견할 수가 없다.

언론에 보도된 행복하지 못한 로또 복권 1등 당첨자들의 사연만 봐도, 돈이 가진 독특한 특성을 이해할 수 있다. 공짜로 수십억 원의 돈이 손에 쥐어졌지만, 그들은 재산을 탕진하고 그들의 말로는 비참하게 술에 찌들어 사는 사례들을 볼 수 있다. 이것은 우리나라나 서양이나 동일한 현상이다. 언론을 통해서 충분히 보도된 내용들이기도 하다.

로또에 당첨되었다 하더라도 이미 어느 정도 재산을 관리할 능력이 있는 사람이라면, 일정 금액은 자선 단체에 기부를 하고, 나머지는 신탁회사에 재산 관리를 위탁함으로써, 부를 증식시켜 나갈 수 있다. 실제 이와 같은 사례가 인터넷 뉴스에 보도된 적이 있다. 바로 이것이 부자와 가난한 사람의 차이이다. 재산을 관리할 능력을 부여받지 못한 사람이 갑자기 많은 재산을 얻게 되면 오히려 불행할 수 있다.

삼십여 년 전, 교회에서 주일반 파트 타임으로 설교를 하며 봉사를 한 적이 있다. 이때 약간의 사례비를 받았는데, 몇몇 성도들이 나의 생활이 어려운 것을 보고, 명절 때마다 조금씩 용돈을 챙겨 주었다. 이것을 교회 학생들을 위한 교재 마련이나 간식비로도 기쁘게 사용했다.

소득의 십분의 일을 헌금하는 경우, 추가로 헌금을 한다는 것은 봉급 생활자 가정에 큰 부담이다. 그래서 파트타임으로 받는 돈이 매우 값지게 느껴졌다. 또한 정기적인 소득 이외에 별도로 버는 소득이라 쉽게 지출하여도 그리 큰 부담이 되지 않았다.

그런데 문제는 다른 데서 발생하였다. 수입이 문제가 아니었다. 바로 공짜를 좋아하는 의식이 생겨난 것이었다. 공짜로 받는 돈이 은근히 좋게 느껴지기 시작한 것이다. 때가 되면 은연중 기다리게 되는 기대 심리가 자신도 깨닫지 못하는 사이에 몸에 배인 것이다. 한마디로 말하면 나쁜 거지 근성이 마음에 자리잡은 것이라고 할 수 있다. 이는 인성人性에 있어 매우 위험한 일이다. 그런데 이런 의식의 위험에서 벗어나는 일은 그리 오래 걸리지 않았다. 이 돈을 내게 줌으로써 나름대로 생색을 내려고 하는 이들이 있었기 때문에 경계하는 마음을 가짐으로 다행스럽게도 이런 나쁜 의식에서 금방 벗어날 수 있었다.

땀 흘리지 않거나 공력을 들이지 않고, 쉽게 들어온 돈은 쉽게 내 손아귀를 빠져나가는 법이다. 이것은 여러분의 생활에서 금방 경험할 수 있다. 아이들의 군것질 비용을 예로 든다면, 손님이 예고 없이 주고 간 돈은 아이들에게 과자를 사주어도 전혀 아깝지 않고 당연히 쓰도록 내버려두어야 한다고 생각한다. 이는 손님이 주고 간 돈의 용도가 과자 값이라는 당초의 목적에 부합하고 전혀 예기치 않았던 돈이기 때문이다. 그러나 매달 빠듯한 급여에서 일정액을 쪼개어 아이들에게 건강에도 좋지 않은 과자를 사준다고 생각할 때는 너무 과자값이 아깝다는 생각이 들게 된다. 그리고 과자보다는 과일이나 아이들의 몸에 좋은 다른 영양식을 찾게 된다. 남편이 힘들게 벌어온 급여를 가지고 쓰는 아내는 지출이 조심스러워 꼼꼼히 따져보게 되는 것이다. 가볍게 생각해보면 쉽게 들어온 돈은 쉽게 쓸 수가 있지만, 아렵게 번 돈은 쉽게 쓸 수가 없는 것이다.

부자들을 씀씀이를 살펴 보면 돈의 속성을 이해할 수 있다. 공짜를 좋아하는 사람 치고, 부자가 된 사람이 없다. 주위에 돈이 좀 있다는 사람들을 만나 보라. 절대로 씀씀이가 헤프지 않다. 그리고 절대로 공짜로 돈을 주지 않는다. 돈을 줄 때는 소기의 목적과 이해 관계가 있다. 돈을 증식시켜 주거나 그 이익금을 남겨주었을 때, 그 이익금의 일정 부분을 수수료 형식으로 배분해 준다. 또는 그분의 재테크나 재산 관리에 상담으로 도움을 주었을 때, 일정 부분의 사례금을 쥐어 준다. 부자에게 있어서는 이것이 지극히 정상적인 일이다. 힘이 없고 자본이 없다면, 돈을 벌 수 있는 기회를 부여하여 줄 수도 있다. 부자들은 적정한 이익을 형성하도록 도와준다면, 이에 따른 이익배분을 분명하게 한다. 비록 그 이익에 비하여 분배가 극히 작다고 하더라도, 분명히 도와준 이에게 일정 부분을 나누어 주는 것이다. 그렇게 하지 않으면, 이득을 본 자신이 싫은 소리를 듣게 된다는 사실을 이미 스스로도 알고 있다.

부자들의 돈을 쓰는 방식에는 절대로 공짜가 없다. 이들은 자신이 부를 축적한 사실에 대하여 지극히 자부심을 느끼며, 이 부의 축적이 고통과 인내로 이루어졌다는 사실을 분명히 자각한다. 이들은 때때로 성공을 위해서 일어서려고 노력하는 후배들이 있다면, 스스로 헤쳐나갈 수 있도록 적절한 지원을 아끼지 않는다. 이 지원도 부자들에게 있어서는 투자의 개념이다. 만약 이 부자에 대하여 배반을 하였다면, 아마 '은혜도 모르는 놈'이라고 금방 소문이 나게 된다.

땀 흘리지 않은 댓가를 바라지 말라. 절대로 세상은 거저 주는 법이 없다. 노력하고 찾는 자에게만, 그 대가가 주어진다는 사실을 명심하라. 돈에 대한 올바른 의식을 갖는 것은 부자로 가는 출발점이 되며, 그 신호탄이 된다는 사실을 잊지 말라. 세상에 공짜란 없다.

부자들의 돈을 쓰는 방식에는 절대로 공짜가 없다.
이들은 자신이 부를 축적한 사실에 대하여 지극히 자부심을 느끼며,
이 부의 축적이 고통과 인내로 이루어졌다는
사실을 분명히 자각한다.

부/자/의/습/관/부/터/배/워/라

이야기를 끝내며
(부를 얻기 위한 일곱 가지 습관)

⋮

부/자/의/습/관/부/터/배/워/라

이야기를 끝내며
부를 얻기 위한 일곱 가지 습관

지금까지 많은 이야기를 했습니다. 그 이야기의 결론은 한 가지, 우리의 삶과 행동, 그리고 그 삶의 습관, 즉 의식에 관한 문제였습니다. 부자가 되기 위한 삶의 가치관과 부를 축적하기 위한 구체적인 행동의 목표를 가지라는 것이었습니다.

세상을 출발하며, 세상을 시작하는 이들에게, 혹은 성공하려는 이들에게 꼭 필요한 이야기들을 전해 주고자 하는 것이 있습니다. 그 증명은 부를 축적했던 많은 사람들의 행동의 모습이며, 우리가 배워야 할 습관이기도 한 것입니다.

여기에 조금만 더 보태어 이야기를 마친다면, 지금까지 스토리 텔링으로 이끌어왔던 갖가지 이야기를 일곱 가지로 요약할 수 있을 것입니다. 즉 우리는 몇 가지로 성공적인 인생의 노력을 위한 행동지표를 설정할 수 있는 것입니다.

지금까지의 이야기를 모아 부를 얻기 위한 습관, 즉 부자가 되는 길로 가기 위한 일곱 가지 삶의 지표를 모아 봅니다.

첫째, '매사에 긍정적인 사고와 안목을 가지라'는 것입니다.

말은 그 사람의 인생의 지향점을 설정한다는 사실을 인식해야 합니다. 부정적인 말과 생각을 가진 사람은 성공할 수 없습니다.

긍정적이고, 무엇이든 하면 된다, 할 수 있다라는 생각을 가지는 것은 매우 중요합니다. 성공한 수많은 사람들이 이 점을 강조하고 있다는 점을 잊어서는 안 될 것입니다. 그래서 항상 매사에 긍정적인 말을 하고, 긍정적인 생각을 하고, 긍정적인 안목을 가지는 것은 중요합니다. 긍정적인 사고는 가장 어려운 상황에서도 삶의 길과 지평을 열어줄 것입니다.

둘째, '근면과 성실과 인내로 신용을 쌓으라'고 하는 것입니다.

정직과 성실은 아무리 강조해도 지나침이 없습니다. 거기에 근면이 더해지면, 이 사람은 아마 상사나 여러 사람으로부터 많은 인기를 누릴 것입니다.

정직과 성실은 같은 말일 수 있습니다. 근면과 성실은 인내를 감내할 줄 압니다. 지금 어렵고 힘들지만, 성실히 일하는 사람은 누구든 옆에 두고 싶어 하기 마련입니다. 사업에도 그런 사람을 옆에 두고 싶어 하기 마련입니다. 이는 당연한 것입니다.

셋째, '돈은 값지고 귀중한 삶의 노력에 대한 보상임을 기억하라'는 것입니다.

누군가의 인생의 성공담 뒤에는 항상 부가 따르기 마련입니다. 명예와 지위가 있든지, 사회적 명망이 부족하면 돈이 있든지, 이 두 가지 사이에 성공한 인생이 있습니다.

돈은 사회적 지위와 명예 이전에 노력한 흔적에 대한 삶의 보상입니다. 돈을 많이 가진 사람을 힐난할 필요는 없습니다. 오히려 존경할 필요가 있습니다.

돈이 있으면 그 사람은 더 귀중한 사람처럼 보이게 되어 있습니다. 사회가 그렇게 만들고 있고, 자본주의 사회의 기본 속성이 그렇습니다. 돈을 모은다는 것은 좋은 것입니다. 그 치부의 방법이 문제이지요.

사람들은 돈의 귀중함을 알기 때문에 부정과 부패를 저지르는 것입니다. 그러나 내가 정정당당히 노력하여 벌었다면, 이보다 더 큰 삶의 보상과 기쁨이 있을까요? 돈은 보상의 값어치를 나타내는 부의 척도이며 기준인 것입니다.

넷째, '부자가 되겠다는 믿음의 열망을 가지라'는 것입니다.

사람의 생각은 매우 중요합니다. 말과 생각은 그가 지향하는 방향으로 움직이며, 자신의 인생의 지표를 그쪽 방향으로 이끌어내기 때문입니다.

아무리 돈을 벌겠다고 하는 사람도 부자가 되겠다는 믿음과 열망과 생각이 없으면, 그것은 행동으로 이루어지지 않습니다. 이제 나 자신이 돈을 벌겠다거나 부자가 되겠다고 한다면, 모든 생각을 그쪽으로 몰아갈 때입니다. 이 생각은 장기적인 열망으로 자신의 인생을 서서히 통제할 것이며, 자신의 미래를 부에 대한 습관을 체득하고 그것을 실천하게 할 것입니다. 이는 중요한 것입니다. 인생의 지향점을 어디에 두느냐 하는 것이기 때문입니다. 열망이 있으면 노력하게 되어 있고, 그 일에 매진할 수밖에 없기 때문입니다.

다섯째, '가정이 행복과 성공의 근원임을 생각하라'는 것입니다.

성공에는 이유가 있습니다. 성공해야 하는 이유와 성공을 하게 된 이유가 함께 있기 마련입니다.

가정이 깨어진 사람이 성공하긴 쉽지 않습니다. 가정이 흔들리기 때문에 사업 또한 잘되지 않기 때문입니다. 온 신경이 가정에 가 있기 때문입니다. 아내가 남편을 격려하고, 남편의 어깨를 두드리며 힘을 싣는 가정에는 재기할 수 있는 힘과 원동력이 있습니다.

가정은 성공의 조건이며, 기원이 되는 것입니다. 아내의 말 한마디에 남편은 힘을 얻고, 아이들의 재잘거리는 소리를 들으며, 가장은 무거운 짐을 어깨에 지고 나르는 것입니다. 가정이 사랑으로 뭉쳐 있으면, 남편은 힘을 얻으며, 그 일이 무거운 노동임을 잊습니다. 거기에는 사랑이라는 원폭의 힘이 가슴으로부터 그 짐을 나르게 하기 때문입니다.

여섯째, '위기를 대비하여 항상 오늘의 일부를 저축하라'는 것입니다.

저축은 아무리 강조해도 지나침이 없습니다. 부로 가는 출발점이며, 지름길이기 때문입니다.

예전에는 '유비무환'이라는 말을 참 많이 썼습니다. '어려운 환란이 올 때를 미리 대비하여 준비하면 어려움이 없다' 이런 말입니다. 그런데 요즘은 젊은이들 사이에 너무 사치와 낭비가 심합니다. 젊은이들의 화장이 요란해지며, 명품 가방에 자신의 인생을 거는 모습을 볼 수가 있습니다. 텔레비전과 인터넷의 발달에 따른 사회 전반에 흐르는 현대의 사회 병리의 한 현상일 수 있습니다. 낭비와 사치는 하나의 사회 전반의 정신적 질병처럼 여겨집니다. 그렇게 해서는 오늘을 딛고 일어설 수가 없습니다.

저축은 내일을 예비하는 지름길입니다. 인생은 예기치 않은 풍랑과 파도를 끌고 올 수가 있습니다. 거센 풍랑의 흐름을 딛고 일어설 수 있는 것은 바로 오늘의 수입의 일부를 저축하며, 가정을 탄탄히 꾸려가기 때문에 가능한 것입니다. 아무리 힘들고 어려워도 항상 수입의 일부는 저축해야 합니다. 저축은 습관입니다. 이 습관을 잘 들여야 합니다.

일곱째, '국가와 사회에 기여하겠다는 마음을 가지라'는 것입니다.

아무리 저축을 하고, 돈을 벌었다고 해도 그 목적이 건전하지 못하면, 그 방법과 수단 또한 바르지 못할 수가 있습니다.

돈을 벌 때는 그 돈을 버는 방법이 건전해야만 합니다. 그리고 많은 사람으로부터 공감을 받을 수가 있어야만 합니다. 부정과 부패에 의하여 부를 축적한 사람들을 우리는 존경하지 않습니다. 손가락질하기 마련입니다. 이러한 마음을 갖는 것은 행동으로 구체적으로 나타납니다. 그 사람의 말을 보아서 알며, 그 사람의 사회적 행동, 그 사람의 돈의 쓰임이를 통해서 올바른 마음과 양식을 가지고 있는지 여부를 알 수 있습니다. 우리의 삶과 행동이 건전하지 않으면, 그 사람은 아무리 많은 돈을 벌었다고 해도 사회적으로 지탄을 받기 마련입니다. 그래서 돈을 벌어 들이려고 하는 그 사람의 마음이 진실하며, 사회를 위하여 기여하겠다는 마음가짐의 자세가 필요한 것입니다.

성공적인 삶을 살기 위한 습관, 그것은 돈을 벌어들이기 위한 삶의 올바른 습관을 유지하는 것과 같습니다. 지금까지 살펴본 많은 부자들의 삶의 이야기와 실패한 사람들의 이야기가 남의 이야기로만 듣기에는 너무나 깊은 자각이 됩니다. 우리들에게도 기회가 있고, 우리들에게도 그와 같은 실패의 상황이 올 수 있기 때문입니다.

성공과 실패는 종이 한장의 차이입니다. 돈을 번다는 것, 그 궁극적 이유는 성공적인 인생을 위한 토대를 마련하는데 있을 것입니다. 바른 생각과 바른 마음가짐, 그리고 바른 습관 만이 부를 향하여 나아가며, 성공으로 나아가는 지름길임을 우리는 알아야 합니다.

부/자/의/습/관/부/터/배/워/라

참고자료

1. 이런 극단적인 사례들은 언론에서 보도되는 폭력조직의 청부 테러로 나타나기도 한다.

2. 2004.4.22일간스포츠 경제기사, 2004.12.8동아일보 인터넷뉴스, 2003.1.27경향신문 인터넷 신문의 사설 '지금 금 사재기할 때인가'를 참고하라.

3. 원칙적 정부의 공문서의 처리 기준과 사무관리규정에는 대외주의라는 명칭은 없다. 비밀문건은 대외비, I, II, III급 비밀로 분류되는데 비밀로 분류하기에 곤란하니 내부 회의자료, 지침 등 대외적으로 알리지 않는 것이 필요할 때는 '대외주의'라고 표기하는 경우가 있다.

4. 여러분 근무시간 중에 일만 하는지 자문해 보라. 커피 마시고, 잡담하고, 일을 열심히 하는 사람을 오히려 힐난하는 분위기는 있지 않은가? 일을 많이 하면 오히려 왜 일을 벌이느냐고 반문한다. 특히 관공서의 경우에는 이런 분위기가 더 편재해 있는 것 같다. 이것이 우리 사회의 한 모습이다. 이것은 사회를 좀 먹는 행위라는 사실을 알아야 한다.

5. 경영학 석사과정을 말한다.

6. 성경 잠언서 22장 29절에 기록된 말씀이다.

7. 사업자등록증 처리기한은 원칙상 7일이나 지금은 개선이 되어 체납이 있는 경우에도 창구에서 몇 가지 사실을 확인한 후, 즉시 교부 항목에 저촉이 되지 않는 경우 사업자등록증을 즉시 교부한다.

8. 이 견해는 언론의 보도도 있었지만, 필자가 많은 이들과의 만남에서 도출된 결과이다.

9. 부동산 투기(investment)와 투자(specculation)는 명확하게 구분하여 설명하기 힘들다. 그렇지만 투기는 오로지 단기적 시세차익에만 비중을 두며, 자신이 감수할 수 있는 위험 이상의 수익을 기대하는 경제행위를 기대한다는 의미로, 투자는 수익의 불확실성, 위험에 대

해 그에 상응하는 보상인 수익을 기대하는 행위로 장기간에 걸친 이익 추구 행위로 이해할 수 있을 것이다.

10. 필자 또한 이런 점에서 어른들과 많은 갈등을 겪는다. 젊은 세대의 사고로서 도저히 이해하지 못하는 일들이 종종 일어난다. 10년이 지났음에도 옛일을 잊지 않고 되뇌인다. 현실의 상황을 전혀 인식하지 않는 것이다. 시대의 변화에 따라 빠른 변화를 추구하여야 함에도 그 대응을 갖지 않는다. 이것은 가족 간의 갈등으로 나타난다. 이것은 금전상의 문제가 아니다. 바로 이념 간의 갈등이며, 시대의 변화에 대응하지 못하는 세대 간의 갈등이다.

11. 블록체인 기술이란 누구나 열람할 수 있는 장부에 거래내역을 투명하게 기록하고 여러 대의 컴퓨터에 이를 복제해 저장해 두는 분산형 데이터 저장기술을 말한다. (4차 산업혁명 강의, 최재용 외 7인, p.150 인용)

12. 아이들이 자신의 능력으로 돈을 버는 일이란, 아빠 엄마에게서 용돈을 타거나, 집안일을 아르바이트로 하여 돈을 버는 일들이다. 적어도 학교에서 상장을 타거나, 우등상을 받았다면 이에 대한 적절한 보상이 모이는 것들이다.

13. 현재와 계속적으로 들어가야 할 투자금과 향후에 회수될 이익금, 그리고 적정 부채비율의 유지, 이자의 지급 등을 기업의 손익을 추정한 회계자료에 의하여 분석한 자료를 말한다.

14. 정부 국책사업의 정부 입장에서의 분석을 경제성분석, 기업의 입장에서의 이윤분석을 추정재무제표에 의한 분석을 재무성분석이라고 이야기하기도 한다.

15. 수요량 조사 즉 교통시설의 경우에는 기초적으로 목적지와 도착지간 수요량조사(O-D조사)와 그리고 투입되는 원가로부터 예상되는 이익을 구하기 위하여, 조달되는 채무 부담, 인구증가율, 물가변동율, 은행이자율 등등 각종 변수를 감안한 NPV와 IRR, B/C Ratio등을 분석하여 최종 대안을 선정하게 된다.

16. SOHO(Small Office Home Office)란 작은 사무실(Small office)과 자택 사무실(Home Office)을 중심으로 특별한 사무실이 없이 자신의 집을 사무실로 활용하는 개념을 나타내는 말이다. 재택 근무를 하면서 컴퓨터 네트워크를 활용하여 근무하기 때문에, 지금까지

의 사무실 운영과는 다른 새로운 사업 운영 형태이다. 정확하게 표현하자면, '인터넷을 활용하여 소규모 사업장을 운영하는 사업 형태'를 지칭하는 말이다.

17. MBTI(Myers-Briggs Type Indicator)는 심리학자 융의 심리유형론을 바탕으로 Katharine C. Briggs와 Isabel B. Myers가 오랜 세월 개발한 성격유형 선호 지표로서 자신과 타인의 성격 연동을 이해하는데 아주 유용하게 쓰이는 도구이다. 우리나라의 MBTI는 1990년도부터 사용되어지고 있으며, 한국어판에 관한 권리는 한국심리연구소에서 가지고 있다.

18. 부가가치세란 상품(재화)의 거래나 서비스(용역)의 제공 과정에서 얻어지는 부가가치(이윤)에 대하여 과세하는 세금이며, 사업자가 납부하는 부가가치세는 매출세액에서 매입세액을 차감하여 계산하여 납부한다. 다음과 같은 산식으로 이루어지는데 여기에서 세액은 10%이다. 부가가치세=매출세액-매입세액

19. 사업을 처음 시작할 때 세무서에 사업자등록신청서를 제출하면 사업자등록증을 교부하여 준다. 사업자등록증에는 ( )로 일반과세자, 면세사업자, 간이과세가 표기된다. 그리고 교회는 법인으로보는 단체 승인을 받은 경우에는 고유번호증을 교부받게 된다. 사업자등록번호로 개인과 법인등을 구분할 수 있는데, 사업자등록번호 10자리의 앞자리 셋은 세무서코드, 중간의 두자리는 법인과 개인, 제일 뒤의 다섯자리중 앞의 네자리는 일련번호, 마지막 번호는 사업자등록 검증번호이다.

20. 세무서에서 발급하는 사업자등록이 되어 있다는 증명서류이며, 본인이나 본인의 위임을 받은 경우에만 발급을 받을 수 있다.

21. 일반적으로 이전에 '납세완납증명원'이라고 일컫던 것으로 국세중 체납세금(밀린세금)이 없다는 증명이다.

22. 부동산을 취득할 때와 매도할 때의 차익을 말한다.

23. 이것은 관공서의 경우에도 마찬가지이다. 상급기관에서 지적사항이 없을 경우 부서 내부에서는 직원 동료 간에 쉬쉬하면서 덮어지기를 바라고, 인사평정은 어떤 인정에 끌리는

것을 보게 된다. 이러한 한국의 문화에 대한 문제점들을 자세히 분석한 책으로서는 최재석 교수의 '한국인의 사회적 성격'(1987 개문사)과 한완상 교수의 여러 책들, 그리고 기타 한국사회의 제 문제들을 다룬 책들을 보라.

24. 성경 잠언서 20장 16정, 27장 13절 말씀이다.

25. 특수 관계인의 범위는 국세기본법 시행령제20조 각호를 출자자의 제2차납세의무는 국세 기본법 제39조를 참조하라.

26. 여기서 경영분석이란 경영학에서 말하는 경영분석이라기보다는 단순하게 수익과 비용을 따져서 이익이 언제 실현될 것인가를 설명하는 말로 이해하면 될 것이다.

27. 본인이 투자한 돈에 비하여 벌어들이게 될 수익에 대한 기대 이익금의 비율로 기대 수익 율이 높을수록 투자가치가 있다고 할 것이다. 적어도 최소한 은행 정기예금 금리 이상의 수익이 예측되어야 투자가 가능할 할 것이다.

28. 일반과세자는 1년간의 매출액이 4천 8백만 원 이상이거나 간이과세 적용이 배제되는 사업 또는 지역에 해당되는 경우를 말한다. 부가가치세 계산은 공급가액×10%이며, 매입세액은 전액 공제된다. 간이과세 적용이 배제되는 종목은 광업, 제조업, 도매업, 전문직 사업자이며, 시 이상 지역의 과세유흥장소등 간이과세적용이 배제되는 지역은 국세청 고시로서 기준을 정하고 있다.

29. 간이과세자는 매출세액계산은 공급대가×업종별부가가치율×10%로 계산하며, 세금계산서를 발행할 수 없고, 매입세액 공제 역시 매입세액×업종별부가가치율로 계산한다.

30. 종합소득세와 양도소득세 등은 자신이 거주하는 주소지 관할 세무서에서 징수와 부과업무를 담당하게 된다.

31. 홈택스서비스(Home Tax Service, HTS)란 국세의 신고 및 납부, 증명업무의 민원 처리를 가정에서 인터넷에 가입하여 세무서를 방문하지 않고도 처리할 수 있는 제도를 말한다.

현직 세무공무원이 본 부에 대한 지침서

/부/자/의/습/관/부/터/배/워/라/

초판 1쇄 발행 | 2008년 1월 2일 (도서출판 다밋)
개정판 1쇄 발행 | 2019년 8월 15일 (비전북)

지은이 | 이일화
펴낸이 | 박종태
펴낸곳 | 비전북
출판등록 | 2011년 2월 22일 (제 96-2011-000038호)

마케팅 | 강한덕, 박상진, 박다혜
관리 | 정문구, 정광석, 강지선, 이나리, 김태영, 박현석
주소 | 경기도 고양시 일산서구 송산로 499-10 (덕이동)
전화 | (031) 907-3927
팩스 | (031) 905-3927

디자인 | 김시우
인쇄 및 제본 | 예림인쇄

공급처 | (주)비전북
전화 | (031) 907-3927
팩스 | (031) 905-3927

ISBN 979-11-86387-33-7
값 | 18,000원

• 잘못된 책은 바꾸어 드립니다.

이 도서의 국립중앙도서관 출판예정도서목록(CIP)은 서지정보유통지원시스템 홈페이지(http://seoji.nl.go.kr)와
국가자료공동목록시스템 (http://www.nl.go.kr/kolisnet)에서 이용하실 수 있습니다.
(CIP제어번호: CIP2019028808)

현직 세무공무원이 본 부에 대한 지침서

/부/자/의/습/관/부/터/배/워/라/

현직 세무공무원이 본 부에 대한 지침서

/부/자/의/습/관/부/터/배/워/라/